高等职业教育“十三五”精品规划教材

演讲与口才案例教程（第二版）

主　编　傅春丹

副主编　方燕妹　黄君乐

参　编　林蓝齐　张绪平

中国水利水电出版社
www.waterpub.com.cn
·北京·

内 容 提 要

本书是2005年8月由广东高等教育出版社出版的《案例式演讲与口才》（高职高专系列教材）的修订版，原书出版12年来，得到省内外十几所高职高专院校的认可和选用，已第11次印刷，印数近6万册。现进行修订，修订版由中国水利水电出版社出版，书名改为《演讲与口才案例教程》（第二版）。

修改的重点有3个：第一，改变了编写体例，按照“知识目标－能力目标－工作情景－案例分析－必需知识－实用技巧－模块小结－技能实训”体例编写，配合课堂教学，按企业实际经营活动帮助老师进行教学设计；第二，更换和增加了案例，且尽可能采用企业案例；第三，增加了大量更有针对性、实用性的技能训练题。

本书适合作为高职高专院校文秘专业、管理专业必修课及其他专业选修课教材。

本书配有免费电子教案，读者可以从中国水利水电出版社网站以及万水书苑下载，网址为：http://www.waterpub.com.cn/softdown/或 http://www.wsbookshow.com。

图书在版编目（CIP）数据

演讲与口才案例教程 / 傅春丹主编. -- 2版. -- 北京 : 中国水利水电出版社, 2017.7（2022.1 重印）
高等职业教育“十三五”精品规划教材
ISBN 978-7-5170-5640-9

Ⅰ. ①演… Ⅱ. ①傅… Ⅲ. ①演讲－高等职业教育－教材②口才学－高等职业教育－教材 Ⅳ. ①H019

中国版本图书馆CIP数据核字(2017)第176054号

策划编辑：杨庆川　　责任编辑：张玉玲　　封面设计：李　佳

书　名	高等职业教育“十三五”精品规划教材 演讲与口才案例教程（第二版） YANJIANG YU KOUCAI ANLI JIAOCHENG
作　者	主　编　傅春丹 副主编　方燕妹　黄君乐
出版发行	中国水利水电出版社 （北京市海淀区玉渊潭南路1号D座　100038） 网址：www.waterpub.com.cn E-mail：mchannel@263.net（万水） sales@waterpub.com.cn 电话：（010）68367658（营销中心）、82562819（万水）
经　售	全国各地新华书店和相关出版物销售网点
排　版	北京万水电子信息有限公司
印　刷	三河市德贤弘印务有限公司
规　格	184mm×260mm　16开本　10.75印张　248千字
版　次	2011年6月第1版　2011年6月第1次印刷 2017年7月第2版　2022年1月第3次印刷
印　数	7001—9000册
定　价	26.00元

编写人员

主　　编：傅春丹

副 主 编：方燕姝　黄君乐

参编人员：（按姓氏笔画由少到多排列）

林蓝齐　张绪平

企事业顾问：

张东升：中国南方航空股份有限公司广州营业部副总经理

吴春燕：广州国际（澳门）职业介绍所有限公司副总经理

张丹凤：深圳市长城监理有限公司总经理

李楚玲：广东电视台新闻中心主任助理

齐　跻：江门市格威精密机械有限公司董事长

肖荣生：江门市新会区熔鑫金属制品有限公司销售总监

序

原广东省写作协会会长、广州师范学院副院长　陈子典

2005 年 5 月，傅春丹老师找我，请我为她主编的高职高专教材《案例式演讲与口才》作序，我欣然答应。该教材面世至今已经有 12 年，印刷了 11 次，受到省内外许多高职高专院校的认可和使用，除本省的广东水利电力职业技术学院、广东轻工职业技术学院、广东化工制药职业技术学院、广东白云学院、广东技术师范学院等十多所高职高专院校外，还有外省许多高职高专院校，如北京交通职业技术学院、石家庄职业技术学院、南京铁道职业技术学院、贵州铜仁职业技术学院、广西国际商务职业技术学院、广西师范高等专科学校、海南琼台师范高等专科学校等，可见该教材切合高职高专院校特点，受到同类院校的普遍欢迎。

但是，由于经济建设不断繁荣与学科建设深入发展，作者感到该教材已跟不上形势发展需要，于是在听取各方意见后，决定依据社会发展的要求和教材存在的不足进行修订，以把该教材建设得更完善。他们深知，教材是教学之本，教材完善了，教学才有保证。现在有许多教材，生命力短暂，一次印刷后就没有第二次印刷了。究其原因是多方面的，但跟作者盲目追求多产、多成果是分不开的，于是把曾经花过不少心血凝结的成果弃之一旁，不听取使用者意见，不愿花时间修订，非常可惜！而本教材作者非常珍惜自己的劳动成果，十分尊重使用者的期待，宁可少写一些文章，也要完善这本教材。这种珍惜自己劳动成果而又满足读者期待的精神，是值得褒扬的。

在我国，“演讲与口才”作为大学正式课程的时间不长。2001 年 8 月，教育部在向全国公布的“普通高等教育‘十五’国家级教材规划选题”中，正式把“演讲与口才”课程列入了“高职高专教育”的公共课中，并将其规定为适用于各专业文化素质教育的课程。之后，众多专家和教师才致力于这方面教材的建设。

据了解，许多高职院校开设“演讲与口才”课程选用的教材并不理想，以口才理论知识为主的编写思路仍是主要倾向，从实际效果来看，这种思路虽能让学生掌握一定的知识，但不能算好教材。这并不是说口才知识不重要，或者是口才不需要知识，问题是，高职学生迫切需要什么样的知识和技能，是抽象的还是具体的，是只能启发人思辨的还是能够付诸实践的，这才是值得探讨的。傅春丹等老师身处职教第一线，从事口语教学多年，深知其中的奥妙，因此，在演讲与口才教材的编写中，一反传统的“知识型”教材编写思路，而是按照高职学生的学习特点和学习兴趣，针对他们的实际需要，从案例与分析入手，再讲必需知识，进而介绍常用技巧，最后设计随堂训练，让学生学得快、用得上。原教材是在这种思想指导下编写的，但随着形势的发展变化，在体例和案例的使用上仍存在不足的地方。于是这次修订，从以下三方面着手：一是改变编写体例，按照“教学目标—工作情景—案例分析—必需知识—实用技巧—模块小结—技能实训”体例编写；二是更换和增加案例，并尽量采用企业案例；三是增加实用性技能训练题。由此可见，本书的最大特点是“工学结合编写”与“传统编写”相结合。单纯“工学结合”的教材缺乏系统性，近年来许多老师认为不好教，而“传统编写”的教材理论性太强、实践性不够，而本书是吸取两者之长的一种新的编写模式，先

让学生在老师的提示下按照工作情景讨论试讲，然后再看案例，继而讲必需知识和实用技巧，最后进行技能训练。

毋庸讳言，高等职业教育的口语教学是比较薄弱的。要前进，要发展，就要努力培养自己对周围世界的感知能力和创新能力，要看清阻碍教学前进的阻力和包袱是什么，并有针对性地加以改进。正是从这个意义上认识问题，我想，《演讲与口才案例教程》的探索精神是难能可贵的。它的问世，不仅仅为我们职教的口语教学提供了新的教材，更重要的是启发我们以新的思路思考问题，教会我们不要因循守旧，要敢于突破和创新。唯有如此，我们的职业教育才会充满生机与活力。

2017年6月于广州市金沙洲

前　言

《案例式演讲与口才》自2005年8月由广东高等教育出版社正式出版以来，受到了很多高职院校师生的认可，已第11次印刷，印数近6万册，包括广东省在内的至少十个省份十几所高职院校使用此教材，它以案例式、实用性、简明性、生动性、前瞻性和服务性等特色得到了越来越多师生的喜爱。

随着高职教育的改革，“项目导向、任务驱动、工学结合、学以致用”的教学理念进入课堂，教材也必须贯穿这个思路，《案例式演讲与口才》原来的设计思路已经在一定程度上体现了“教－学－做”的理念，现在只是做了进一步优化，修改的重点有：一是改变了编写体例，吸取了完全工学结合编写体例和传统编写体例的优点，尝试用一种既易学又好教也贴近实际的新的编写体例，配合课堂教学，按企业实际经营活动帮助老师进行教学设计；二是增加了案例，并尽可能采用企业的案例。为了做到这一点，编者走访了十几家企业，还到企业兼职工作一年之久，收集了很多现代企业的案例；三是增加了很多更有针对性、实用性更强的技能训练题。笔者从事口才课程教学20多年，认为这样的教材更简洁、更实用。

一、本书特点

（1）本书最大的特点是体现“工学结合编写”和“传统编写”相结合的特色。单纯“工学结合”的教材缺乏系统性，近几年许多老师反映不好教，而“传统编写”的教材又理论性太强，实践性不够，而本书采取了吸取两者之长的一种新的编写模式。本书按照“知识目标－能力目标－工作情景－案例分析－必需知识－实用技巧－模块小结－技能实训”的体例编写，先让学生在老师的提示下按照工作情景讨论试讲，然后再看案例，继而讲必需知识和实用技巧，最后进行技能训练。书中案例、技能训练题大多是来自社会和企业的口才实例，如“求职面试口才”模块的技能训练题，是作者通过多次亲自面试，从人才市场和企业收集来的题目，有较强的针对性、实用性和典型性。

（2）案例多，且多数来自企业。本书案例多，不但以案例开篇，许多理论知识也是用例子来说明，且尽量搜集最新的、来自企业的案例，更贴近生活，给人以强烈的时代感，有助于调动学生学习兴趣，不会感到枯燥；本书出版以来在很多高职院校文秘专业、管理专业及其他专业选修课使用多年。实践证明：这种以案例为主的教材更加贴近实际、直观易懂、系统集中，再配以成熟课件，学生喜欢，教师易教。

（3）“技能性”。这次修订的重点在“体例设计”“案例选定”和“技能训练”设计上，目的是行之有效地培养学生的口语实践技能，这也是同类书难以企及的。

（4）“简明性”。首先，本书介绍的口才种类不杂，以实用为主；其次，理论以精简、易懂，够用为原则，直入主题，简明实用，这是12年来很多学校老师喜欢选用本书的原因之一。

（5）“前瞻性”和“服务性”。为了方便教师教学和学生学习，我们把每一章都做成课件（PowerPoint），还有音像资料、练习题参考答案、教学参考资料等，这些资料有电子文档，主要是送给使用此书的老师，请使用此书的教师跟本书主编联系（手机号码：13631448060）。

二、几点说明

（1）修订后教材的名称改为《演讲与口才案例教程》（第二版），列入中国水利水电出版社“高等职业教育‘十三五’精品规划教材”。

（2）在本书修订过程中，我们曾多次与中国南方航空股份有限公司、深圳市长城房地产股份有限公司、广州国际劳务公司、广东电视台、江门市格威精密机械有限公司、江门市新会区熔鑫金属制品有限公司等企事业领导和有关部门负责人进行探讨，研究本书修改的内容和编写体例，在此表示感谢。

（3）本书由广东水利电力职业技术学院傅春丹副教授任主编，广东轻工职业技术学院方燕妹教授、贵州铜仁职业技术学院黄君乐副教授任副主编，有 4 个学院的老师参加了撰写和修订工作，具体分工如下：

模块一：傅春丹（广东水利电力职业技术学院，副教授）
　　　　方燕妹（广东轻工职业技术学院，教授）
模块二：傅春丹、黄君乐（贵州铜仁职业技术学院，副教授）
模块三：傅春丹、张绪平（广东白云学院，副教授）
模块四：黄君乐
模块五：傅春丹、林蓝齐（广东水利电力职业技术学院，讲师）
模块六：傅春丹、方燕妹
模块七：傅春丹、林蓝齐

（4）本教材自出版以来，一直受到省内外许多高职高专院校的认可和使用，有广东水利电力职业技术学院、广东轻工职业技术学院、广东化工制药职业技术学院、广东白云学院、广东技术师范学院、中山火炬职业技术学院、广州市公用事业技师学院、深圳信息职业技术学院、广东邮电职业技术学院、潮州韩山师专、北京交通职业技术学院、石家庄职业技术学院、南京铁道职业技术学院、贵州铜仁职业技术学院、广西国际商务职业技术学院、广西师范高等专科学校、海南琼台师范高等专科学校等。他们在使用的过程中提出了很多宝贵意见，在此表示衷心的感谢，期待提出更多更好的建议，共同将此教材建设得更加完善。

（5）很荣幸邀请到了原广东省写作协会会长、广州师范学院副院长陈子典教授为本书作序，在此表达由衷的谢意。

傅春丹
2017 年 6 月 20 日于广州

目　　录

序
前言
模块 1　口才概述……1
知识目标……1
能力目标……1
工作情景……1
案例分析……1
必需知识……4
口才主体形象设计……14
模块小结……19
技能实训……20
模块 2　演讲口才……23
知识目标……23
能力目标……23
工作情景……23
案例分析……23
必需知识……28
实用技巧……30
模块小结……41
技能实训……42
模块 3　社交口才……45
知识目标……45
能力目标……45
工作情景……45
案例分析……46
必需知识……47
实用技巧……50
模块小结……63
技能实训……63
模块 4　论辩口才……65
知识目标……65
能力目标……65
工作情景……65
案例分析……65
必需知识……68
实用技巧……71
模块小结……92
技能实训……92
模块 5　谈判口才……94
知识目标……94
能力目标……94
工作情景……94
案例分析……94
必需知识……97
实用技巧……100
模块小结……119
技能实训……120
模块 6　推销口才……122
知识目标……122
能力目标……122
工作情景……122
案例分析……122
必需知识……125
实用技巧……128
模块小结……137
技能实训……137
模块 7　求职面试口才……140
知识目标……140
能力目标……140
工作情景……140
案例分析……141
必需知识……143
实用技巧……148
模块小结……159
技能实训……160
参考文献……162

模块 1 口才概述

知识目标

1. 了解口才的特征、作用和基本要素。
2. 掌握口才的基本要求。

能力目标

1. 能熟练掌握口才主体必备的素质和能力。
2. 能懂得对什么人讲什么话、在什么场合讲什么话。
3. 能懂得口才主体的形象设计。

工作情景

自我介绍

1. 新入学大家都不太认识，请你做自我介绍。
2. 参加学生会干部竞选，要介绍自己，你准备如何自我介绍？
3. 找工作求职面试，招聘官请你介绍一下自己，你又要如何自我介绍？

问题：同学们先讨论上述问题，然后在老师指导下讲好这些话。

案例分析

【案例一】

英国首相丘吉尔在美国度圣诞节时的即席演讲

各位为自由而奋斗的劳动者和将士：

我的朋友，伟大而卓越的罗斯福总统，刚才已经发表过圣诞节前夕的演说，已经向全美国的家庭致友爱的献词。我现在能追随骥尾讲几句话，内心感觉无限的荣幸。

我今天虽然远离家庭和祖国，在这里过节，但我一点也没有异乡的感觉。我不知道，这是由于本人的母系血统和你们相同，抑或是由于本人多年来在此所得的友谊，抑或是由于这两个文字相同、信仰相同、理想相同的国家，在共同奋斗中所产生出来的同志感觉，抑或是由于上述各种关系的综合。总之我在美国的政治中心地——华盛顿过节，完全不感到自己是一个异乡之客。我和各位之间，本来就有手足之情，再加上各位欢迎的盛意，我觉得很应该和各位共坐炉边，同享这圣诞之乐。

但今年的圣诞前夕，却是一个奇异的圣诞前夕。因为整个世界都卷入一种生死的搏斗中，正在使用科学所能设计的恐怖武器来互相屠杀。假若我们不是深信自己对于别国领土和财富没有贪图的恶念，没有攫取物资的野心，没有卑鄙的念头，那么我们在今年的圣诞节中，一定很难过。

战争的狂潮虽然在各地奔腾，使我们心惊肉跳，但在今天，每一个家庭都在宁静的肃穆的空气里过节。今天晚上，我们可以暂时把恐惧的忧虑的心情抛开、忘记，而为那些可爱的孩子们布置一个快乐的夜会。全世界说英语的家庭，今晚都应该变成光明的和平的小天地，使孩子们尽情享受这个良宵，使他们因为得到父母的恩物而高兴，同时使我们自己也能享受这种无牵无挂的乐趣，然后我们担起明年艰苦的任务，以各种的代价，使我们的孩子所应继承的产业不致被人剥夺；使他们在文明世界中所应有的自由生活不致被人破坏。因此，在上帝庇佑之下，我谨祝各位圣诞快乐！

【分析】这是丘吉尔于 1944 年 12 月第二次世界大战期间在美国华盛顿度圣诞节时的即兴演讲。丘吉尔从“圣诞前夕”——“奇异的圣诞前夕”，自然联想到“整个世界都卷入一种生死的搏斗中，正在使用科学所能设计的恐怖武器来互相屠杀”，显示出一位政治家对人类和平的关注。丘吉尔对形势讲得并不多，但异常精炼，很有分寸。他深知在圣诞节过多地讲“战争”，不适合节日的气氛，于是就把话题一转，说道：“战争的狂潮在各地奔腾”，“但在今天，每一个家庭都在宁静的肃穆的空气里过节”，并对过圣诞节作了良好的祝愿。这样，便把节日祝愿与政治议论很自然地结合在一起，使演讲内容与演讲环境达到了高度的和谐统一。这篇演讲即兴而发、出口成章、侃侃而谈、语言优美、意深旨远、耐人寻味。无论从立意、选材、语言、结构、表达哪个方面看，这篇演讲都堪称即兴庆贺演讲的典范。

【案例二】

巧妙取回精美的景泰蓝筷子

广州一家著名的大酒店，一天，一位外宾在吃完了最后一道菜以后，将一双制作精美的景泰蓝筷子放进了自己的提包。

服务员将这件事告诉了值班经理。值班经理说：“你得想一个办法，使我们既不受损失，也不让对方太难堪。”服务员听了，觉得这件事情太难了，想了半天也没有想出什么好办法，最后，只好决定自己拿出钱来赔。值班经理看出了她的为难，就从柜子里取出一个精美的绸面小匣子说：“这个小匣子是专门用来装这种筷子的。”然后，说出了一个方法。女服务员顿时喜上眉梢，连声说：“太妙了。”

只见这位服务员亲切地走到那位外宾的身边，礼貌地用流利的英语说：“先生，我们发现你在用餐的时候，对我国的景泰蓝筷子特别感兴趣。非常感谢你对中国精美工艺品的赏识。为了表达我们的感激之情，经过值班经理的批准，我代表我们酒店，将一双制作精美并且经过严格消毒的景泰蓝筷子送给你，这是装筷子的小匣子，请您收下。并且我们将按照酒店的规定，以‘优惠价格’记在您的账上，您看可以吗？”

外宾听了这番非常有礼貌的话，当然明白了其中的弦外之音，在表达了谢意之后，说：“真是不好意思，我刚才多喝了几杯，头脑有点发晕，居然将筷子放进包里去了。”他自己也趁机下了台阶。“没有关系，先生，我们知道您确实喜欢，但是根据酒店的规则，筷子应该经过严格的消毒和包装以后，才能送到朋友手中。”“既然是这样，那么，我就以旧换新嘛。”外宾顺势从包里取出了筷子放在餐桌上，大家同时笑了起来，好像是在做一次平常的交谈，根本没有发生什么不愉快的事情。随后，外宾愉快地接过了服务员递过来的小匣子，不失风度地向付款处走去。

【分析】这个案例中，值班经理用了迂回曲折的技巧，想了一个办法让服务员取回了精美的景泰蓝筷子。如果服务员采取直接要回的方法，必然会使对方十分尴尬。而和善地旁敲侧击，对方通常都能够心领神会，借机了事而又不失面子，这就是口才中的大智慧。

【案例三】

转移话题驳斥强词夺理

1996年10月，某国商人皮尔逊向我国内蒙古的一家皮革厂订购了一批价值4万元的皮箱，双方签订的合同规定，全部货物要在一个月之内交齐，如果逾期或不能按照质量要求交货，厂方要向皮尔逊赔偿损失费10万元。

一个月之内，皮革厂遵守合同，如期向皮尔逊交了货。可是，皮尔逊却翻脸，说是皮箱的夹层内使用了木板，因此不合格，还无理地要求中方重做所谓的“真正的皮箱”。很显然，如果重做，必然会延误时间，为时已晚，制作新皮箱不但另用资金，而且还要因为“违约”无故赔给皮尔逊10万元的损失费。面对皮尔逊的无理取闹，皮革厂无可奈何，经过多次协商无效以后，皮革厂只好将此事诉诸于法庭。

在法庭上，皮尔逊不依不饶。到了法庭辩论的最后阶段，皮革厂委托的律师不慌不忙地站了起来，冷静地面对强词夺理的皮尔逊，从上衣的口袋里取出一只皮尔逊自己国家生产的大号金表，认真地说：“法官先生，请问这是什么金表？”法官看了一眼说：“这是某国的名牌金表。可是，我要提醒你注意，这只金表与本案无关！”

“怎么无关？”律师高举起金表，继续面向法庭说道：“这是一块金表，恐怕没有人表示反对吧？但是，这个金表除了表壳上镀了黄金之外，里面却都是用别的材料做成的，但是，它的确仍然是一块金表！”律师从容不迫地继续说道：“难道金表一定要从里到外全用金子制作吗？”

这时候，皮尔逊才明白已经中了这位聪明律师的“埋伏”，但这个事例已成为对应皮箱的无可辩驳的胜诉依据。

律师又不失时机地继续说道：“既然金表中的部件可以不是金子的，那么，皮箱的部件为什么就非要全都是皮的呢？很显然，在这起个案中，原告的陈述是无理取闹，诚心敲诈！”

在众目睽睽之下，皮尔逊不由羞得白脸变成红脸，低头认输。于是，法庭当庭宣判皮尔逊败诉，并罚款1万元，了结此案。

【分析】这个案例中，律师用了类比的办法，用表面镀了黄金的表是一块金表来类比皮箱只要表面是皮做的，里面的部件不一定非要全都是皮做的，驳斥了原告的无理取闹和诚心敲诈。从原文上看出：原告是千方百计想索取 10 万元的损失费而无理取闹的，面对这样的奸商，我们必须采取各种办法来对付。类比法用得好能做好“埋伏”，有效地驳斥对方。

【案例四】

应付挑剔和责难

有一个商人，是××公司的顾客，双方一直有贸易往来。有一次，这个商人欠了××公司一笔 3000 元的欠账，可他却忘记了这笔款，不予承认。××公司会计部一再催他来付清，可商人不但不承认，还非常生气地乘火车亲自到××公司的办公室，对经理说他不但不偿还那笔欠款，而且从今以后不再买××公司一块钱的东西。这位经理耐心地听他要说的话，直到这位商人最后沉静下去之后，他才安静地说：“我感谢你到公司来，告诉我这件事，你已帮了我很大的忙，因为我的会计都会惹怒了你，他们也可能同样会惹怒到别的顾客，那就太糟了，你可以相信我，我想知道这件事情比你来告诉我你的事情更感到急切。”这位商人听后感到非常惊讶，他没想到愤怒地跑到经理办公室来责问和交涉，经理反而感谢他的来意，而且答应他把这笔款抹消，这位商人一时不知所措。经理接着说：“我十分了解你的心情，假如换成了我，也同样会有这种感觉。”经理听到他说不再购买他们公司的产品，便为他介绍了别家的公司，还照往常一样请他吃饭。等吃完饭回到公司后，这位商人在这个公司买走一批比往常还多的货物。商人回去后，已经不生气了，愿意再跟××公司交往。他还认认真真再查一次账目，发现是他的错误，于是寄给了××公司一张 3000 元的支票和一封道歉的信。

【评析】这是一则口才和商场战术的很好的运用。××公司的经理的确有他的高明之处：第一，他沉着稳重，先让这位脾性不好的商人发泄心中的不满，再跟他讲话，所谓“小不忍则乱大谋”；第二，在口语表达上，他采用“避劣荐优”法，不是急于驳斥对方或批评对方的缺点，而是从另一角度去感谢对方对自己的帮助，这一下子消了对方的气恼心理，还用了“将心比心”法，说换成自己，也会有这样的感受，这一下使对方的挑剔和责难之心跑到九霄云外，最后还答应他抹消这笔款，这样一来，谁还会生气呢？第三，在商场战术上，这位经理采用了“抛砖引玉”法。一是他看得出这位商人不是为了赖账，显然他是忘记了，否则，他就不会跑到公司来了；二是这是他们公司的客户，3000 元不是大数目，没有必要因小失大。所以，这位经理不但得到了那一笔欠款，还取得一位老客户更好的支持和信任。

必需知识

一、口才的特征

（1）口才是一门综合艺术。所谓口才，就是口语表达的才能，即善于用口语准确、贴切、生动地表达自己思想感情的一种能力。语言虽然可以用作、并常常被人用作发泄某种情绪的工具，但它的主要功能是沟通人与人之间的思想感情。只有将自己的思想感情准确地表达出来，才能为对方所了解而不致产生歧义，不过，“准确表达”还只能表明自己想与对方交谈的倾向，要真正达到交流的目的，仅仅“准确”还不够，因为人是有灵有肉的动物，而不是单纯接收和反馈信息的机器。每个人在不同的环境和心情下，对别人发出的信息所产生的感觉都不同。所以，要想让自己的话在对方思想上产生共鸣，必须考虑当时的语言环境：场所、时机、对方的心情等。比如，想向某人提意见，当他（她）心平气和的时候肯定比心烦意乱的时候更容易听得进去；在别人闲散的时候，而比紧张慌乱的时候谈论那些轻松的话题，肯定更妥当；跟恋人约会时，选择幽雅安静的环境肯定比选择嘈杂的环境更能表达柔情蜜意。人的心情是受环境影响与制约的，因此善于选择和营造恰当的语言环境，也是口才艺术的一项重要的内容。影响语言表达效果的，除了语言环境和语言本身之外，语调也是一项不可忽视的内容。所谓语调，是指语言的轻重疾徐、抑扬顿挫。这可以视为一种辅助语言，因为它能间接地影响表达效果。例如，说气话时，一般是高声大嗓，语调冲动急促，让人一听就能感觉到自己的愤怒，否则如用轻松随便的语调说出来，即使能让别人明白自己的意思，也有点“笑面虎”的味道；说情话时，一般是软语温存、含情脉脉，让对方一听而知真情，如果是用幽默诙谐的语气说出来，很容易让人产生误解，以为你不过是在开玩笑而已。除语调之外，仪表、体态和神情动作也是一种辅助语言，能对表达效果产生影响，这些都将在后面谈到，在此不必赘述。总之，口才是一门综合性的艺术，必须在各个方面协调配合，才能起到良好的效果。

（2）口才是一种处世能力。口才对社会交际也有着重要的意义。在现代信息社会中，人们越来越重视社会交往，而社交能力的高低，其主要表现是说话艺术的功夫。语言的力量能征服世界上最复杂的东西——人的心灵。有人说，是人才未必有口才，而有口才者必定是人才，此言极是。现在，说话、演讲的能力已成为现代人必须具有的重要能力，更是创造型、开拓型人才的必备素质。口才的作用已渗透进当代生活的各个领域，大到解决国际争端，使之免于用刀动枪；小到邻里纠纷，一番劝解，便消除“战火”，和好如初；所有这些，无一不需要口才。口才作为一种重要的社交能力，将直接决定某人与他人成功相处与协作的能力。而这种相处与协作的能力又直接影响着其在人生道路上的成败，因此把口才视为人生道路成败的决定因素之一，一点也不过分。美国卡耐基工学院曾分析一万例的记录而获得下面的结论：在事业上成功的人中有百分之十五是因为他们对本身的工作受过技艺上的特殊训练，头脑灵巧，对工作熟练；另外的百分之八十五是人格因素促成的，也就是说这些人都具备了与人成功相处的能力；哈佛大学的职业辅导局曾研究成千上万被解雇的青年男女的失业原因，发现其中的三分之一是因为不能胜任工作被解雇的，另外的三分之二是因为不能很成功地与人相处而失去工作机会的。

目前，许多人舍得花大把的钱和大量的时间去学习工作技能，却对与人相处的能力缺乏必要的兴趣，这显然是不明智的。应该知道，要想走入百分之十五的特殊人才的行列，绝非易事，而要学会与人成功相处却容易得多。为了人生的成功，专注于前者而放弃后者，岂不是舍近求远吗？当然，这绝不是说可以放弃实际工作能力的提高，而旨在说明，学会与人相处也跟学习工作技能一样重要。大凡昔日在工作中饱尝艰辛的人，都比一般人更具备接受生活挑战的能力，同时也比较能够察觉人心的微妙所在，这些人在单位里或社会上往往能掌握为人处世之道，能把握一次次转瞬即逝的机遇，躲避失败的打击，努力达到自身既定的目标，就好像一个老谋深算的棋手，能洞察变幻莫测的局势，预知对手的心态。这些人在他人看来，难免世故，而在他们自己看来，却是真正懂得生命可贵的人。他们不会做无谓的牺牲，知道事情的缓急轻重，能屈能伸，深得大部分人的认可。许多初涉人生征程的人，往往凭书本上的人生准则来衡量生活，用理想的人生去对照现实社会，逞一时之勇跟整个社会开战。勇则勇矣，却常常被社会繁芜复杂的人际关系搞得头晕脑胀，白白浪费了许多精力。例如有些上司就是喜欢下级唯唯喏喏，他们认为只有自己才是最聪明的，别人只不过是自己手下的工具。他们不喜欢下级比自己能干。所以那些初出茅庐的小伙子不知深浅地提出种种所谓的改良方案，轻则被嗤之以鼻，重则为今后的发展埋下祸根。举这个例子，并不是教人做个唯唯喏喏的“马屁虫”，而是想说明，生活中的人和事跟书本上描述的与我们自己所想象的确实有很大的不同。不论你认可与否，人就是重要的因素。在现代的世界里，我们必须考虑人的因素才能获得成就与幸福。成功的医生、律师、推销员不一定是最聪明，也不一定是对他的工作具有高度技巧的人；能够推销最多商品，而且从工作中获益较多的女推销员，并不是头脑最灵巧或最漂亮的女人；最快乐的夫妻，并不是太太具有最漂亮的脸蛋，或丈夫具有最魁伟的身材。在任何行业里，寻找成功的因素时，你会发现，只要拥有与别人相处的诀窍，成功的几率就高些，而这一切都离不开口才。

（3）口才是一把“双刃剑”。口才不仅是一种处世能力，有时还是一种锐利的进攻与防守武器。古人说：“一言兴邦”，“一言定国”，这或许有点夸大其辞。但“一言活人”，“一言杀士”，则是完全可能的。例如，西汉时，有方士向汉武帝进献“不死之药”，却被诙谐派的文学家东方朔偷吃了。这可是“欺君之罪”，惹得汉武帝“龙颜大怒”，要砍东方朔的脑袋。东方朔说：“如果‘不死之药’是假的，犯欺君之罪的是献药之人，您何必要杀我呢？如果‘不死之药’是真的，您杀我也杀不死，何必要杀我呢？”汉武帝一笑，东方朔的脑袋就保住了。在这个故事中，东方朔所表现的不仅是语言与逻辑的运用，还在于他对汉武帝的了解。也就是说，掌握了合适的“语境”。试想，如果汉武帝不是个慈心仁厚的皇帝，而是一个好奇心很强的人，有可能拿东方朔的脑袋试一试“不死之药”到底是真是假，那么就算东方朔有两个脑袋，也不敢轻捋虎须。当然，生活中的事情并不都是这么要命，但口才确实像一把锐利的“双刃剑”，既能帮助人，又能损害别人。有一则寓言，也许能很好地说明口才这种“双刃剑”的性能：古希腊寓言家伊索年轻时在贵族家当奴仆，有一次主人设宴，来者多是哲学家。主人令伊索办最好的菜肴待客。伊索专门收集各种动物的舌头，办了个舌头宴。开宴时，主人大吃一惊，问道：“这是怎么回事？”伊索答道：“您吩咐我为这些尊贵的客人办最好的菜，舌头是引导各种学问的关键，对于这些哲学家来说，舌头宴不是最好的菜吗？”客人闻之，个个发出赞赏的笑声。主人又吩咐伊索说：“那你明天再给办一席酒席，菜要最坏的。”次日，开席上菜时，依然是舌头。主人见状，大怒。伊索却不慌不忙地回答：“难道一切坏事不是从口中讲出来的吗？舌头既是最好的，也是最坏的东西啊！”的确，“舌头”是最好的，因为它能让人如沐春风，暖意融融；“舌头”也是最坏的，因为它能让人如凛冰霜，透骨生寒。至于如何运用“舌头”的功能，往往在人一念之间。一念之间，善恶判矣！

二、口才的作用

（1）口才是事业成功的重要因素。现代社会，口才已经成为决定一个人生活是否愉快、事业是否成功的重要因素之一。口才好、善于说话的人受人欢迎。他能使许多原来不认识的人携手，也能使陌生人彼此了解，心心相印；还能为人排解纠纷，清除人与人之间的隔阂，医治他人的忧伤，使人生活得更愉快、更美好。在闲暇时间，与家人和亲朋相处，如果你口齿伶俐，谈话风趣，就会使生活充满欢乐。而且，口才好、善于说话的人，你的才干可以通过语言充分地展露出来，从而使领导、同事或者下属更深一层了解你、赞赏你，进一步信任你，并将更重要的任务托付给你，帮助你在事业上获得成功。这正如美国前总统富兰克林在自传中所说的：“说话和事业的进行有很大的关系。你如果出言不慎，你如果无理地跟别人争吵，那么，你将不可能获得别人的同情、别人的合作、别人的帮助。”第二次世界大战时，美国人将“舌头、原子弹、金钱”视为赖以生存和竞争的三大战略武器。现在美国人又把“舌头、美元、电脑”作为三大战略武器。出人意料的是，科学代替了武器的炫耀，而“舌头”的地位竟未动摇，说明口才是多么重要。

古语说：“为政之本，在于得才。”现代化的建设需要现代的人才来完成。而现代的人不应是那种只会干活、不善言谈的人。具备一定的口语表达能力，不仅是对创造型、开拓型人才的要求，也是对各行各业人的要求。当领导、职员、教师、律师、推销员、采购员的，都要运用语言进行工作，口才的重要性自不待言；当经理、服务员等也应该能说会道。有些领导或做服务工作的人员与同事或顾客发生争吵，除工作方法原因以外，不善于说话常常是引起争吵的导火线。作为君王，可以“一言兴邦”“一言丧邦”；作为一般人，在谈判、辩论、交谈、说理中，他可以“一言而胜”“一言而败”。所谓“良言一句三冬暖，恶语伤人六月寒”“一句话可以把人说笑，一句话也可以把人说跳”。现实生活中，那些事业有成的人，绝大多数都具有较好的口才，而且口才越好，其活动天地就越大，成就也就越突出。例如周恩来的丰功伟绩就是与他那出类拔萃的口才相得益彰的；英、美、德、法等国的总统、总理、首相的竞选无不是雄辩口才的较量。可以说，具备口才，使他们在社会交往中如鱼得水、如虎添翼，其功效大至为群众、为社会、为国家谋福，小至有利于自己的顺利发展。因而，口才是通向事业成功之路的重要阶梯。

（2）口才是人类交际的重要手段。人总是生活在一定的社会关系之中，像鲁滨逊一样离群索居的人不过是存在于艺术作品之中，即使有也是极为偶然的例外。因此，在社会生活中的人不管你喜欢也好，不喜欢也好，总要与或多或少的人发生这样或那样的联系，每次这样的联系，都是一次社会交际行为，无论是在紧张的工作中，在安静的课堂里，在子夜的灯光下，在繁华的市场内，在喧闹的足球场上……人们都在进行交际！交际上是人们协调行动、交流思想的重要手段，是人类社会存在和发展的前提。在这个意义上，我们完全可以说，没有交际就没有人类社会。事实表明，虽然谈话不是人类交际的唯一手段，但它却是交际的重要手段。讯号、信息弹、旗语、交通标志、电码、聋哑人的手势语、人的面部表情及身体姿势等都具有一定的交际功能，但是，它们也不过是人类语言的特殊复制品，并且，它们传递的信息是极其有限和简单的。利用信号弹可以告诉部队“前进”“开始”“进攻”或“撤退”，但无论如何不能打出“孙子兵法”；人们的眼神可以暗送秋波，但绝对不可能用眼神向对方传达“我为什么要爱你”这种复杂的意义。书面语言事先必须在心中把它用“说话”的形式想好，而读者在阅读的时候，同样也是在心中以“说话”的形式来领会它的意义。因此，书面语言的基础是口头语言，说话口才对于文明的发展比书写具有更基本的影响。总之，口才是现代人交际的重要手段，特别是创造型、开拓型人才的一种重要能力，在社会竞争中发挥着越来越重要的作用。

（3）口才是人的综合能力的体现。当今欧美各国，口才教育非常普遍并得到人们的高度重视，这源于人们的一个共同认识，即口才不仅是人在一生追求奋斗中必备的一项基本能力，而且在获得这种能力的同时，其他几种重要能力，如观察能力、记忆能力、思维能力、创造能力、应变能力、表达能力等都相应得到训练和提高。人们的这一认识，与口才本身就是一个非常复杂的思维过程有关。我们知道，思维和语言之间的联系密不可分，思维是语言的具体内容，语言是思维的表现形式。口语交际最大的特点便是现想现说，“想”是“说”的基础，“说得好”的前提是先要“想得好”，而无论是想还是说，都必须综合地运用交际者的各种素养和知识。具体来说，在“想”的阶段，首先说话者一方面要考虑说话场合、说话对象的身份和情绪，做到察言观色；另一方面要对相关事物进行细致的观察，以求深入了解，从而迅速把握对事物的认识。这就需要调动说话者的观察能力和对事物的感受能力。其次，口语说话随机性强，而且语音稍纵即逝，不能重复。这就要求说话者快速地启动头脑中的知识储备，并针对情况即时作出准确、得体和巧妙的应答，这就需要很好的记忆力和很高的随机应变能力。再次，口语说话要做到表达清楚、主旨明确、条理分明、逻辑严密。这就需要说话者具有一定的分析综合能力、联想与想象力、创造性思维能力。而在“说”的阶段，还需要交际者掌握一定的表达技巧和语言艺术。由此可见，口才是说话者综合素质的集中体现，精彩的口才靠的是非凡的智力做后盾。口才提高的过程，也是各种思维能力、语言能力不断得到培养和锻炼的过程。

三、口才的基本要素

1. 口才的主体要素

口才的主体要素即口语表达者。在人际交流过程中，要讲好一席话，口语表达者必须具备什么样的能力和要素呢？一般来说有以下几个方面：

（1）具有把握说话内容方向的能力。口语交流过程中，口语表达者总是根据自己特有的思想感情、思维方式、理想情操、文化修养和具体语境等主客观条件，将自己感知、认识中所内化积淀的信息，进行加工提炼，并编码转换成有声语言表达出来。一般来说，在表达之前大都有一定的整体设想、安排，对口语表达起着定向和引导作用。然而，在具体口语表达过程中往往又会出现一些出乎意料的情况，而具有宏观和微观上把握表达内容和话语方向能力的表达者，就可以重新选择、调整和确定有关内容，并用自觉的“意志行动”去保证自己交际目的的实现。

（2）具有调整场合和控制情绪的能力。口语表达中，往往会发生一些生疏、复杂乃至意外的情况，这必然造成口语表达者情绪、情感上的巨大波动，或是恐惧担忧，或是兴奋有余、冷静不足，这都可能形成口语表达的障碍。因此，口语表达者必须具有控制自己情绪、情感的能力，使之具有确定的方向和位置并与口才表达的内容、语境气氛相协调。这是一种自我启闭的主观方面的调节控制，它可以抑制和克服消极性心理的影响和干扰，保障主体主动适应各种时空交流情境的需要，在任何情况下都能充分发挥自己的优势和潜力，才能获得良好的表达效果。另外，口语表达主体还要能够针对时间、地点、场合、特定对象等客观因素的特点，做出种种有利于自身口语表达的部署和安排，即客观方面的调节控制，以保证口语表达的集中性、得体性、巧妙性和策略性。

（3）具有较好的形象思维和逻辑思维能力。

1）形象思维能力。它以想象和幻想为基本手段，通过生动的形象创造来揭示事物的本质及其内在规律性。形象思维不仅多用于叙事性的口语表达，在抽象论理性的口语交流中，用形象的类比取代抽象的说理，用生动的事例取代烦琐的论证，都可以使口语表达更为生动、感人和更具说服力。

2）逻辑思维能力。它以概念、判断、推理来反映、揭示事物本质和规律的思维形式。在口语的表达中，表达者常常要对说话的材料、所论对象进行梳理、分解、归纳、组合概括、推导等一系列工作。这些，都可以运用逻辑思维能力，使言谈概念明确、判断准确、推导正确、论证严谨有力，清晰准确地表达观点，以强大的逻辑力量征服听众。

（4）具有较好的文化修养。较高的文化修养是口语表达艺术的基础。口语表达者的文化修养结构主要包括思想品德修养、文化学识修养和艺术才能修养3个方面。要想做个成功的口语表达者，首先必须加强自身多方面的综合修养。自身综合修养的不断提高，必然会使口语表达日益进步。

（5）具有较成熟的心理素质。心理素质主要指表现在人身上的那些经常的、稳定的、本质的个性心理特征，包括人的气质、性格、兴趣等。成熟的心理素质，不仅可以使口语表达产生积极的效果，而且是形成独特的口语交流风格的重要因素之一。

（6）具有较强的应变能力。应变能力，就是口语表达者针对具体交流情景当中出现的不利因素，临场机敏地调整内容，巧妙变换形式技巧，以适应事物发展变化的快速反应能力。口语表达过程实质上是综合多种因素所形成的整体功能系统，其中任何一个因素的不协调都可能导致口语表达的失败。各种各样的问题、听众、场合等因素常常使具体的言谈过程变化无穷，或是出现意外情况，或是有听众发难，或是自己防不胜防的过失，只有有效地运用应变技能，才能“化险为夷”，在口语表达中成功地对付意外，使自己免于难堪的处境和局面。

口语表达者这几方面的能力和要素在下面的“口才主体形象设计”中再作详细阐述，这里只作简单介绍。

2. 口才的客体要素

口才的客体要素即口语表达对象和口语表达环境。在人际交往中，口语表达者要达到理想的交际目的，就必须了解口才的客体要素。口才的客体要素包括以下几个方面：

（1）口语表达的对象。“射箭要看靶子，弹琴要看听众”，不同的表达对象有着各自不同的状况，同一个表达对象在不同的情境中也在发生着变化，口语表达者如果不考虑对象的情况，就很难取得良好的表达效果。

1）心理差异。口语表达对象的心理状况主要包括性格、气质、心境、需求、兴趣等。人的一切实践活动都是在心理活动支配下进行的，口语表达是表达主体与表达对象之间心灵与心灵之间的交流，因此表达对象的心理状况必然会对口语表达过程施加积极或消极的影响。一是不同性格、气质的人，对口语表达有不同的要求。脾气暴躁的人喜欢温和婉转的口语表示；生性怯懦的人讨厌粗暴强硬的口语表达；性格外向的人对开朗、活泼、直率的口语表达感兴趣；性格内向的人则对沉静、稳重、坦诚的口语表达易于接受。表达对象心境舒畅愉快时，就乐于接受幽默、轻松的表达；而心境烦躁、消极时，则对镇静、安详的话题乐于接受。二是人们不同的需求与兴趣，对口语表达的内容也有不同的期望：努力进取的人，希望得到事业、工作上的指导与建议；生活困难者希望得到脱贫致富方面的消息；书画爱好者、棋迷、球迷、歌迷们，都会希望讲些自己爱好的事物，从而产生"兴奋点"。表达者对表达对象的兴趣需要加以充分考虑，才能在表达主体与对象间产生共鸣，奏出和弦。

2）年龄性别差异。一是年龄的长幼不同，人生的经历、阅历和人生体验也不同。未谙世事的孩子思维直观形象，喜欢形象、简易、富于幻想色彩的口语表达；青年人生活丰富多彩，喜欢时代感强、富于哲理、节奏快的口语表达；中年人肩负事业和家庭重担，看重事业、讲究务实，要求表达朴实、明快、实用；老年人人生体验最丰富，他们喜欢稳重、含蓄、谦逊的口语表达。二是由于生理因素和实践范围的不同，也就产生了男女不同的心态和接受习惯。男士一般坦诚直率，要求口语表达开朗奔放；女士则文静、情感细腻，因而喜爱口语表达温和、婉转。年龄、性别特征外在、直观，一望即知，口语表达时，就首先针对这些差异，选取不同的表达内容和方式。

3）文化教养差异。文化教养是指表达对象的文化修养及受教育的程度。其所受教育，非专指学校教育，而是表达对象的全部学识的总和。一般说来，文化修养高的人喜爱典雅庄重的语体，注重口语表达的精确性；而文化水平低的人，则喜欢直来直去、通俗简略的表述，使用典雅语体则有卖弄之嫌，会被讥为"掉书贷"或"酸秀才"。口语表达是交际双方参与的言语活动，口语表达者只有通过观察、了解、把握口语接受者的文化教养等差异，才会在表达内容和表达技巧上做出相应的选择，才能取得良好的效果。

4）职业地位差异。职业不同的人，头脑中所具有的信息类型也不一样。一般情况下，他们对自己专业相关的话题较为敏感，这也是触动其心灵热点并引发共鸣的话题。人们常会在自觉或不自觉中使自己的言谈带上职业色彩，这正是所谓的"三句话不离本行"。借助于对方职业专长特点的语言，会为表达者切入有关意图的交谈创造良好的契机。

另外，社会地位不同，对口语表达也会产生不同的需求。一般说来，社会地位高的人，关心较多的是事业、前途、社交方面的内容；社会地位低的人对自己的生活、工作和周围的事物较为关注。领导者一般注重表达的政策性和准确性，一般老百姓则对这些顾忌不多。对一位领导纵声谈笑、争吵不休，显然失礼；对一般群众，颐指气使、傲慢骄矜，对方也会产生逆反心理。表达主体在考虑表达对象的社会地位时，首先要弄清自己的身份和地位，以便把握自己的“角色”，以恰当的身份与表达对象说话。其次，在了解对方的职业地位后，就要选择适当的内容和形式与之交谈，否则就会出现失礼、失节的口语表达，从而引起麻烦。

（2）口语表达的环境。口语表达都是在一定的语言交际环境中进行的，其具体环境是以时间为经，以空间为纬交织而成的。这样一个纵横交错的网络结构，形成一种特定的氛围，对口语表达者的情绪、表达的内容产生着直接的影响。口语表达的某种特定效果，无不是在特定的场合中获得的。因此，表达主体必须注意与表达环境相适应，并能根据具体情况控制、设置和巧妙地利用语言表达环境，以增强口语表达效果。构成表达环境的要素主要有以下几个方面：

1）社会环境。社会环境是时代、社会、民族、地域、文化等因素构成的，这是口语表达的宏观背景。时代是构成社会环境的主要因素。不同的时代有着不同的政治、经济、文化生活内容和方式，所以口语表达必然会打上时代的烙印。说话要合时宜，主要指的是合乎时代大背景的要求。今人说古话、21世纪青年说20世纪的话，语言不能与时代“共变”，就会成为落伍者、不合时宜者；不同的民族、不同的地域有着不同的风俗习惯、不同的文化，这也必然影响到口语表达。例如，美国人直率、中国人含蓄、德国人严谨、英国人灵活，因而对口语表达都有着不同的要求。许多民族都有本民族的禁忌，如西方一些国家忌讳“13”这个数字，认为不祥，而东方一些国家忌讳“4”，视为预兆厄运等。社会环境对口语表达的影响是多方面的，表达主体必须体现时代精神，符合时代的主旋律。

2）场合环境。场合环境是指口语表达的具体地点、情境，这是口语表达的微观背景。

第一，从性质方面看，场合有正式场合与非正式场合之分：正式场合如演讲、谈判等从事公务活动的庄重典雅场所，这种场合口语表达要斟酌字句、准确规范；非正式场合如日常交往宽松、随便的场合，口语表达宜平易、通俗、幽默，如果一本正经，就显得不适宜。第二，从氛围方面看，场合有喜庆与悲痛之分：在节日、联欢会等喜庆场合，口语表达应轻松、诙谐一些；在追悼会、探视病人等场合，口语表达则应庄重、严肃一些，要有所避忌。第三，从对象方面看，场合有大小之分：场合大，声音要洪亮，手势动作可大一些；场合小，口语表达较为自由一些，既可低语，又可朗声谈笑。场合环境对口语表达的影响比社会环境更为直接，口语表达必须“到什么场合唱什么歌”，能动地适合场合的需求才会有良好的效果。

3）人际关系环境。人际关系环境是指口语表达主体和对象之间构成的人际关系。人与人之间的关系是各种各样的，即使处于同一层次的关系之中，亲疏远近的程度也会有所不同，因此在口语表达中必然使所讲的内容与形式有所不同。表达主体总是同表达对象存在着一定的社会关系，如血缘关系、工作关系、朋友关系、临时社交关系等。如对上级说话语调要尊重对方，对下级语调则要体现关心和爱护；关系好的可以深谈，交往不多的交谈则较为客气、礼貌；关系密切的口语表达可直率一些，一般社交关系的人之间口语表达则含蓄、委婉一些。根据不同的人际关系，选用与之适应的表达方式，才能使口语表达更得体、更受欢迎。

4）时间环境。时间环境就是对口语表达产生影响的各种时间因素。口语表达既要因人、因地制宜，也要因时制宜。时间顺序有先后之别，因而对口语表达有一定的制约作用。例如进行演讲比赛，排在后面的人就要考虑避开前面人所说的内容，否则就会令听众感到雷同、无新意。口语表达的对象在不同的时间里会呈现出不同的情绪状态，这种情绪状态直接关系到口语内容的接纳程度。例如，开会之初，对象精神饱满、情绪高昂，表达者可以放开多讲；然而会议将结束时，对象身体疲乏、精神倦怠，口语表达就必须简明、生动，才能吸引听众。另外，特定条件下的时间里会有着特殊的含义，对口语表达也有着特殊的要求。如战场上处于危险、紧张、关键的时刻，指挥员的口语表达就要简洁、清晰、洪亮，又要具有感染力和鼓动性；在重大的历史时刻，如毛泽东于 1949 年 10 月 1 日在天安门城楼宣告中华人民共和国成立，就采用庄重、严肃、高亢、雄浑的口语进行表达，从而震撼了世界，也令全国人民永生难忘。

总的来说，口语表达的实质是表达主体的主观因素和表达对象、表达环境的客体因素相互结合的产物。任何成功的表达都是主体能动地适应客体的结果。能动适应的根本原则就是力求达到主客观因素的统一，即口语表达的内容和形式与表达对象和环境相统一、相协调。

四、口才的基本要求

（1）目的明确。

口语表达的根本目的，在于使听者感知和理解说话者所表达的内容，起到社会交际的作用。因此，怎样赢得听众，想要听众知道什么，是说话者每一次口语表达必须认真考虑的首要问题。口语表达也绝非一个单纯的“讲出来就行”的问题，而是一个“怎样讲才行”的问题。人们说话都是一种有意识的行为，不管是谁说话，也不管是向谁说话，所说的内容都应目的明确，或报告一个事实，或说明一种情况，或宣传一个主张，或提出一个愿望等。而为了实现这个目的，人们便会选择“说什么”和“怎么说”。例如，在求职面试中，不同的职业对应试者的知识、能力、性格等的要求是不同的。因此，求职者在做自我介绍时，就必须有针对性地进行介绍，重点突出自己所具备的职业必需的优点与长处，而与这一职业无关的长处与闪光点，就没有必要多做介绍。

（2）因人而异。

口语交际是一种对象明确的双向交际。因此，口语表达要有明确的对象意识，说话要因人而异，区别对待。例如，1954 年周恩来总理出席日内瓦国际会议，为了向外国人宣传中国并不好战，决定为外国记者举行电影招待会，放映越剧艺术片《梁山伯与祝英台》。工作人员准备了一份长达 16 页的说明书，周总理看了批评说：“不看对象，乱弹琴。”工作人员不服，说：“给洋人看这部电影，才是对牛弹琴！”周总理说：“这就要看你怎么弹法，你要用十几页的说明书去弹，那是乱弹。我换个弹法，只要你在请柬上写一句话：‘请你欣赏一部彩色歌剧电影：中国的《罗密欧与朱丽叶》。’”果然一句话奏效，赢得了外国记者的赞赏。

（3）注意场合。

口语表达都要受制于一定的交际环境，即由一定的时间因素和人际关系因素有机组合成的交际场合。因此，口语表达就得话循境发、话随境迁，即使是相同的内容，在不同的场合，所用材料与方式都应有与之相适应的变化。例如演讲家拉塞尔·康维尔的著名演讲《大量的钻石》，讲了近六千次，然而始终受人欢迎。但是他从没将这个题目的演讲一字不变地讲上两遍。他说："我每去一个地方演讲，总是希望能够早几天到达该处，使我有充分的时间去访问当地的邮政局长、理发师、报馆经理、学校校长以及教堂牧师，然后再开始我的演讲，演讲词中尽量插入一些当地的实际情况"。他的演讲之所以能场场成功，就在于他的演讲内容和方式与听众及环境产生密切的联系，才使他的演讲让听众感到这是专门为他们所讲、与他们息息相关，所以才深深地吸引并打动他们。

在日常生活中，许多人都有这样的体验：有的人在行为上、物质上热心地帮助了别人，但由于在特定的场合下措辞不当，使对方陷入难堪的境地，对方的感激之情便会烟消云散、化为乌有。如美国著名的篮球明星巴利，他的个人篮球技术是非常出众的，但他在赛球时，见同伴失了一个球时，马上就大声冲着对方说："每次都是你，害得我们输了球。"弄得对方当场尴尬不已，难以下台。凡是与巴利同队一起打球的人，都觉得他不分场合地批评人，令人难以接受，认为他"像一个完人一样看不惯别人"。最后巴利众叛亲离，凄凉地隐退了。由此可见，看场合说话有多么的重要。我们在口语表达时，不仅要学会看场合，顺应环境，还要学会积极选择适合自己话题的场合，较好地利用环境。心理学家泰勒、拉尔夫等人，曾做过一个实验，得出一个结论：一个人在自己熟悉的环境中说话，比在别的环境中更有说服力。因为这样可以无需分神费力去适应一个陌生的环境，所以商贸谈判，有经验的行家总是争取将自己的所在地作为谈判地点。

（4）感情真挚。

情感在口语表达中具有十分重要的作用。人在说话时，既表达思想同时也表达与之相应的感情。说话人的感情直接影响说话的效果，也影响听话人的理解和接受，同样一句话，由于语气的不同，就会表现出不同的语义和情感。在口语表达中，只有感情真挚，才能缩短说话人与听话人之间的距离，才能沟通彼此的心灵，使对方更好地理解自己的意图和情绪，欣然接受自己的观点和主张。请看下面的两个例子。

例 1：有一年北京市选市长，副市长候选人张百发和代表们见面时说："我今年 53 岁，岁数不算小，精神很好，身体更好。说心里话，我还想当一届副市长，也希望大家选我。我从事城市建设 37 年了，对这工作有感情，也有住房改革等很多事要干。如果选不上我，这么大岁数的人了百分之百地保证不会闹情绪。"这段话很普通，却非常诚恳直率，充满了朴实的感情，所以获得了代表们的理解和信任。

例 2：有一次，一位外国记者给吴仪部长提出一个尴尬的问题："请问吴仪部长，为何至今还是独身一人？"对此，部长是无可奉告，还是避实就虚含糊了事？人们揣测着可能出现的回答方式。然而，吴仪的回答大出众人的意料，她既不回避，也不闪烁其词。她说："我不信奉独身主义。之所以打单身，和年轻时的片面有关。一是受文学作品的影响，心里有个标准的男子汉的形象，而这种人现实生活中没有；二是总觉得要先立业后成家，而这个业又总觉得没有立起来。然后就是在山沟里一呆 20 年，接触范围有限，等到走出山沟，年龄也大了，工作也忙，就算了吧。"

这一席坦率的回答使众人感到吃惊，同时也使众人大为感动。正是这种坦诚直率的风格才使吴仪成为对外贸易谈判中辩才无敌的杰出女性。

如果说话时态度冷冰冰的，保持“零度风格”，说出的话毫无感情，即使事实准确、观点正确，听众也不会感兴趣，只会感到难以接受。如售货员说：“货好当然价格高！人们不是常说‘便宜没好货’吗？买不买？真买我就给你拿。”这番话因缺少卖货的诚意，情不通则理就不易达，因此致使顾客转身便走，而且再也不愿与其交往。

口才主体形象设计

一、美好的外在形象设计

先看下面这个案例。

某男任职于一间贸易公司，担任业务工作，平时认真做事，从不迟到早退，就算加班加点也没意见。后来公司的业务经理职位空出来时，大家都认为他做经理绝没问题。谁知人事命令一颁布，大家都傻眼了，因为竟是另一位与他资历相当的同事受到主管青睐。事后他私下找主管讨论此事，才知自己为何输。输在哪？两个字：形象。平时他忙于工作，忽略了个人形象的培养，专业素养虽够，但缺乏担任业务经理所需的形象，而当选的那位也许专业或工作热诚比他稍差，但胜在各方面平均，主管权衡后做出了这样的决定。

由以上的案例我们可以知道：天时、地利、人和是缺一不可的“致胜铁三角”。当今社会，除了埋头工作，还需要与周围的人搞好关系，平时也要注意自己的形象是否良好，如果你有心想在某一行业做出成绩，形象绝对重要。许多心理学家研究表明，人们总是喜欢与外貌漂亮、英俊、气质非凡的人交往，并渴望成为朋友，因为在交往中觉得他们更可亲、更可爱、更富有吸引力。可能我们没有俊俏的长相，但可以塑造良好的气质，如无良好的气质，至少也要有得体的服饰去尽量地美化形象。通常人们所说的形象包括仪容和服饰。

（1）仪容。即人的容貌、举止。怎样才能让自己的仪容更加美好呢？一是要常微笑。正所谓伸手不打笑脸人，总是把美丽的笑容挂在脸上，就算是再冷漠的人也会被你融化。二是有礼貌。俗话说得好：“礼多人不怪”，所以在与人交往的同时，时刻记得把“请、谢谢、对不起”挂在嘴边。三是仪容整洁。将自己打扮得整齐干净，会让人不由得想接近。试想一个蓬头垢面、不修边幅的人，谁愿意接近呢？整洁的仪容是打造优质印象的先决条件。四是学会用眼神说话。讲话者的表情最关键的是眼神。俗话说：“眼睛是心灵的窗户”。人的喜怒哀乐都可以通过眼神表现出来。但对于讲话者来说，眼睛更应是与听众交流的工具。因此，要善于让眼睛说话。正确的做法是眼到、脸到、身姿到，即要正面看人，即使第一眼的目光先到而未能正面看到人，那紧接着脸、身体就要迅速转过去与目视方向一致去正面看人。不看人、斜视人、死盯人的做法都应避免。

（2）举止。举止包括行姿、站姿、坐姿和手姿等方面。俗话说：“站有站相，坐有坐相”，人们对讲话者的举止予以更高要求。

1）走姿。如果是上讲台要注意行走姿势的轻松优美。正确的姿势应是：轻盈而稳健，胸要挺，头抬起，两眼平视，步调与身体、着装协调。要特别注意发言和演讲时的上台和下台动作。上台，也叫“亮相”，这是与听众的第一次见面，它影响着讲话的成败，要精神饱满、充满自信；下台同样不能慌张、漫不经心，使听众对整个发言失去好感和信任。

2）站姿。如果需要站着讲话，正确的姿势是：头正肩平，腰直胸挺，两腿站直，重心放在两脚中心处，双手自然下垂或交合于腹前。男士双腿可分开站立，两脚距离以半脚长为宜，但不能超过一脚长；女士双腿不得分开，应并齐站立。站立时的手姿应该注意：双手如交合于腹前，应掌心向内，年轻的讲话者不宜将手背在后面。手插在腰上、双手插在胸前、手插在口袋里等姿势都不好。站立时还要注意腿不要抖，双脚不要乱动。

3）坐姿。现代生活中无论是伏案工作、参加会议、会客交谈还是娱乐休息都离不开坐。古人要求“坐如钟”即要坐得端正、稳重、温文尔雅。这是体态美的重要内容。正确的坐姿应该是：入座时要轻要稳，动作协调从容，不要赶步，以免“抢座”；就座时应转身背对座位，一般应从座位的左边入座；落座后上体自然挺直，双膝自然并拢，双脚平正放松，双臂自然弯曲，双手自然地放在膝上或座位的扶手上，目视前方，面容平和。注意在正式场合，一般不应坐满座位，脊背轻靠椅背；离座时，要自然稳当，动作不可过猛，以免惊吓他人。谈话时，身体可以有所侧重，但要注意上体与腿的协调配合。坐姿禁忌：坐时前趴后仰、东倒西歪、摇头晃脑、左顾右盼、抖腿跷脚、双手端臀、以手摸脚、双膝分开呈八字、身体萎缩前倾等。

4）手姿。手势语言是口语表达中最有活力也是最有表现力的举止动作。它是由讲话者运用手臂、手掌、手指的一系列动作及其变化来表达思想感情的一种语言。其表达内容有极强的吸引力，使用起来也最灵活、最方便，所以有人说手势是口语表达的“第二语言”。

从内容上看，手势可分为：第一，情意手势，如讲话者表示情真意切时手抚胸口；第二，象形手势，如讲话者将拇指和食指合拢成个圈表示某人的成绩是“0”；第三，指示手势，如讲话者掌心向上对着听众席一抬，表示允许下面的某个听众起来发言等；第四，象征手势，如讲话者两手由下向上不断交替的动作，象征着进步。

运用手姿时要注意：一是紧密配合有声语言，做到协调一致，也就是说手势的出示要与有声语言同步，不能过早也不能过晚，要同一节奏，手势要与有声语言大体保持同向，不能说东指西；二是手势要大方自然，幅度不可过大也不可过小，过大会让人觉得讲话者不稳重，有指手画脚，甚至张牙舞爪之感，过小显得拘谨呆板，缺少风度；三是要适可而止，手势在口语表达中虽然具有丰富而又积极的作用，但我们在讲话时又不能滥用手势，以免使人生厌；四是运用手势还要考虑讲话时的场合和自己讲话时的姿态，如在大场合时手势在空中停留的时间可稍长一些，小场合就可按说话的节奏做手势；有领导、长辈在场，手势不宜过大、过频；坐着讲话时，手势不宜过大、过高、过多，而站着讲话时手势就可以相应高些、大些；五是运用手势要还必须特别注意东西方文化的差异。比如拇指和食指合拢成圆圈，另三指立起的手势，美国人是表示“行”“好”，即OK之意；巴西人却认为这个手势是对其进行性污辱；日本人则认为这个手势表示钱等。

二、服饰

服饰是人体的外延，包括衣、帽、鞋、袜以及手表、首饰等饰物。它是一种无声的语言，显示一个人的社会地位、文化品味、艺术修养以及待人处世的态度。例如，一次，某公司到一所高等院校的公共关系班挑文秘人员，小彤和其他三位同学一起过五关斩六将，终于到了面试关。不料，刚一见到老板，就被指出："你不适合这份工作。"原来，她那天穿的是T恤、牛仔裤、旅游鞋。老板认为衣着如此随便的人不可能是一个细心周到的好秘书。

服饰原始的意义是用来防寒保暖的，随着生产的发展和社会的进步，服饰已不仅是一种生活必需品，而是装饰人们躯体的美化物。人们利用服饰来装饰自己、塑造自己，突出自己的"美"，掩饰自己的不足，以达到比自身原有条件更加完美的效果。事实表明：穿着得体不仅可以显示一个人良好的文化修养、高雅的审美情趣，还能给人留下良好的印象，赢得他人的信赖，使社交获得成功。服饰礼仪讲的就是人们在穿着打扮方面应当了解与遵守的一些习惯与规范。

（1）着装和佩戴饰物的原则。一是和谐得体原则。和谐得体就是指服饰必须与自己的年龄、形体、肤色、脸型协调。只有充分认识与考虑自身的具体条件，一切从实际出发来进行穿着打扮，才能真正达到扬长避短、美化自己的目的。如女士对项链的选配，首先就应考虑自己的年龄、体型、脖子的长度、衣服的颜色等。体型较胖、脖子较短者适合配戴较长的项链，而不宜戴短而宽的项链；身材修长、脖子细长的人则适合选配宽粗一些的短项链。二是"TPO"原则。TPO是英语Time（时间）、Place（地点）、Occasion（目的）这3个单词的第一个字母。这个原则要求人们着装时要充分考虑以下3个因素：穿着服装的时间和季节、穿着服装的场合、交际目的。综合考虑上述因素，力求使自己的服饰适时、适地、适目的，整体协调，美观大方。如上班、运动、旅游时少佩或不佩饰品；宴会、舞会、生日聚会则可戴上漂亮、醒目的饰品。

（2）着装与佩戴饰物的礼仪。西服是国际性的礼仪服装，着西服时要注意以下要求：一是穿西服前将袖口的商标取掉；二是西服上的口袋只起装饰作用，不宜放置他物，西裤的口袋也如此；三是单排扣西服，如果有三粒扣，只系中间一粒；如果有两粒扣，只系上面一粒，下面的可不系或全都不系，双排扣西服，则所有衣扣都要扣好；四是衬衫是西服的重要配件，其作用是衬托，衬衫袖口应比西服袖长出两厘米左右，领应高出西服领半厘米左右，衬衫下摆必须穿在裤内，同时系好袖扣和领扣；五是领带对西服至关重要，应与服装及衬衫搭配协调，正式场合穿西服必须系领带，这既是装饰的需要，更是礼仪的需要，非正式场合穿西服可以不系领带，但衬衫领扣应解开；六是穿西服必须配皮鞋，鞋的式样和颜色要与西服相配套；七是女式西服应与西裤或裙子配套，可配衬衫或内衣。另外，西服着装是否得体还与饰物的选择有关，领带夹、领饰、提包等都应精心搭配，以烘托出西服的整体美。女士尤其要注意饰物的搭配问题，合适的饰物会增添你的风采。

三、创新的现代意识的培养

（1）交往意识。作为一个讲话者，有交往欲望、自觉树立交往意识相当重要。因为没有交往意识，就不可能主动学习有效谈话的艺术，自觉按照交往的原则和方法去做。人的主观能动性在这里表现得尤为明显。有的人，特别是一些性格内向的人，他们不爱与人进行口语交流，实际上这是在人际交往过程中不主动的表现之一。其根源在于没有交往欲望，即没有交往意识，认识不到交往的重要性和交往的意义，甚至将交往过程看成负担。不爱讲话或不爱与人进行口语交流，实际是交往心理出现障碍的一种表征。因此，有志学习口才的人，特别是因为所谓性格原因不爱进行口语表达的人，首先要树立正确的交往观，自觉树立交往意识，否则，学习口才艺术就会变成纸上谈兵。口语表达只是人际交往的一种手段，如果连与人交往的欲望都没有，那么口才艺术也就不可能学好。应该将交往与事业联系起来，将交往与成功联系起来，将交往与自己一生的幸福联系起来，去培养自己的交往意识，增强交际的吸引力。

（2）实践品格。口语表达所需的知识、经验、思想无不需要实践的检验。因为它是主体社会实践活动的表现，讲话的实践活动是口语艺术产生的基础和源泉。因此，有志于学习口才艺术的人必须重视口语表达的实践。实践即多练，即多看、多听、多说，要勇于克服困难，抓住机会开口锻炼。

1）多看。看的内容包罗万象，如有关的文章和书刊，通过阅读了解一定的理论知识，分析好的作品的思想内涵及语言形式上的特点；多接触视听材料，观看电视的对话节目及语言类比赛，如演讲赛、辩论赛、朗诵比赛等，在重点分析思想内涵及语言形式上的特点的同时，更要注意观察和学习其运用态势语言的艺术、有声语言与无声语言的配合，留意讲话者是如何结合讲话内容和现场情况选择服饰和随机应变的；多看自己敬佩的人，思考他吸引自己之处；多看自己，可以通过镜子看，也可请朋友帮助，找出优缺点。

2）多听。听，首先要求接收信息的准确，其次还要善于判断、发现讲话者的声音技巧和表达艺术，吸取其长处，以提高讲话能力。可以多听的内容有：听录音材料，留意语言表达的技巧，如停连、重音、语调、节奏等的处理，要边听，边分析，边体会；听自己的讲话录音，注意听自己的遣词造句是否正确，再听语脉是否流畅，然后听讲话节奏如何，最后听讲话是否有感染力（最后一点最好请其他人来判断）。

3）多说。看和听都是为了能说，说是提高口语表达能力的最重要的途径。表达能力能否提高，关键在讲话者自己是否勤学苦练。没有天生的口才家，通过培训，人人都能成为口才家。

4）克服困难。无论“天生”嘴笨，还是心理障碍，只要横下一条心，别太在乎成功或失败，只要你抱定与人分享自己的想法的心理，就大胆地去讲。

5）要抓住机会开口锻炼。大到班会、社团活动的筹划、组织，参加各项比赛，小到课堂发言、小组讨论、宿舍“卧谈”等，有机会就讲和练。

四、优秀的内在涵养的修炼

（1）合理的智能结构。口才是讲话者智能的外在表现，是人的智慧和能力的综合体现。在一定的交际目的指引下，组织怎样的讲话内容、用何种方式讲，取决于讲话主体的智能。可以说，口语表达的水平问题实际上很大程度是讲话者的智能结构问题。智能结构可以从以下几个方面去掌握：

1）文化底蕴。一是知识水平。知识是文化的基础，通常分为一般性知识（常识）和专业性知识（学识）。一般性知识包括社会经验、生活常识、乡土人情、风俗习惯、历史典故、逸闻趣事，可以说是上至天文，下至地理，无所不包，讲话者的知识面应该宽广。这些知识如果在口语表达过程中能信手拈来并恰到好处地运用，那么不仅可以避免讲话的单调、枯燥、呆板的情况，运用得好还可以使讲话妙趣横生，甚至可以达到让听众如痴如醉，发挥口语表达的魅力。专业性知识是指讲话者要熟练掌握本专业或本行业的基本知识、历史沿革、当前现状、热门话题、相关学科、前瞻预测、未来走向等，应精深。专业知识可以启人心智，使人们对问题的理解深入下去。即使在一般的报告、演讲、答问中也会产生非凡的效果。

二是理论素养。理论素养的获得和深化主要来源于对基础理论特别是哲学的学习。在讲话过程中体现在对问题的理解程度的深浅和表述水平的高低，即见识的高低上。学习哲学要重在掌握其精髓，特别要重视对马克思列宁主义哲学的学习、对中外哲学史的学习，力求使自己的见识深刻、非凡。

2）心理素质。良好的心理素质对口语交际的正常进行和成功至关重要。口语交际所需要的心理因素包括：一是关于态度的，如对自己，要自知、自信、谦虚、大方等，对他人要友善、真诚、宽容等，对活动的态度要负责任、合作、细心等；二是关于意志的，讲话者要尽量培养果断、坚韧、谨慎、耐性、自制的心理素质；三是关于情绪的，要尽可能理智、沉稳、镇定等。

3）思维能力。思维与语言有着密不可分的联系，因为人脑对事物的认知要借助语言来实现，思维的成果也要借助语言来表达。显然讲话者的思维能力如何决定了语言运用的成败和优劣。思维能力除了在第三个问题“口才主体要素”中讲过的口语表达者要具备较好的形象思维和逻辑思维外，从思维方式上，还要注意培养这几个思维方式：一是定向思维，定向思维是指按常规模式进行的思维，在语言表达过程中，通常插入关联词和序列号，如“由于……所以……”“一方面……另一方面……”“首先……其次……再次……最后……”，这样能使说话有条理、逻辑性强；二是逆向思维，就是反过来思考，变肯定为否定，变正面为反面的思维方式，它经常打破常规思维方式，从反方向进行思维，这种思维往往可以产生新的观点，如一般人们用“物以类聚”来指同类东西聚集在一起，多用指坏人臭味相投，勾结在一起，你可以用两种不同性格的人，甚至夫妻都能和睦相处的事例，说明人们要善于与人合作；三是发散思维，是指将信息朝着各种可能的方向扩散并引出更多新的信息，从而达到创新思维的一种方法。

4）应变技能。所谓应变技能，就是讲话者针对交流过程中出现的不利因素，机智地调整讲话内容或仪态等，以适应现场变化的快速反应能力。它能反映出讲话者应付、处置各种突发情况的心理素质。它要求讲话者即时、快速现场反应。随机应变是根据交际情境应对和变化，应注意几点：一是根据说话对象的基本情况决定说话策略；二是观察、分析对象（观众）的心理、心情变化，及时调整说话策略；三是利用交际场合中的其他情境因素（周围人的言行、交际的时间、交际的空间状况、交际时的天气、现场的各种声音和物品）借机发挥、借势发力。例如，王先生开了一间餐厅，生意兴隆。一日餐厅打烊又遇夫人河东狮吼，王先生情急之下钻到桌下，恰好客人返回来寻找丢失的东西，正好撞见，进退尴尬。这时八面玲珑的王太太急中生智拍了拍桌子：“我说抬，你说扛，正好来了帮手，下次再用你的神力吧！”王先生顺坡下驴直夸夫人想得周到，一场面子危机轻松化解。

（2）优良的道德品质。任何交际都是人的活动，都是交际主体驾驭交际的活动。口才对一个人在社会上立足是非常重要的，但它只是人际交往中的一种形式，只有口才没有道德是不行的，所谓“德为先”。古人有“听其言，观其行”，所以训练口才不能离开做人。一般来说，一个有道德的人，往往是一个知礼、守礼、行礼的人。一个人在任何时候、任何场合、对任何对象，都应体现礼仪的风范，对于自己的道德要求要十分严格。在正常的情况下，所有的交际方法的运用都不应违背人际交往的基本原则，否则会导致最终的失败。所以，没有良好品格的人，不管他学了多么玄妙的交际技巧和语言技巧，都不可能成为一名成功的交际家和演说家。那么，怎样培养优良的道德品质呢？

第一，讲话者应遵守交际的基本原则：尊重、诚信、友善、谨慎等（详见“社交口才”一章，这里不再赘述）。当然，在面对恶意之人、阴谋陷阱，我们决不妥协，毫不退让。例如，在一次外贸谈判中，中方代表拒绝了一位红头发的西方外商的无理要求，这个家伙恼羞成怒，竟然出口伤人：“代表先生，我看你皮肤发黄，大概是营养不良造成你思维紊乱的吧？”中方代表立刻反击道：“经理先生，我既不会因为你的皮肤是白色的，就说你严重失血，造成你思维紊乱；也不会因为你的头发是红色的，就说你吸干了他人的血，造成你头脑发昏。”面对对方的蛮横无理、肆意挑衅，再继续维持谈判已无必要。在这种情况下，我方人员义正词严、针锋相对，以凌厉的攻势、犀利的语言，咄咄逼人，反唇相讥，宁愿谈判破裂，也要维护我方人格的尊严、国家的尊严。这种做法并不会背离交际的基本原则。

第二，讲话者应不断修炼自身，以美好的性格赢得好感、友谊和信任。1965 年，美国的心理学家安得森通过研究发现最受人欢迎的性格特征有 10 个：①诚恳；②诚实；③了解；④忠心；⑤可信；⑥可依赖；⑦聪明；⑧关怀细心；⑨体谅；⑩热忱。同时，安得森还总结出最不受欢迎的 10 个个性特征：①欺诈；②稀奇古怪；③恶意；④残忍；⑤不诚实；⑥不真诚；⑦做作；⑧不可信赖；⑨冷漠；⑩贪得无厌。人们在提高自身道德品质修养的同时，还必须善于发现和改正自身性格上的弱点或缺陷，努力完善自己，只有这样，才能塑造美好的形象，取得交际的成功。

模块小结

（1）口语艺术不同于其他艺术，它具有自己的特征：口语表达的综合性；语言、思维运动的同步性；言语形式的简散性；口语传播的易逝性；表达过程的灵活性。其主要作用表现在以下 3 个方面：第一，口语艺术是人类社会最重要的交际工具；第二，口语艺术是培养创造型人才的重要途径；第三，口语艺术是提高人们综合素质的有效措施。

（2）口语艺术的构成要素除了口语表达的内容和形式外，还有口语表达的主体和客体。主体是口语艺术的主导因素，因此要加强口语表达者的思维能力、文化修养、心理素质和应变能力。而客体对主体的影响与制约也不容忽视，客体主要指口语表达对象和环境。

主体只有能动地适应表达对象的心理、年龄、性别、文化修养、职业、地位的差异，并使表达内容、形式与表达的社会环境、场合环境、人际关系环境、时间环境协调统一，才能获得表达的成功。

（3）口语艺术活动虽然复杂多样，但都得遵循口语艺术的基本法则，要做到目的明确、情感真挚、因人而异和注意场合，才能展示出口语艺术的无穷魅力

技能实训

1．设计恰当的手势和面部表情表示以下内容：

（1）尽管造谣吧，我们无所谓。

（2）伟人们之所以看起来伟大，只是因为我们自己在跪着，站起来吧！

（3）母校伸开双臂欢迎你们！

（4）这样的问题，我可不可以不回答？

（5）用面部表情和手势表达以下词语：

微笑——大笑——冷笑——苦笑——奸笑——狂笑

激动——悲痛——愤怒——感动——难堪

2．按要求“练心不练口”：要求学生从容地走上讲台，微笑着注视台下的同学，使下面的同学都感到你在关注着他，训练者不用讲话，坚持两分钟到感到不紧张为止。

3．按要求“随意练口”：学生在台上随意讲自己想讲的内容，或者做自我介绍。

4．谈谈你对中国人越来越热衷于过洋节日的看法。

5．请以逆向思维方法表述下列说法，要求注意观点的合理性及合乎逻辑地论证。

（1）水火不相容。

（2）眼见为实。

（3）失败乃成功之母。

6．连接法训练：由第一个人挑起话头，其他人一个个接下来说。要注意跳出思维定势，不仅要接上，还要有出奇。

7．联想法训练：从眼前的某物出发，联想说出它像什么。

8．实训题

（1）常规练习。

1）积极心态自我暗示：每天清晨默念 3 遍：“我一定要最大胆地发言，我一定要最大声地说话，我一定要最流畅地演讲。我一定行！今天一定是幸福快乐的一天！”

2）微笑和仪态训练：每天在镜前学习微笑至少 1 分钟，练习演讲时的仪态和手势。

3）胆量和自信练习：尝试在与人交谈时间隔性地正视对方的眼睛，锻炼胆量、自信和沉稳的心态。尽量在上课时坐在教室前面 3 排。

（2）看下面的资料思考文后的问题。

1992 年，我国有关部门依法对涉嫌窃取我国机密的《华盛顿邮报》驻京记者孙晓凡的住处进行搜查。在 5 月 21 日我国外交新闻发布会上，《美国新闻与世界报道》记者问：“请

问孙晓凡到底违反了中国哪些法律，以便其他记者引以为戒。”外交部发言人吴健民回答：“作为外国驻京记者，了解中国法律法规是他们的责任，为此没有必要由外交部的发言人为他们开一堂法制课。”

1）美国记者刨根问底式的提问意味着什么？

2）吴健民机敏地抓住问话中的哪个关键词，以此为前提做文章？

3）吴健民的回答“话在言外，意在其中”。若以直言相告，应该怎么说？

（3）按提示阅读训练案例，每则材料阅读两分钟，记住关键数字，然后向同学脱稿复述内容，要求主要内容和关键数字不能错。

爱迪生一生拥有1000多项发明专利，平均每15天就有一项新发明问世。为了研究制造电灯的灯丝，先后试验了1600多种材料，含辛茹苦十几年才成功。他经常连续工作二三十个小时，累了就用图书当枕头在实验室躺一会儿。他说：“天才就是九十九分汗水加一分灵感。”

（4）听下面的句子，指出其中的毛病：

1）“他在身上披上大衣就出去了。”

2）“在党的培养教育下，使我提高了思想觉悟。”

3）“鲁迅在《祝福》中，祥林嫂是受封建礼教迫害的千百万个妇女中的一个。”

（5）朗诵下面这段话两遍，标出其中的轻读、重音和停顿，然后再读一遍。

“布鲁诺昏迷过去了，到了晚上，他才清醒过来，脚上像有几千把刀在剜割着。铅皮屋顶的囚房，像冰箱一样寒冷。可是，他的心头是热辣辣的，有一种说不出的纷乱、恐怖而又烦躁的感觉在搅扰着他。”

（6）不中断地读完下面这段文字，练习换气。

甲：怎么走哪？

乙：走清河，沙河，昌平县，南口，青龙桥，康庄子，怀来，沙城，保安，下花园，辛庄子，宣化府，沙岭子，榆林，张家口，柴沟堡，西湾，天镇，阳高县，聚乐堡，周氏庄，大同，孤山，宏赐堡，丰镇，苏集，集宁，三岔口，十八台，卓资，三道营，旗下营，陶卜齐，呼和浩特，西包头，甘肃兰州，西凉，凉州，永昌，甘州，嘉峪关，安西，哈密，吐鲁番，新疆乌鲁木齐，精河，伊犁，温宿进西藏。

（7）按字正腔圆的要求读下列成语：

英雄好汉　兵强马壮　争先恐后　光明磊落　深谋远虑

果实累累　五彩缤纷　心明眼亮　海市蜃楼　优柔寡断

源远流长　山清水秀

（8）读绕口令：

A. 八百标兵奔北坡，炮兵并排北坡炮；
炮兵怕把标兵碰，标兵怕碰炮兵炮。

B. 哥挎瓜筐过宽沟，赶快过沟看怪狗；
光看怪狗瓜筐扣，瓜滚筐空怪看狗。

C. 洪小波和白小果，
拿着箩筐收萝卜。
洪小波收了一筐白萝卜，
白小果收了一筐红萝卜。
不知是洪小波收的白萝卜多，
还是白小果收的红萝卜多。

模块2 演讲口才

知识目标

1. 了解演讲口才的概念、内容、特点、种类和作用。
2. 熟悉演讲口才的基本要求。

能力目标

1. 能熟练掌握演讲口才的准备技巧和有声语言表达技巧。
2. 能熟练掌握演讲口才的态势语言表达技巧和演讲的临场应变技巧。

工作情景

1. ××公司举行公司成立10周年庆典活动，假如你是公司领导，请你为欢迎各位领导和嘉宾的光临讲几句话。

2. 新生入学，系里召开迎新生开学典礼，请你作为师兄师姐的代表为新同学讲几句话。

3. 师兄师姐们快要毕业了，在毕业典礼上你作为在校生代表为即将毕业的同学们讲几句话。

问题：同学们先讨论上述问题，然后在老师指导下讲好这些话。

案例分析

【案例一】

在公司揭牌仪式上的欢迎词

尊敬的各位领导、各位来宾：

早上好！

励精图治创佳绩，开拓进取谋发展。走过数十载的风雨征程，历经二十余年的艰苦创业，今天我们迎来了××公司的揭牌仪式。首先，请允许我代表公司250名员工，向大家的到来表示最热烈的欢迎！对大家多年来对我们的大力支持、帮助表示最衷心的感谢！此时此刻，我们的心里只有一句话，那就是公司的重新组建、诞生，不仅凝聚着大家的智慧和辛劳，而且更承载着大家的信心和期待！

调整重组后的公司，由6家独立法人实体合并组成，主体企业是××公司，下属7个分公司、一个汽车修理厂，即第一公路工程分公司、第二公路工程分公司、第三公路工程分公司、第四公路工程分公司、第五公路工程分公司、交通工程分公司、商业混凝土分公司、汽车修理厂。调整重组后的××公司，将最终形成集承建公路工程、交通工程、汽车设备修理和商业混凝土、沥青混凝土生产、加工、销售为一体的经营实体。从1992年11月21日公司正式与高等级公路管理段分开，成为一个自负盈亏、自主经营、自我发展，具有独立法人资格的国有企业以来，公司先后参与了诸如石安公路、昆玉公路、安楚公路、昆曲高速公路、昆明南过境高架桥、楚大高速公路、108国道、安易公路、玉江公路、大保高速公路等多条省内重点公路工程项目的路面、路基、交通工程的修建，在锻炼了职工队伍的同时，也取得了一定的经济效益，学到了一定的工程管理和施工经验，获得了云南省交通厅公路工程施工二级资信登记、交通部颁发的《全国公路工程（交通工程专业）施工企业资质证书》，于2001年2月通过国家ISO9002质量体系认证，2002年被昆明市政府评为“重信用，守合同”企业。

现在公司有员工250名，其中具有公路工程、经济、统计、会计职称的201人。公司拥有固定资产4863万元，其中机械设备净值3153万元，拥有工程施工专用机械设备93台（件），能较好地满足各种等级路基、路面、桥梁、交通工程等工程施工及汽车设备修理、租赁和沥青、水泥混凝土加工、生产、销售的需要。

当然，继承历史并不是占有历史，而是要站在历史的起点上，更好地开创未来。公司的调整重组，不是一项事业的结束，而只是拉开了一项全新事业的序幕。因此，延续并超越企业历史的成绩与辉煌、建设公司更加美好的明天，不但是公司今后的努力方向和奋斗目标，更是公司每一名员工众志成城的坚强决心和义不容辞的光荣职责！尽管昨天的辉煌只能证明过去，明天的艰辛无法预测，可今天的机遇没有理由放弃。正因为有了昨天的基础，才能站在今天的起点上展望明天的壮丽！

为此，我们将继续坚持“科学管理，精心施工，重质守信，励精图治创优质”的方针；将继续保持和发扬求真务实，团结拼搏的精神；将继续以市场为导向，以公司重组为契机，进一步转换机制、强化管理、与时俱进、开拓创新，为不断增强公司的竞争能力和提高经济实力而努力拼搏。敬请各位在今后的工作中一如既往地给我们以帮助与支持。

最后，再一次欢迎并感谢各位的到来！

谢谢大家！

××××年××月××日

【分析】这是××公司在公司重新组建揭牌仪式上欢迎各位来宾的致辞。讲话稿热情洋溢、重点突出、条理清楚、语言简练。首先热烈欢迎和感谢各位来宾，表示公司的重新组建和诞生“凝聚着大家的智慧和辛劳，而且更承载着大家的信心和期待。”这样的开头让人听了心情舒畅；接着以简练的语言介绍公司的业务、业绩和职员情况，这段介绍非常有必要，对公司起到了推销的作用。最后展望前景，给人以信心和力量、鼓舞和希望。

这份欢迎致辞朴实热情，既很好地推销了公司又给人以朴实谦恭之感，这就是讲话的艺术。

【案例二】

郭沫若在萧红墓前的 5 分钟演讲——随机应变

年轻的朋友们：

演讲对于我倒不是件难事，然而要不多不少恰好“5 分钟”，却使我感到困难。而主席又只要我作“5 分钟”的滩头演讲，让我们好早点跳下海去，作你们的青春之舞泳。

我想了，本来我可以这么开始我的演讲：“各位先生，各位女士，请大家沉默 5 分钟！”于是当大家沉默 5 分钟的时候，我便说：“沉默毕了，我的演讲完了。”

大家假如要反诘我：“你向我们作 5 分钟的演讲，为什么叫我们沉默 5 分钟？”我可以理直气壮地回答：“朋友，人们不是说：‘沉默胜于雄辩’吗？”

本来我可以这么开始我的讲演的，但是当我听到了×先生两分钟的演讲，太漂亮了！他说：“人民的作家萧红女士一生为人民解放事业奔走，到头来死在这南国的海边。伙伴们把她埋在这浅水湾上。今天，围绕在她周围的都是年轻人。今后的日子里，不知有多少人围绕着她。朋友们！我们是年轻人，我们没有悲伤，我们没有感慨，请大家向萧红女士鼓掌。”太好了，我的 5 分钟演讲只好改变计划了，让我把年轻人引申来说一下吧。

年轻人之所以为年轻人，并不是单靠着年纪轻，我们倒看见有好些年纪轻轻的人，却已经成了老腐败、老顽固，甚至活的木乃伊——虽然还活着，但早已死了，而且死了几千年。

反过来我们在历史上也看见有好些年纪老的人，精神并不老，甚至有的人死了几千年，而一直都还像活着的年轻人一样。所以一个人的年轻不年轻，并不是靠着生理上的年龄，而主要的还是精神上的年龄。便是“年轻精神”充分的，虽老而不死；“年轻精神”丧失的，年虽轻而人已死了。

那么，什么是年轻精神的品质呢？

第一，是真理的追求者。他是一张白纸，毫无成见地去接受客观真理，他为饥为渴地请人指教，虚心坦怀地受人指教，他肯向一切学习，以养成他的智慧。这是年轻人的第一特征。

第二，是博爱的实践者。他大公无私，好打抱不平，决不或很少为自己打算，切实地有着人饥己饥、人溺己溺的怀抱，而为他人服务。这是年轻精神的第二特征。

第三，是勇敢的战士。他不怕任何艰难困苦，他富于弹性。倒下去立刻跳起来，碰伤了舐干血迹，若无其事。他以牺牲自我的意志征服一切，这是年轻人的第三特征。

这 3 种年轻精神的特征，每一个年轻人都是有的。假如他把这些特征保持着，那他便永远年轻，就是死了还年轻；假如他把这些特征失掉，比如年纪轻，便做狗腿子的事，那他不仅不年轻，而且老早是一个死鬼了。

就在这样的认识之下，我们向“年轻精神”饱满的青年朋友们学习，使自己年轻，使中国年轻！

【分析】这是郭沫若先生的一篇颇为精彩的即兴演讲。它给人以风趣、睿智、深邃之感，构思之巧妙，令人赞叹。郭老演讲的开场白，应变自如，有引人入胜之妙。例如，会议主席要他作“5分钟”滩头演讲，他却饶有风趣地要让听众“沉默5分钟”，并以设问作答，“沉默胜于雄辩”。表述情趣盎然，使人拍案叫绝；演讲的主体部分，对纪念萧红意义的阐述匠心独运、胜任一筹。他借某先生的演讲加以发挥，引申出“年轻精神”的品质的3个特征，既是对死者的赞誉，也是对生者的激励。作者对生与死、年轻与不年轻问题的分析鞭辟入里，闪射出思想的火花，堪称至理名言。它给人以启迪，催人振奋，去追求真理，去做勇敢的战士，永葆“年轻精神”；最后，他以“使自己年轻，使中国年轻”作为结束语，言简意赅，既是对主体部分中心内容的升华，又是对年轻人的殷切希望。

整篇演讲充满激情、意趣横生，不仅使人们在思想上受到教益，而且在情感上也得到陶冶。

【案例三】

我愿做一支燃烧的蜡烛——情真意切

每当有人问我为什么选择教师这个职业的时候，我总要想起我的第一个老师。她，是一位连我的名字也认不全的初中生，把李莹洁读成李宝洁。她的脸没有红，我的脸却发烧了。就是在那视知识如粪土的恶浪腥风中，一些本应成长为雄鹰的雏鸟夭折了，本应成长为大树的幼苗弯曲了。我简直难以相信：就是他，我的同班同学，那双曾做出令人羡慕的航模军舰的手，却成了扒窃的工具；就是他，我的小伙伴，那曾经一心想当科学家的孩子却成了打架大王。这残酷的事实深深地刺痛了我，一个愿望在胸中涌起，我要当教师！就这样，中学毕业后我带着朴实的想法考进了成都师范学校。当然，那时我还不能充分理解教师这两个字的深刻含义。

15岁是梦的年龄，我幻想在充满爱的童心中，品尝桃李满天下的幸福。然而，现实比我的幻想严酷得多、艰难得多！当我踏进成都师范校门时，我愣住了，这是校门吗？歪斜的木柱、剥落的油漆，分明是断了香火很久的破庙门。而这的确是省重点师范的校门！我看见一些年过半百的老师一家三代挤在10多平方米的陋室里；我看见许多身患重病的老师抱病登上讲台；我看见不少性格坚强的老师，因班上没有人甘心当教师而喟然长叹……有人对我说：古人尚知“穷不习武，富不教书”，你是何苦呢？面对这一切，我开始认真思考自己的选择，我第一次感到教育工作少的是浪漫，多的是艰辛。

1984年7月我来到了一所乡村小学。从那破败不堪的校舍和桌椅，真让人难以相信这就是学校，这就是20世纪80年代的学校。但音乐老师教唱的走了调的流行歌曲，又让人感受到了一点变了味的时代气息。一位农民告诉我，他的孩子不痴不傻，可读了3年书，交了十多元学费，只学会了十来个字。我被震惊了，我意识到了一种从未有过的责任，那就是：从选择教师这个职业的那天起，我就挑起了一副沉重的担子，它的一头挑着落后的过去，一头挑着人民的希冀和未来。我坚定了当教师的信念，我愿在这五尺讲台开始人生的追求！

为了这美好的追求，教师们“俯首甘为”，为了这美好的追求，教师们“蜡烛成灰”。

在我们成都的一所普通中学里，有一位姓郭的老师。上课时，他经常向学生请假跑厕所。为什么？谁也不知道。直到医院通知学校，郭老师膀胱癌已到晚期，大家才明白过来。临终前，郭老师说："我不敢请假啊，大家都忙，我拖下的课，什么时候补啊！"郭老师不是党员，也不是劳模，甚至死后也没有被授予任何荣誉称号，然而他尽了一个教师应尽的责任，燃烧到最后一息。巍巍群山，滔滔江河，哪里没有教师耕耘的足迹？哪里没有园丁献身的壮歌？正如一位前辈所说："教师这个职业本身就意味着牺牲。"

的确，作为教师，我们失去了很多。本来可能成为文学家的人悄悄藏起了未打上句号的手稿，本来可能成为发明家的人无声地卷起了设计图纸。没有显赫一时，没有流芳百世，有的只是年复一年地默默耕耘。从这一点上说，我们是不合算的。然而，我们的生命将在一批又一批学生身上延续，我们的青春将在一代又一代青年身上闪光。这对于一个有限的生命体来说，不正是无限的生命力吗？由此看来，我们得到的毕竟大于失去的。世界上还有什么比这更幸福的呢？

如果说过去我想当教师是受感情的支配，那么，从我当上教师的那一天起，理智的砝码就越来越重了。这砝码可能会压得我喘不过气来，但我绝不后悔。请相信我，一名教育战线新兵的誓言吧——燃烧自己，照亮他人，燃烧生命，得到永生！

【分析】在1986年"全国10城市青少年演讲赛"上，成都师范学校青年女教师李莹洁所作的这篇演讲，曾荣获命题演讲一等奖。她以其真挚的情感、优美的语言、生动的典型材料、深刻新颖的思想，引起了在场听众的强烈反响。

演讲者对教师这一职业，没有作一般的赞誉，也没有抽象地说教，而是以她自己的亲身经历和感受，以她所熟悉的典型事例，讴歌了教师的工作，赞美了教师的献身精神。教师的工作是平凡的，但却又是高尚的；教师虽然默默无闻，但"巍巍群山，滔滔江河，哪里没有教师耕耘的足迹？哪里没有园丁献身的壮歌？"这篇演讲感情真挚、内容充实、语言优美，像一篇优美的散文诗。演讲者内心真情的表白，不仅加深了人们对教育事业的理解，而且也使人为教育事业有这样一位优秀的接班人感到莫大的欣慰。

【案例四】

当你被误解的时候——激情鼓动

有一句老掉牙的老话，叫做（用四川方言讲）"万事开头难"。演讲如此，即兴演讲更是如此。不过，我总感觉到万事结束更难。我们在座的许多同志都知道《诗经》上有这样一句话："靡不有初，鲜克有终"，也就是说任何事物都有一个开头，但很难得到一个圆满的结尾。但好的开头也是很难的，所以我庆幸我第一个走上了即兴演讲的讲台。

大家看到，7分钟前，我在在座的百余双眼睛的监视之下抽到这个题。当我们的主持人用他那浑厚的声音宣布这个题的时候，我因紧张而凝固的血液沸腾了，因激动而僵化的思想活跃了。7分钟里，我在思考这样一个问题：人总有被误解的时候，何必为误解发愁；我们的南疆英烈被误解过，张海迪被误解过，我们的曲啸老师被误解过，我们辛勤耕耘的老师们被误解过……但是，怎样从误解中找到理解呢？我可以这样说，理解的大门只向那些心胸开阔、勇于进取的人敞开着，理解的金钥匙只属于那些有头脑的人。我们的战士从他们在前线的英勇奋斗中，从他们血染疆场的行动中找到了理解。曲啸老师以他的演讲和他自身的行为获得了理解。我们的教师以他们辛勤培育祖国未来劳动者的劳动里获得了理解……所以说，朋友，要寻求理解守株待兔行吗？不行！唯有那些心胸开阔、奋发进取的人，才有资格获得真正的理解，在时间与空间、必然与偶然的辩证关系中得到理解。

我们寻求理解，当我们得到理解的时候，我们就会把误解变成一种真正的动力，用它去推动我们更好地理解别人，让别人再来理解自己。我不知道在座的各位有没有被误解过，但我肯定地说，我是被误解过。我在大学读书的时候，干社会工作，曾被误解过；我参加演出活动，也被误解过。就是这次到北京来的时候，有人还风言风语，说我参加演讲比赛是想出风头。我何尝不希望得到理解呢？（这时警告铃声响了）可是，大家都听到了，警告铃响了，它在向我出示黄牌。它对我说："小伙子，你要寻求理解吗？那就少说空话，多干实事，到实践中去，到自己的奋斗中去寻求理解吧！"

在这里，我还要对那些被误解的正在寻求理解的朋友们说上一句："敲响警告铃，出示这个黄牌，在奋斗中去寻找理解吧！"

【分析】这是演讲者在一次演讲比赛中荣获即兴演讲一等奖的演讲稿，演讲者临场见才情，充分显示了一个即兴演讲者应有的素质。即兴演讲是难度最大的一种演讲方式。演讲者不仅要思维敏捷，快速地组织语言材料，并要在规定的时间内讲好，而且还要具有一定的临场应变能力，不管遇到什么意外的情况，都能不慌不忙，侃侃而谈。演讲开头，他从"万事开头难"说起，即兴而发，接着，引用《诗经》的话，别出心裁地指出"万事结束更难"，两者比较新颖别致、出奇制胜，开场就博得听众的热烈鼓掌；演讲的正文，紧扣题目，旁征博引，见解深刻，感情真挚，能使人受到启发。

整篇演讲新颖明快、构思巧妙、情趣盎然、引人入胜，堪称即兴演讲的佳作。

必需知识

一、什么是演讲

演讲，就是在特定的场合，面对听众就某个问题发表自己的意见的一种独白体说话形式，也叫演说或讲演。一般以口语为主，以态势语为辅。可以说，演讲是一门艺术。

二、演讲的内容

演讲是一种社会活动，其内容千姿百态，人类社会生活的方方面面都可作为演讲的内容。

三、演讲的特点

就它的表现形式来说，演讲的主要特点是传声性、传情性和现场性。

（1）传声性，就是演讲者选用一定的语音、语速、语量、语调来表述。

（2）传情性，就是演讲者选用一定的态势语，如面部表情、手势动作和身体姿态等，渲染情感气氛，以增强演讲效果。

（3）现场性，就是演讲者直接面对听众讲演，双方的情感、情绪，互相影响，互相制约，比如说，演讲者声情并茂，煽动起听众的热烈情绪，反过来，听众的情绪也影响了演讲者。

就它的实质内容来说，演讲的主要特点是针对性、真实性、论辩性和鼓动性。

四、演讲的种类

按照不同的划分标准，演讲有许多不同的种类。一般来说，演讲按内容标准划分，有政治演讲、学术演讲、法律演讲、生活演讲等；按方式标准划分，有专题演讲、论辩演讲、即兴演讲等。

政治演讲，就是站在一定的政治立场上，评论当前的重大事件，表明态度立场，或阐明某种政治主张等。要求：有鲜明的政治立场，有的放矢，有鼓动性。如美国人权领袖马丁·路德·金的著名演讲《我有一个梦》、中国革命领袖毛泽东的《中国人民站起来了》等。

学术演讲，就是为宣讲科研成果、传授科学知识或阐明学术见解而作的演讲。要求：独创性和科学性相结合，专业性和通俗性相结合，既要有新理论、新见解，又要有科学依据，既要有专业性，又要尽可能深入浅出、通俗易懂。如法国哲学家萨特的《存在主义是一种人道主义》、美国大教育家杜威的《经验与自然》、英国博物学家赫胥黎的《进化论与伦理学》等。

法律演讲，就是自诉人、公诉人、被告或辩护代理人在法庭上发表的演讲和律师的辩护演讲。要求：公正性和针对性相统一。如古希腊著名哲学家苏格拉底的《法庭上的申辩》、美国废奴运动领袖约翰·布朗的《就义前的讲话》、法国巴黎公社著名女英雄米歇尔的《法庭上的讲话》等。

生活演讲，是指就社会生活中的各种问题、风俗、现象而作的演讲。如礼仪方面的生日祝词、婚礼祝词等，较讲究礼节、情感和服饰。如恩格斯的《在马克思墓前的讲话》、美国已故总统尼克松的《在答谢宴会上的祝酒词》等。

此外，关于演讲的分类方式还有很多，比如 18 世纪著名演说家乔治·坎贝尔根据演讲意图和目的，把演讲分为娱乐性演讲、传播性演讲、说服性演讲和鼓动性演讲等；英国梅尔斯把演讲分为三大类：建设性演讲、情感性演讲和大众性演讲；中国现代著名演讲家邵守义的分类方式就更丰富了，他从演讲的功能上分类就有：使人知类、使人信类、使人激类、使人动类和使人乐类。关于演讲的分类还有许多，这里就不一一列举了。

五、演讲的作用

演讲作为一门艺术，具有特殊的教育作用。

（1）演讲可以作为宣传手段。宣传思想，宣传文化，宣传真理，用以团结人民、教育人民，以达到打击敌人的目的。如戴高乐的《反法西斯广播演说》，秋瑾的《敬告中国二万万女同胞》等。另一方面，演讲也可以被邪恶者所利用，宣传犯罪。如第二次世界大战时，具有魔鬼口才的希特勒，就充分利用演讲，在德国到处煽风点火，发动了世界大战，使人类陷入战争的灾难之中。

（2）演讲可以作为传播知识的手段。比如学术演讲，很大程度上说，就是为了传播知识，当然，同时也是为促进科学理论的发展。

（3）演讲可以作为开发智力的手段。通过练习演讲，改善思维的品质，从而达到开发智力的目的。这在学校教育中经常使用，我国各类学校经常进行这样那样的演讲比赛，就是这个原因。

（4）演讲可以作为训练说话的手段。通过演讲训练，改善和提高口语表达的能力，以达到增加个人涵养的目的。这也是学校教育中常用的手段。

（5）演讲也可以是搞好经营管理的手段。一个企业、一家工厂，如果正面临许多问题、许多情况，一个很有演讲水平的领导，就有可能通过这种手段，鼓舞斗志，使人们重整旗鼓，以达到让单位摆脱困境的目的。

六、演讲的基本要求

（1）演讲的内容要正确，观点要鲜明。

（2）演讲的材料详实，论据确凿，论证严密，逻辑性强。

（3）演讲的语言要通俗易懂、生动流畅，声音要清晰明亮。

（4）演讲感情真挚朴实、亲切感人，态势自然得体。

（5）演讲者的着装要整洁大方。

实用技巧

一、演讲口才的准备技巧

除了即兴演讲、即席演讲外，演讲者在实施演讲之前，一般都要做好许多准备工作。美国第十六任总统林肯经典的《在葛底斯堡国家烈士公墓落成典礼上的演说》，全文不足600字，10句话，从上台到下台，用时三分钟，却足足用了两星期来准备；美国第二十八任总统威尔逊在世时，有人问他："准备一份五分钟的演讲辞，需要多少时间？"他回答："两星期。""三十分钟的演讲辞呢？""一星期。""两小时的呢？""现在就可以进行演讲。"可见，越是简短的演讲，就越需要付出更多准备的心血。因为，必须对大量的材料进行筛选，去伪存真，删繁就简，还得对所用的言词细心推敲，否则就做不到短小精悍。可以说，所有的成功演讲，都是需要时间做精心准备的。那么，演讲前要做哪些准备工作呢？

1．选择题目，确定主题的技巧

俗话说，到什么山唱什么歌，对什么人讲什么话。演讲也一样，选题要看你所面对的是什么样的听众。所以，要先分析研究你的听众，然后确定一个适合他们的题目，确立一个正确的主题。

（1）拟定题目。拟定题目要注意：一是题意要明朗，不要含蓄，不要委婉，更不要含糊。

美国著名演讲理论家查尔斯·格鲁纳提出了几个选择题目的法则："自己熟悉""听众感兴趣""有教益或有娱乐性"，即选择适合自己、适合听众同时又要有用的题目，这三大法则很有参考借鉴作用；二是题目用字要新颖易读，别找来你自己都读不好的字，或者你是读出来了，听众却听不明白。

（2）确立主题。确定一个正确而有意义有价值的主题。主题是演讲的灵魂，听众是演讲人的上帝，如果听众不买你的账，讨厌你要讲的主题，你的演讲效果就很有限。"查尔法则"指出：关注当前社会生活中急需回答的问题，选择既是听众想解答的，又是自己有真知灼见的主题。除外，还要是正面的，代表正义、真理，反映真善美的主题，这样的主题才是有价值的主题。例如，当今中国社会，人们的诚信度方面有了问题，社会生活中，虚伪的现象多了，诈骗的现象多了，这是人们所不愿意看到的，那么，我们选择这方面的话题进行演讲，人们就会感兴趣，这个主题就有价值。

2. 搜集材料的技巧

（1）要围绕主题目标尽可能多地搜集材料。选择什么主题就必须搜集什么样的材料，对什么人讲就要尽可能多方面地寻找相关的“养料”，如有趣的事实、真实的故事、确凿的数字、相关的民谣谚语、格言名句、正面的、反面的等。大植物学家柏毕克说：“我常常把植物的标本种植了几十万株，但仅仅选取一两株最优的，其他的劣种，我便完全抛弃不用。”我们搜集演讲材料也如此，搜集得越多越好，这也是一种获得知识的过程，这对我们上台演讲也很有帮助。

（2）搜集第一手材料。就是自己亲身经历的、自己耳闻目睹的，这方面的材料最重要，新鲜、真实、可信，用在演讲中最容易感动他人。

（3）搜集第二手材料。就是通过书本、杂志、报纸、电视、广播、网络等途径获得的材料。这方面的材料有缺点，就是没能给人新鲜感。例如，2005 年 2 月 16 日搜狐新闻，在俄罗斯，每 1000 对结婚夫妇中，就有 800 对离婚。这数字虽然新，但尽人皆知，收集可以，但演讲中要尽可能少用，或者变换一个角度来用。

3. 编写演讲稿的技巧

（1）先拟一个演讲提纲。一个演讲提纲一般由 3 部分组成：开头、主体、结尾。例如，一个标题为“如何提高学习成绩”的提纲可以这样拟写：

如何提高学习成绩（选自《讲话的艺术》）

具体目标：我想让我的听众了解在大学提高成绩的 3 个技巧

开场（引言）：

一、我们都知道，无论我们要继续就读研究生，还是要寻找到一份好的工作，好成绩都是非常重要的。

二、因为我是再次回校就读的学生，因此我有更大的压力要尽力学好每一门功课。

三、我想与你们一起分享我在学习过程中所采取的 3 个提高成绩的方法。

主题句：在大学提高成绩的 3 个行之有效的技巧是：经常上课、建立积极的态度、有效率地学习。

正文：

一、第一个技巧：经常上课。

①比较成绩优秀的学生与成绩一般的学生的出勤率。

②如你的学习动力不够，就计算一下你每天的课价。

二、第二个技巧：建立积极的态度。

①大脑对行动有支配性。充满自信地带着轻松的心情去上课。

②想象考试取得好成绩。一旦潜意识接受了一个概念，就会执行它。使用肯定的语言。

三、第三个技巧：有效率地学习。

①在每一节课前要从头到尾阅读一遍布置的作业。

②将要在课堂讲授的知识分析一遍。

③课后复习。

结论：如果每节课你都出勤，有效率地学习知识，并且从精神上做好准备，那么你将获得好成绩作为报答。

（2）筛选材料。筛选材料的原则：一是以听众的兴趣为出发点，选择自己比较了解的、听众能理解的、能反映主题的、真实可信的、比较新颖的材料，如果是众所周知的材料，最好能有新的认识角度；二是选择材料还要考虑是否符合演讲的环境，要做到观点材料相统一。

（3）编写讲稿。编写演讲稿时，观点要鲜明，要有理有据；赞成什么、反对什么，必须明确，不能含糊；论证时，不能强词夺理，要摆事实、讲道理；所用事例要典型、新鲜、恰当，引用材料要准确；语言要尽可能用短句，用口语来写，把演讲稿写得通俗、易懂，还可适当地使用一些修辞手法，如反问、设问等，使它生动活泼些。

（4）选择主体结构的安排方式。主体部分的结构一般有 3 种方式，即并列式、递进式、对比式。并列式，一个问题论述完，接着论述另一个问题，最后总结自己的观点；递进式，一层一层地分析论述问题，由小到大，由浅到深，逐步把道理讲清；对比式，先对错误的观点进行批驳，在批驳中确立自己的主张，然后论证自己的主张的正确性。

4. 试讲彩排的技巧

在没有真正上台演讲之前，自己找个地方，反复练习演讲。必要时，可以用录音机把试讲的实况录下来，或用摄像机拍下来，再寻找缺点和不足，然后加以改正。如果是演讲比赛，这个方法就更需要试试，因为比赛是要受时间限制的。美国第四十三任总统乔治·布什，他的第二个任期的就职演讲，应该是彩排了多次，原定时间是 17 分钟，结果还是超时了几分钟。当然，这对他继续当美国总统是一点都没有影响。但是，如果是参加演讲比赛超时几分钟，就有可能影响比赛结果。

5. 心理准备的技巧

演讲者的心理素质决定着其演讲是否成功。俗话说有备无患，是说做好充分的准备是多么的重要。话虽这么说，一个从未在大场合做过演讲的人，虽然做了充分准备，但依然有备而有患，为了避免万一情况的出现，最好在演讲前进行一些心理准备和心理素质方面的训练。如请这方面的内行帮忙或自我训练都可以，但最重要的是必须注意培养这几个方面的心里素质：自信、诚实、友善。

（1）自信。一个演讲者首先要对自己有信心，相信自己可以做得最好，要反复地在这方面给自己以鼓励。

（2）诚实。要诚实坦荡，确认自己所讲的都是可信的，数据和材料都作了最大限度的核实，要给听众一个印象：相信我没错！

（3）友善。要从内心深处发出友善的信息，让听众觉得自己和演讲者是一个群体中的，彼此之间没有距离。要做到这一点，最好的做法是，准备一个令人听来比较舒服的、友善的开场白，以消除彼此之间的距离感。

二、演讲口才的口语表达技巧

1. 演讲的口语表达技巧

演讲是以口语表达为主，态势语表达为辅的一门艺术，两种表达都很重要，不得忽视。我们先学习口语表达。口语表达的总体原则是：语言要简洁准确、清楚明白、生动形象、通俗易懂。下面介绍几种口语表达技巧。

（1）多用简洁的短句，不用较多修饰语的长句。

（2）多用通俗易懂的词汇，忌讳晦涩、偏僻之词。有一则笑话，说的是，古时候，有一个爱咬文嚼字的老先生，一天晚上被蝎子蛰了，急忙喊道："贤妻，迅燃银灯，尔夫为毒虫所袭!"连喊几遍，他的妻子也听不明白，他痛得实在忍不住了，情急之下，叫道："老婆子，快点灯，蝎子蛰着我了！"他的妻子这才明白。这虽是个笑话，也说明了，常用词语才最容易让人明白。别在演讲时卖弄斯文。

（3）多用流行的口头词语，少用老套的话语。不同的时期，有不同的流行语，在演讲中，恰当地选择使用，会使演讲更接近现代生活。如近时期年轻人喜欢说的流行语有什么"傻冒""疲软""酷""酷毙了""搞笑""拽""哇塞"等，当然，也得看场合和演讲内容。

（4）多用能表明个人倾向的词汇，不要模棱两可。演讲中，演讲者要明确告诉听众自己主张什么、批评什么、赞成什么、反对什么，那就必须使用能表明个人倾向的词汇，如"因此，我认为""在我看来""显而易见""坦率地说"等，这样能给人以坦诚、果敢的印象。

（5）可适当使用重复。演讲中重复，就是对主要观点或主要信息的强调，目的是让听众加深印象，以引起注意和思考。所以，适当重复，也能提高演讲效果。例如演讲的主要观点，在开场白提出之后，在演讲中用材料论证的时候可重复提及，在演讲就要结束时，再总结强调。这样可以使演讲的主题突出，但要注意不能太多重复，否则就会弄巧成拙，变得罗嗦，是演讲大忌。

（6）可适当使用简略语。演讲中使用一些简略语，可以使演讲简练活泼一些，比如公共关系可以简称为"公关"，质量检查报告可以简称为"质检报告"，中央电视台简称为"央视"，南方航空公司简称"南航"，消费者协会简称"消协"，维护权益简称"维权"，计划生育委员会简称为"计生委"，关心下一代工作委员会简称为"关工委"等。但要注意所用简略语必须是规范简称或大家熟悉的、约定俗成的词语，不能自造，否则人们就听不懂。

（7）可适当使用数字。数字是很好的论据，适当使用可增加演讲的说服力。使用数字时，可用约数，不一定要用实数，比如九十九万九千元，可说成近百万元，由于是演讲，人们不会计较这一千元的出入。

（8）可多用俗语。演讲中多使用常用成语、惯用语、谚语、格言、歇后语等，会使演讲通俗活泼。比如，为某人提供方便，可以说为某人开绿灯；又如，某人只会许诺，从不实现诺言，可以说他只会放空炮等。1988 年 5 月，美国前苏联两国领导人会谈，在欢迎仪式上，戈尔巴乔夫说："总统先生，你很喜欢俄罗斯谚语，我想为你收集的谚语里再补充一条，这就是：‘百闻不如一见’。”意在宣称他们在削减战略武器上有所行动了。里根总统也不甘示弱，彬彬有礼地回敬：“是足月分娩，不是匆忙催生。”意思是，美国政府不急于和对方达成削减战略武器等大宗交易的既定政策。戈尔巴乔夫担心美国言而无信，于是，用谚语提醒：“言不信，行不果。”里根也用一句谚语回过来：“三圣齐努力，森林就茂密。”多么生动活泼而又意味深长的对话！

（9）可灵活使用多种修辞手法。演讲中适当地使用一些修辞手法，可以使演讲更为生动感人。如使用设问，可引起人们思考和注意，丘吉尔的就职演讲的那一段，就用了两个设问，一问政策，二问目标，观点鲜明、层次清楚；排比的使用，可使演讲气势磅礴，有排山倒海之势，效果甚佳，在演讲中几乎是不可缺少的手法，如郑健、张建敏的《再朝前走一步》结尾写道：朋友，你已经走了一步了吗，那么再朝前走一步；你已经走了十步了吗，那么再朝前走一步，用“你已经……了吗，那么再朝前走一步”这种形式，从失足青年到中年到“和我同时代的求知者”，连用了 6 个排比，一个比一个深入地阐述这个问题，很有说服力，马丁·路德·金的演讲《我有一个梦》，就 8 次使用了排比手法，使他的演讲非常有气势，很有感人的力量；比喻的使用既通俗，又形象；夸张、对偶、对照等，都可以使用。

（10）掌握适当的音量、语调和语速。演讲具有传声性。亚里士多德在《修辞学》中说，什么时候说得响亮，什么时候说得柔和，或者介于两者之间，什么时候说得高，什么时候说得低，或者不高不低……这都是关系到演说的成败的关键问题。不管演讲者使用什么语言演讲，都要求语音要标准，至少要让懂这门语言的听众都听得懂。一是控制音量。现代通讯器材很先进，不管演讲的会场多大，都可以通过它们把你的声音传播到每一个角落，所以演讲人的声音无需太大，以免给听众的耳管过分刺激，给你的演讲带来不良影响。二是控制语调和语速。比如，需要强调的就读重音，表达愤怒、喜悦、快乐的情感内容时，语调就高一些，语速会快一些；相反，表达哀伤、沉重、胆怯的情感内容时，语调会低一些，语速就慢一些。

2. 演讲的开场技巧

（1）几种开场技巧。

俗话说，好的开头是成功的一半。戴尔·卡耐基说：“演说应该是一段有目的的旅程，必须事先绘好行程图。一个人不知从哪里开始，通常也就不知在何处结束。”所以，设计一个好的开场很重要，如讲一件有趣的事情、讲几句好听的话、美言几句当地的环境、讲一个滑稽的故事、向听众提一个有趣的问题等。没有固定的开场方式，只要能吸引听众就行。下面介绍几种精彩的开场方式，以供借鉴。

1）以幽默开场。先讲一则幽默或笑话，会给人愉快轻松的感觉。例如，某君应邀到一所中学做青少年心理保健知识演讲，当时正热播欧洲杯，他就以此为切入点，开始他的演讲：“很高兴在这个‘热情’的午后，和大家共同交流心理保健方面的知识。不少同学看上去面露倦容，想必是昨天夜里通宵达旦坚持看欧洲杯的缘故。古人云‘道不同，不与相谋’，今天我荣幸地遇到了这么多的同道中人。本人也是一名铁杆球迷，从 1994 年世界杯开始入门儿，十年磨一剑，如今已达到了业余九段水平。”

以幽默开场，以谈球赛为切入点，演讲一开始就吸引了学生的注意力，并告知自己的爱好，增加了学生对演讲者的认同感，为主体演讲作了很好的铺垫。当然，这样的开场对某些成年人讲，效果可能一般，甚至相反，所以一定要看对象。又如，著名好莱坞动作巨星施瓦辛格，他当选州长后首次演说是这样开场的："今天早上，我女儿来找我，她在我耳边说，州长先生，咖啡已经好了！"话音未落，掌声四起，笑声一片。为什么这个开场会有如此好的效果呢？原来，施瓦辛格要面对的是债台高筑的加州政府，财政赤字庞大，要扭转困境谈何容易，虽然在竞选中胜出，却仿佛开始品尝咖啡的苦味。这个开场是一语双关，意味深长。

2）以故事开场。先讲一个有趣的或跟演讲内容相关的故事，常常能唤起人们的兴趣。例如，张智、张国刚的演讲《魂系"长城"创业人》的开场白："在座的各位，请让我先讲一个故事。在古希腊神话中，有一位名叫皮格马利翁的雕刻大师，他在将一根象牙雕成美女的时候，对这件作品产生了感情。于是，他对象牙美女倾注了自己全部的心血和爱，每天深情地雕呀雕呀……最后，感动了上帝，上帝让象牙美女有了血肉，有了生命，有了感情，有了智慧，并让她和皮格马利翁结成了终生伴侣！"这个演讲的主题就是介绍某个人物的先进事迹，开头讲的故事所揭示的精神正是要讲的人物身上具有的，因此，以这个优美动人的故事开始，既具有强烈的感染力，又富有深刻的启示性。

3）以解释原因开场。这也是一种常用的演讲开场白，这种方法真实坦诚、目的明确，容易获得好感。例如，以《爱情与美》为题演讲，著名演讲家李燕杰是这样开头的："我不是研究爱情的，为什么会想到要讲这么一个题目呢？前年四月，北京一家公司的团委书记要我去做报告，我因教学任务紧张推托不去。这个团委书记恳切地说：'李老师，您一定要去，我们这次是请您去救命的。'我很纳闷。于是他掏出一卷纸，上面写着他公司所属工厂里的一批自杀者的名单，其中大多数人因为恋爱问题处理不好而轻生厌世，轻率地走上绝路。这样，我便想到要与青年朋友谈谈'爱情与美'的问题。"这样的开场白虽然得不到掌声，却会给听众带引出好奇心：你到底想谈什么呢？许多竞聘演讲采用这种形式。

4）以开门见山进入主题开场。一点都不拖泥带水，直奔主题，也可以给人以深刻的印象。例如，在《什么是男子汉》的演讲中，一位演讲者是这样开场的："对于什么是男子汉，不同人有不同的理解。而我的观点是：男子汉，不见得风流倜傥、气宇轩昂，也不必有伟岸的身躯和雄壮的体魄，但他必须有为国、为民、为家勇于负责的精神和关键时刻挺身而出的高尚人格。"又如，一位教育局的干部，在对师大毕业生作题为《西部欢迎你》的演讲时，开场就说："同学们，今天我是来向你们这些热血青年煽风点火的。我要煽起哪里需要就到哪里去的狂风；点燃起为振兴西部教育奉献青春的烈火！"他的话音刚落，会场上就响起热烈的掌声。这个开场，旗帜鲜明、语言简洁、活用词语，也很有煽动性。

5）巧用名言警句或吟诗咏词开场。引用的名言警句或诗词，也能给听众留下难忘的印象。当然，所引用的名言警句或诗词要紧扣演讲主题，含义深刻。例如，演讲《信念永不倒》的开场："著名黑人领袖马丁·路德·金有这样一句名言：'这个世界上，没有人能够使你倒下，如果你自己的信念还站立的话。'是的，只要信念不倒，我们在任何不利的情况下，都不会趴下，都能闯出一条路来。"又如，《团结就是力量》的开场："俗话说得好：一个篱笆三个桩，一个好汉三个帮。今天我演讲的题目是……"

6）以自报家门的方式开场。如抗战时期，著名作家张恨水在成都中央大学的演讲开场："今天，我这个'鸳鸯蝴蝶派'作家到大学这里演讲，感到很荣幸，我取名'恨水'不是什么情场失意，我取名'恨水'是因为我喜欢南唐后主李煜的一首词《乌夜啼》：'林花谢了春红，太匆匆，无奈朝来风雨晚来风，胭脂泪，留人醉，几时重，自是人生长恨水长东！'我喜欢的这首词有'恨水'二字，我就用它作为笔名了。"这种开场，真诚坦率有趣，给人深刻的印象，能快速拉近演讲者与听众间的距离，使听众消除对演讲者的陌生感，为主题演讲打开场面。

7）以独特创新开场。这种开场白别开生面，十分吸引人。20 世纪 80 年代，某大学生的《大学生的责任》的演讲开场："同学们，我今天演讲的题目是《大学生的责任》。大家一定会说，这题目都让人讲烂了，你怎么还讲呢？是啊，我为什么还要讲呢？昨天，我在同学的笔记本上发现一首中英文结合的小诗，诗中写道：人生本是 happy/何必苦苦 study/只求考试 pass/拿到文凭 go away/既然如此 lazy/何必天天 study/娶位漂亮的 lady/抱个胖胖的 baby。读到这里，我的心在颤抖，难道我们 80 年代的大学生，只是为了考试 pass 和漂亮的 lady 吗？不，决不！这可怜的百分之零点儿，是不能代表我们百分之九十九点几的！为此，我今天要认真地讲一讲《大学生的责任》。"

（2）演讲开场常见的毛病。

1）过分谦虚。谦虚是一种美德，但过分谦虚却不是什么好事，尤其是在演讲的开头。例如，某青年的《当代青年的风采》的演讲开场："在下姓张，很高兴今天有机会在这里演讲。不过，丑话说在前，由于本人学识疏浅，加上这段时间很忙，没时间好好准备，演讲中如有不对之处，请大家批评指正。下面，我演讲的题目是……"其实他是做了很充分的准备的，只是想谦虚一下，可是效果并不好，听众的心理反应可能是：你既然没准备好，就别讲好了，你学识疏浅，就不要来浪费我们的时间……。这样开场对自己接下来的演讲非常不利。

2）过分卖弄。过分谦虚不好，过分卖弄也不好。例如，某君被邀请到一所学校做演说报告，面对几千名师生，他一上台，就一口气介绍了自己的十几个头衔：××专家、××顾问、××奖章获得者、××教授、××主任等，很令人反感，给人不好的印象。有的初学者，也以为这样可以给人好印象，其实，情况刚好相反，比如，有 个青年，一上台演讲，就向听众介绍自己，曾在什么大赛中获得一等奖，在某系统的什么赛中获得好评等，这样实际上适得其反，是不可取的。

3. 演讲的结尾技巧

（1）几种结尾技巧。

美国演讲家约翰·哈斯灵说："各种研究表明，演讲的结尾比起正文来说，更能被听众记住，你要充分利用这个部分，以取得最大的效果。"也就是说，结尾讲得好不好，在一定程度上关系到整场演讲的成败。所以，要设计好结尾。好的演讲结尾既要做到言简意赅，又要余音绕梁，使听众振奋精神，并不断思考回味。结尾没有固定的模式，下面介绍几种结尾技巧供读者参考。

1）以决心、誓言结尾。美国作家约翰·沃尔夫说："演讲最好在听众兴趣未尽时嘎然而止。"即在演讲达到高潮时突然收场，这样就可以给观众留下深刻的印象。例如，在美国独立战争前夕，国务卿裴特瑞克·亨利在弗吉尼亚州议会的演讲结尾："我们的同胞已经身在疆场了，我们为什么还要站在这里袖手旁观呢？先生们希望的是什么呢？想达到什么目的？生命就那么可贵？和平就那么甜美？甚至不惜以带锁链、受奴役的代价来换取吗？全能的上帝啊，阻止这一切吧！在这场斗争中，我不知道别人会如何行事，至于我，不自由，毋宁死！"誓言说得斩钉截铁、威力无穷，话音刚落，全场愕然，随后就响起"拿起武器"的呼声。"不自由，毋宁死"则成为美国人民争取独立与自由的誓言。

2）用诗词、名言结尾。先几句富有感召力的号召，接着名人名言，犹如画龙点睛，既深化了主题，又有鼓励行动的力量，给人以强烈的印象。例如，我国著名演讲家李燕杰的演讲，常用这种方式作结，他在《国家、民族与正气》的演讲中是这样结尾的："青年朋友们，爱我们的国家吧，爱我们的民族吧，同心协力，把我们民族的正气，把我们中华民族发愤图强的爱国主义精神极大地发扬起来！最后用几句名人名言作为结束语：'谁不属于自己的祖国，他就不属于人类。爱国主义的力量多么伟大呀！在它面前，人的爱生之念，畏苦之情，算得是什么呢！我无论做什么，始终在想着，只要我的精力允许我的话，我就要首先为我的祖国服务。真正的爱国主义不应表现在漂亮的话上，而应表现在为祖国谋福利、为人民谋福利的行动上。'"又如，一位演讲者在做关于青年与惜时问题的演讲，最后，他借用抗金英雄岳飞《满江红》里的名句"莫等闲，白了少年头，空悲切！"

3）总结式结尾。总结式结尾的好处是，能进一步深化主题，给听众留下深刻的印象。例如，我国著名播音艺术家葛兰的《在'夏青播音成就研讨会'上的演讲》的结尾："'业精于勤'，是他始终恪守的座右铭，也是他对青年播音员的要求，'读万卷书'是他孜孜不倦的好习惯，也是他对后生晚辈的希望。至于什么名啊、利啊，在他看来只不过是虚幻泡影，'真才实学'才是衡量一个合格播音员的标准。几十年的相处，从夏青老师身上我深深悟出了这个真谛。"再如一位青年在《榜上无名，脚下有路》的演讲中是这样结尾的："朋友们，青春无权闲适，光阴无权荒废。要使人生放出光彩，只有不断攀登，才能'一览众山小'；只有以'苦作舟'的精神，才能到达理想的彼岸。一句话，叹息无出路，爱拼才会赢！"几个简洁的短句，总结演讲中心，给人留下深刻的印象。

4）呼吁号召式结尾。这是演讲常用的结尾方式，它以强烈的情感，向听众发出号召、呼吁，提出希望，以鼓舞斗志，促其行动。例如，一位妇女的《迎接明天的挑战》的演讲结尾："兄弟姐妹们，逝去了的就让它逝去吧，下岗并不意味着我们是弱者，让我们勇敢地拿起自强的武器，去粉碎人生路上的障碍，以顽强的毅力向自己挑战，向困难挑战吧！我们一定会迎来一个灿烂的明天！"又如，毛泽东的《论联合政府》的结尾："成千成万的先烈，为着人民的利益，在我们的前头英勇牺牲了，让我们高举起他们的旗帜，踏着他们的血迹前进吧！一个新民主主义的中国不久就要诞生了，让我们迎接这个伟大的日子吧！"

常用的结尾方式还有赞扬式、抒情式、感谢式、祝福式等。

（2）演讲结尾常见的毛病。

1）套话空话，令人生厌。有的演讲人，明明已经讲完了，却还来几句客套话，以为这样做会给人留下好印象，其实不然。例如，“我之所以能取得这样好的成绩，全靠领导的栽培，谢谢了！”“我讲得还不够成熟，还有不少错误，希望各位领导、同志批评指正！”“我的话讲完了，由于时间太紧，准备不充分，讲得不好，请大家多多原谅。”等。

2）画蛇添足，多此一举。有的演讲者，自己的演讲差不多结束，却又多添了一笔，倒成了画蛇添足。例如，“在结束演讲前，我想就某某问题，再补充几句……”“请大家再耐心等一会儿，还有几分钟时间，我的演讲就要结束了，我想再谈谈……”等，这些都是不可取的，很大程度上影响演讲的效果。

3）草草收场，不了了之。实际上，就是收场不够醒目，不概括，不强调，突然说“我的讲话完了”，没给听众留下什么印象，也是一种失败的结尾。

4. 演讲的衔接技巧

除了微型的几句话演讲外，演讲都要涉及到内容与内容间的衔接问题。如果衔接过渡得好，可以使演讲悦耳流畅，如行云流水，会大大增加演讲效果。否则，可能断断续续，给人突兀之感，效果一定不理想。从演讲的一部分转向另一部分或从一个要点转向另一个要点的过程中，常常会用一些词语、词组、短语、句子或过渡段作为衔接，这种衔接也叫过渡。下面介绍几种衔接过渡的技巧。

（1）经典衔接技巧。历史上的经典演讲中，恩格斯的《在马克思墓前的讲话》是衔接用得最好的。全文 9 个自然段，有 6 次使用到衔接手段，而且用得自然贴切，是我们学习的典范之作：第一自然段讲马克思去世了，第二自然段就穿插了承上启下的过渡衔接：“这个人的逝世，对于欧美战斗的无产阶级，对于历史科学，都是不可估量的损失。这位巨人逝世以后所形成的空白，不久就会使人感觉到。”；第三自然段介绍马克思对人类历史的第一大贡献“发现了人类历史的发展规律”后，第四自然段先以“不仅如此”作为衔接，然后介绍马克思的第二大贡献“发现了剩余价值规律”；第五自然段以“一生中能有这样两个发现，该是很够了”作为衔接，接着概括介绍马克思在其他领域的研究和发现；第六自然段以“他作为科学家就是这样。但是这在他身上远不是主要的”一句作为衔接，然后说明他关注科学的原因；第七自然段以“因为马克思首先是一个革命家”作为衔接，然后介绍他在革命实践和革命宣传方面的伟大贡献；第八自然段以“正因为这样，所以马克思是当代最遭忌恨和最受诬蔑的人”作为衔接，然后写敌人对他的攻击和他对敌人的态度；最后以“他的英名和事业将永垂不朽！”作结。全文衔接自然，一气呵成。

（2）常用的衔接方式。一是总结式衔接，演讲时你可以告诉听众，本次演讲你将讲述几个问题，当第一个问题讲完时，可以这样衔接：“以上讲的是第一个问题，下面谈谈第二个问题”，这是最常用，也是最容易学习的衔接方式；二是关联词衔接（如所以、但是、因此、而且、如果等）和短语衔接；三是总结性词语衔接，如“总之”“一句话，就是……”等。

三、演讲的应变技巧

演讲过程中，会出现这样那样的情况，比如，突然忘了演讲辞，会场的某个角落突然出现骚动，不少人走出了会场，此外，还有嘘声、冷场等，演讲人的应变能力在这个时候就将发挥作用。

（1）演讲中突然忘了演讲辞的处理技巧。演讲中突然忘了演讲辞，肯定会紧张，但不要轻易放弃，解救的方法很多。如可向听众提一个问题，在听众寻找答案时，你自己快速回想一下演讲辞；重复前面所讲的一些内容，以帮助自己记起演讲辞；就把最后的这几句话作为下一个内容的开始，以继续自己的演讲；抛开所忘记的内容，从记住的地方继续讲等。

（2）演讲中出现突发事件的处理技巧。突发事件，就是我们无法预见的事件，演讲者首先要镇定，再发挥你的应变能力。例如，在一次演讲中，一位演讲者正讲到“我们的前途是光明的”时，突然停电了，会场一片漆黑，听众有些混乱，于是，他灵机一动，提高声音说：“在光明之前可能会出现“黎明前的黑暗”，但黑暗不会长久！我相信，只要大家团结一致，共同努力，就会度过难关，迎来胜利的曙光！”他赢得一片掌声；有时是会场的某个角落出现了骚动，演讲人不一定知道原因，但也不必把目光集中在那里，你的心理肯定有些变化，但要表现得不露声色，还要继续演讲，不受干扰；如果是因为演讲太生动，台下响起热烈掌声，这时候，演讲人最好是停止演讲，等掌声过后再继续，也无需表示感谢。

（3）演讲中说错话后的处理技巧。演讲中难免会出现说错话的现象，一旦发现自己说错话了，怎么办呢？不要紧张，解决的方式很简单，就是把正确的话说一遍就可以了。千万不要道歉说“对不起，刚才说错了。”

（4）演讲中出现冷场的处理技巧。由于种种原因，演讲时出现了冷场，有的听众退场了，有的听众在交头接耳，听众对你的演讲根本提不起兴趣。这时要沉着冷静，千万不能发脾气。再想想自己哪方面出了问题：如果是演讲技巧方面出了问题，可灵机一动讲一个故事或笑话，使听众把涣散了的注意力收回来，以继续你的演讲；如果是演讲内容方面的问题，解决方法比较难，但也可以尽量把后面的内容缩短，使演讲早些结束；或考虑能否换个角度讲几句。总之，碰到这种情况，最好不再滔滔不绝讲下去，尽量缩短话题，早些结束演讲，就是草草收场也好，但也不能即刻停止，“逃之夭夭”。所以，演讲者在准备时，千万要分析好听众的喜好，看菜吃饭，量体裁衣。

（5）演讲中听众起哄的处理技巧。听众起哄的原因可能是多样的，这方面要具体问题具体解决。这里举两个名人的例子供大家参考。著名剧作家肖伯纳在他的《武器与人》首演成功后，应观众要求，上台接受人们的祝贺，当他正准备讲话时，突然一个人对他大声喊道：“肖伯纳，你的剧本糟透了，谁要看？收回去，停演吧！”肖伯纳不但不生气，反而笑容满面地向那人深鞠一躬，彬彬有礼地说：“你说得对，我完全同意你的意见。”说着用手指着观众说：“遗憾的是，我们反对这么多观众有什么用呢？我们能禁止这剧本演出吗？”说完，全场响起暴风雨般的掌声，那个捣乱者灰溜溜地跑了；1860年2月，林肯第一次竞选美国总统，在纽约库钥学会作演讲。他到纽约时，当地报纸已发表了许多攻击他的文章，他一登台，还没开口，台下已是起哄声一片，十分混乱，更有甚者，共和党人高声喊叫，要他滚下来。但林肯毫不为之所动，他非常镇静地按事先准备的进行演讲。渐渐地，会场安静下来，除了林肯的声音，只有煤气灯的燃烧声，听众被他生动的演讲深深吸引住了。第二天，报纸纷纷报道林肯异常成功的演讲。

（6）战胜心理紧张的技巧。

著名的演讲专家也承认，上台演讲，自己也感到紧张。战胜心理紧张的方式因人而异，有一个简单的方法，不防试试，就是，当你对自己的演讲已准备得相当到位了，但你一上台，还是心跳加速、额头冒汗、手足无措，解决的办法是：做几次深呼吸，就可抑制紧张情绪。总之，演讲中要克服的毛病不少，需要演讲人全身心投入去准备，去演讲，尽可能避免犯这样那样的错误。最后，演讲结束了，无论情况如何，演讲者都要态度从容，面带微笑，愉快地离开。

（7）对演讲时间临时改变的处理技巧。

演讲一般事先都有预定的时间，但有时前面的演讲者拖延了时间，或是听众由于特殊原因不能安心久坐听演讲，这时演讲者就必须迅速调整自己的演讲，或根据原主题在不丢失精妙的前提下适当地压缩一些内容，或运用一些概括语句，使篇幅减少而观点保持完整。有时为使听众安心听讲，也可事先声明一下压缩后所需的大致时间，给听众吃颗"定心丸"。这时一定要有通盘安排，既不可"虎头蛇尾"，也不可不顾听众情绪，一味拖延时间。

（8）对听众持对立观点情况的处理技巧。

对持不同看法的听众，即使他们是错的，演讲者也不可直接否定或批驳斥责，因为这会刺伤其自尊心或惹其勃然大怒，以致越发不可收拾。这时应采用迂回战术：或先找出一个双方都赞成的共同立场来说；或先肯定对方一些合理的地方，然后再一步步地亮出自己的观点并充分加以阐述；或采用征求意见的方法，由浅入深，慢慢疏导，做到"好雨润物细无声"，以收到水到渠成的最佳效果。使用这些委婉的说法，不仅能产生良好的"悦服"效果，而且可以显示演讲者富有文化教养。

四、演讲口才的态势语表达技巧

态势语，就是指包括面部表情、姿态、手势等方面所表达的思想内容和感情。态势语的使用总原则是要自然。美国心理学家阿尔培特说，人的感情表达由三个方面组成：55%的体语+38%的声调+7%的言词；英国梅尔斯在《公众演讲技巧》中说，好的演讲是：50%的主题内容+20%的开场和结尾+20%的有效表达+10%的个性表现；多罗西·萨尔诺夫在《演讲艺术》中说，最佳演讲效果取决于：8%的内容+42%的表情+50%如何说。不管是谁的观点，都肯定了态势语在演讲活动中所起的作用。

1. 态势语表达的几个技巧

（1）头部。人的头部动作能表达不少意思。比如，点头表示赞同，摇头表示否定，昂首表示勇敢、高傲等。

（2）面部表情。人的面部表情很丰富，以眼睛和嘴巴两个部位最为突出，尤其是眼睛。所以，达·芬奇说"眼睛是心灵的窗户"，当一个人的眼睛透露出一种信息，而他的嘴里又表达另一种意思时，人们肯定是相信他的眼睛。人的许多情感都可以从面部看到，如喜怒哀乐。当演讲者用眼环视会场时，表明他在跟听众交流，吸引听众的注意力；当演讲者目不转睛地看在一个地方时，他可能在沉思；当他双眼眯成线缝，嘴角向上时，表明他高兴、喜悦。

当他眼睛睁圆，嘴角向下，面部肌肉收紧时，表明他生气、愤怒等。因此，演讲者可以根据自己演讲的内容需要，设计一下自己面部情感的表达。

（3）手势。手势，就是演讲者运用手指、手掌、拳头和手臂的动作变化，以表达一定的思想情感。手势在演讲中运用非常普遍，下面介绍几种演讲中常用的手势。

1）手指的运用。如表示赞扬、表示胜利、表示蔑视、表示数目、表示警告、表示强调、表示提醒注意等，都常常运用手指，如第二次世界大战中，英国前首相丘吉尔用两手指分开竖立，形成“V”字，表示胜利，被人们运用至今。

2）手掌的运用。演讲中，运用手掌表情达意也很多。如掌心向上，表示坦诚、谦恭，或表示请求、许诺，或表示欢迎；掌心向下，表示反对、否认，或表示批评、制止；双掌合十竖起，高举表示祈求；手掌抚摸胸口，表示亲切；手掌拍头，表示自责；手掌抱头，表示痛苦等。

3）拳头的运用。演讲中，紧握拳头一般表示决心、信心、宣誓，或表示愤怒、示威等，都能给演讲增添效果。

2. 态势语表达时要注意的问题

态势语的恰当使用，可使演讲魅力无穷。但是，如果使用不当，也会影响演讲效果。所以，在使用态势语时，要注意：

（1）在上台演讲之前，要认真研究好要使用什么态势语，并找时间进行演练，最好能找人指点一下，不要临时抱佛脚。

（2）不要在演讲进行中，一直都是温文尔雅的态势语，而突然使用大幅度的态势语。

（3）不要在演讲的结尾，才来突然的大动作手势。有的人，在自己的整个演讲中几乎没使用什么态势语，到演讲结束时，突然来一个大动作手势，给人很生硬的感觉，反倒影响了演讲效果。

（4）不要在演讲的全过程都是使用大幅度的态势语，会给人张牙舞爪、不稳重的不良感觉。

总之，态势语使用要适度、自然。

模块小结

演讲是演讲者为达到一定目的，在特定时空中，以有声语言为主、态势语言为辅的艺术方法，公开向听众传递信息、表述见解、阐明事理、书法感情，从而达到感召听众并促其行动的一种社会活动。演讲的特征有：社会性、真实性、艺术性、整体性和临场性。演讲的分类很多，其中按内容分类是最基本的分类。

演讲选题必须遵循的4个原则是：选题要适合演讲者、选题要适合听众、选题要适合特定的场合、选题要适合规定的时间。演讲者要克服怯场情绪，必须做到：有强烈的成功欲、有充分的自信心、有坚强的自制力、有完善的内容准备。

演讲稿的特点是：具有鲜明的对象感和现场感、具有突出的可说性和可听性、具有灵活的临场性。演讲稿选材应遵循的原则是：严格、真实、典型、新颖。演讲开头的方法很多、但其宗旨只有一个，即吸引听众。演讲稿主体应做到：主题鲜明突出、内容充实有说服力、层次清晰、精心设置高潮。演讲结尾的方式多样，但都应做到简短有力。

演讲语言的表达技巧包括有声语言表达和态势语言表达两大方面内容。有声语言表达技巧又包括语音表达和语义表达两项内容：语音表达主要有用声技巧、重音技巧、停顿技巧、语速技巧、语气技巧；语义表达要求做到准确贴切、简洁明快、通俗平易、形象生动。态势语言表达主要有面部表情、手势动作和身姿动作三大方面。演讲中常会出现一些难以预料的情况，演讲者应沉着冷静、反应迅速，果断地采用恰当的临场应变方法，将控场的主动权始终掌握在自己的手中。

技能实训

一、演讲基础训练

1．读读下面的语句，看看该用什么语调、语速？

（1）是的，我们是唯物主义者，必须承认贫穷、落后是不美的，不能因为它是母亲身上的就都是美的。

（2）青年朋友们，让我们在批判地继承前人爱情美学的基础上，立足当今社会，探讨什么是爱情之美，什么是美好的爱情吧。

（3）什么“人权自由”“平等博爱”，全是骗人的鬼话。

（4）三月十四日下午两点三刻，当代最伟大的思想家停止思想了。让他一个人留在房里总共不过两分钟，等我们再进去的时候，便发现他在安乐椅上安静地睡着了——但已经永远地睡着了。

（5）让我们跟着党，用我们每个人的创造力，使中国这个伟大的母亲重现青春，成为世界上最伟大、最美丽的母亲。

2．快速读准下面的绕口令：

（1）喇嘛与喇叭。

打南边来了一个喇嘛，手里提溜着五斤鳎蚂。打北边来了一个哑叭，腰里别着一个喇叭。提鳎蚂的喇嘛，想拿鳎蚂换别喇叭哑叭的喇叭，别喇叭的哑叭，不愿拿喇叭换提鳎蚂喇嘛的鳎蚂。提鳎蚂的喇嘛急啦，拿他的鳎蚂打了别喇叭哑叭一鳎蚂；别喇叭的哑叭也急了，拿起喇叭打了提鳎蚂喇嘛一喇叭。不知是提鳎蚂的喇嘛打了别喇叭的哑叭一鳎蚂，还是别喇叭的哑叭打了提鳎蚂的喇嘛一喇叭，提鳎蚂的喇嘛回去炖鳎蚂，别喇叭的哑叭站在那儿吹喇叭。

（2）H 和 F。

黑化肥挥发发灰会花飞。

（3）四和十。

四是四，十是十，十四是十四，四十是四十，谁视十四是四十，就打谁十四，谁视四十是十四，就打谁四十。

（4）天上看。

天上看，满天星，地上看，有个坑，坑里看，有块冰。坑外长着一棵松，松上落着一只鹰。松下坐着一老僧，僧前放着一部经，经前点着一盏灯。墙上钉着一根钉，钉上挂着一张弓。说刮风就刮风，刮得男女老少难把眼睛睁，刮散了天上的星，刮平了地上的坑，刮化了坑里的冰，刮倒了坑外的松，刮飞了松上的鹰，刮走了松下的僧，刮翻了僧前的经，刮灭了经前的灯，刮去了墙上的钉，刮掉了钉上的弓。

（5）两个娃娃笑哈哈。

花家娃娃骑马去看华家的花，华家娃娃浇花时看到花家的马。骑马的爱花，下马去浇花；浇花的去看马，上马学骑马。花家的马一跑摔下华家的娃，花家的娃一急踩了华家的花。华家娃娃爬起来拉住花家的马，花家娃娃回头去扶起华家的花。

（6）天上七颗星。

天上七颗星，树上七只鹰，墙上七根钉，台上七盏灯，地上七块冰，踏上一脚踩碎七块冰，呼哧呼哧吹灭了七盏灯，哎哟哎哟拔掉七根钉，呀嘘呀嘘赶走七只鹰，飞过乌云盖没七颗星。一连念上七遍就聪明。

（7）L与N。

路东住着刘小柳，路南住着牛小妞，刘小柳拿着大皮球，牛小妞抱着大石榴。刘小柳把大皮球送给牛小妞，牛小妞把大石榴送给刘小柳。

二、分析题

1．有一部经典电影，名叫《阿拉伯的劳伦斯》，有关劳伦斯上校的传奇故事广为流传。下面是两个讲述劳伦斯上校的历险故事的开头，请分析一下这两个开头的不同特点。

（1）有一天，我路过耶路撒冷的基督徒街的时候，碰到了一个身上穿着东方君主的华丽的衣服，腰间挂着一柄仅有穆罕默德的子孙才佩带的金质的弯刀的人，可是，这个人的外貌，一点也不像阿拉伯人。因为，他的眼睛是蓝的，而阿拉伯人的眼睛永远是黑色或是棕色的。

（2）路易乔治曾说："劳伦斯上校是现代最浪漫而又最潇洒的人物之一……"

2．下面是一位新郎在自己的结婚典礼上的发言，读一读，作出评价，并说明理由。

各位朋友，各位来宾：

非常感谢大家的光临，你们的到来，就是对我们的最好祝福。特别是，我要谢谢我的岳父岳母大人，谢谢他们养育了这么好的姑娘，并同意把她嫁给我。我会好好地爱护她、珍惜她。我还要谢谢我的父母，没有他们的辛劳，就没有我今天的幸福生活。谢谢伴郎，谢谢伴娘，谢谢你们的帮忙。在这里，我还要声明一下，这是我们第一次办这样的大事，还缺乏经验，如有什么招待不周之处，请大家多多包涵。最后，让我们举起酒杯……

三、演讲实践

1．每个人任选一个话题，准备一篇约5分钟的演讲，目标是要使听众采取行动。

2．根据下面的话题进行口头评说，每题讲3分钟左右。

（1）苏格拉底的学生对他说："老师，您的知识这么多，您一定没有烦恼……"苏格拉底说："不，错了，知识是一个圆，烦恼是它的半径，知识越多，圆越大，半径也越长……"你是否有同感？你现在有烦恼吗？常烦恼些什么呢？如何摆脱烦恼？谈谈你的体会。

（2）作家刘心武说过："亲情如溪流，友情如江河，爱情如大海。人活一世，亲情、友情、爱情，三者缺一，已为遗憾，三者缺二，实为可怜，三者皆缺，活而如亡！”请你谈谈感想。

（3）“在才能和智慧不相上下的人群中，你拥有更高的热情，成功便在更大程度上属于你。”你认为这句话对吗？谈谈个人在品德修养和人际关系方面的重要性。

（4）有人说：“逆境容易出人才”；有人说：“顺境容易出人才”；也有人说：“不管是逆境还是顺境，成才关键靠人本身。”你是如何看的？

（5）请围绕“付出与收获”，联系现实，谈谈你的看法。

（6）你热爱自己所学的专业吗？如果不喜欢，你现在该怎么办？并谈谈你对未来工作的设想。

（7）现在有一些大学生边读书边找一些工作做，有人持反对意见，有人赞同。请你对大学生兼职问题发表意见。是利大于弊还是弊大于利？怎么对待这个问题才好？

3．说出塑料的各种用途，限时 1 分钟，尽量多地说出其用途。

4．在下列词语中抽取 4 个，经过联想把它们串成一个故事，在 2 分钟内演讲完：

话筒、汽车、苹果、MP4、饭盒、钉子户、办公室、扫帚、北京、窗户、柱子、锅炉

5．观察描述

（1）描述一个场面，如拔河比赛、下课了、热闹的菜市场等，要求有点有面、有静有动。

（2）在班里描述本班一个同学的肖像，不说姓名，让大家猜猜是谁。

6．根据下面的“变”，设计“应变”演说。

（1）上台演讲，由于太紧张，头脑里一片空白。

（2）在一次推广普通话的演讲会上，上台一开口，就没能讲好普通话。

（3）听众向你提问：你说“大学生求学期间谈恋爱，结果往往是苦涩的”，但你为什么也正在谈恋爱？

7．分别以下面几个词为题目，作一次 5 分钟的演讲：我的兴趣、我的幸福观、我渴望的成功、现代人心理压力大，容易轻生，是因为……、我很孤独、我很快乐、我很郁闷、骨气。

8．请同学随意说出一个词作为主题词，用半分钟思考，然后做即兴演讲。

9．设想自己将要谋求或竞选某一职位，作一个自我介绍或竞选演说。

10．先指定没有联系的 A 物和 B 物，然后尽量拖时间从 A 物谈到 B 物，其中可以编故事、说道理，就是不能中断和犹豫。

模块 3 社交口才

知识目标

1. 了解社交的含义、作用和基本要求。
2. 熟悉社交口才的基本要求。

能力目标

1. 能熟练掌握社交口才选择话题的技巧、打招呼的技巧、介绍的技巧。
2. 能熟练掌握社交口才问答语言的技巧、拒绝语言的技巧。

工作情景

鲍罗奇是美国的一位食品生产商，以制造罐装的食品而闻名。有一次，在专家食品鉴定会上，他打开一罐自己公司生产的青菜罐头请专家们品尝鉴定。他刚刚掀开罐口，就瞟见青菜叶里卷着一只小蚂蚱，这肯定是拣菜工人的粗心造成的。这只微不足道的小蚂蚱肯定会让他的产品声名狼藉。怎么办？鲍罗奇在专家们还没注意到小蚂蚱的一瞬间，头脑中迅速闪过一系列的应急办法：

（1）给专家们解释掺杂小蚂蚱的原因：

小蚂蚱是一种特殊调味品？

小蚂蚱是一种营养添加剂？

是专门考验专家们的眼力的？

是故意开玩笑逗乐的？

（2）不让专家们看到小蚂蚱：

把小蚂蚱搅到罐底？

把这一罐故意失手打翻？

想办法再换一罐？

……

鲍罗奇最后都没这样做。

问题：请问：鲍罗奇会怎样做呢？如果是你，你会怎样做？

案例分析

【案例一】

深曲委婉、耐人寻味的对话——智答诘问

1984 年，扮演毛泽东的特型演员古月在接受记者采访时，一位外国记者问古月：“文化大革命给中国带来了重大损失，这会不会影响毛泽东的形象呢？”

古月沉思片刻，反问那位记者道：“你觉得维纳斯美吗？”

“美，很美。”有位记者不假思索地回答。

“维纳斯的胳膊都断了，难道还算得上美吗？”古月追问说。

另一位记者马上答道：“虽然胳膊断了，但这样并不影响维纳斯的整体美。”

这时，古月微笑着说道：“你们的话已经回答了这位记者先生的提问。”

【分析】古月在这里使用的问答方法是类比推论法。其结构如是：维纳斯的艺术形象是很美的，虽然断了胳膊，但不影响其整体美；毛泽东是伟大的，虽然他有某些缺点，但这也不影响他的整体形象。古月将毛泽东的缺点与维纳斯的断臂相类比，巧妙地回答了外国记者的提问。

【案例二】

提琴不喝茶——巧妙拒绝

一位富有的贵妇人，邀请意大利著名的小提琴家帕格尼尼到她家去喝茶。帕格尼尼答应了，临走的时候，贵妇人特意补充道：“亲爱的艺术家，明天来的时候，千万不要忘记带上你的琴。”“这是为什么呀？”帕格尼尼惊讶地说：“太太，我的小提琴是不会喝茶的啊。”

【分析】贵妇人提醒帕格尼尼不要忘记带琴的用意显然是想让帕格尼尼在做客时演奏提琴，而作为被请的客人，帕格尼尼却不一定想在这种场合演奏。他说小提琴不会喝茶，当然包含了不必带琴的意思，也包括了不愿演奏的想法。但直接提出不演奏的话，则显得非常生硬，而用了幽默的说法，却合适地表达了这种意见。帕格尼尼的话，弄得那位太太不知道帕格尼尼是在拒绝她，还是在和她开玩笑。

【案例三】

路遇不测，转危为安——巧设陷阱

有四个青年，看到有一个旅客坐在旅店里歇息，身上穿的衣服很好，就商量着想把他的那身衣服骗过来。

这四人走到旅客身边说：“我们一起来打个赌好不好？每个人讲一个自己生平遇见过的最奇怪的事，谁要是听了不相信，就得做讲故事人的奴隶。”那人正好闲着没事，就同意了这个建议。这四个年轻人暗自得意，请来村长做证人，都使出浑身解数讲述他们胡编的故事。可每次那个旅客都会点点头，表示相信。

轮到旅客讲他的经历了："几年以前，我有一块很大的棉田。有一棵棉花长得十分高大，颜色又红又艳，闪闪发亮。可是有很长一个时期，它既不长叶，也不长枝，后来，终于长出四根枝条，枝条上不长叶子，却结了一个果子。当时，我采下四个果子，把它切开了，每个果子里忽然跳出一个年轻人。因为他们是从我的棉花树里长出来的，所以我就叫他们在我的棉田里干活。可惜他们都是懒骨头，过了几个星期，都从我的农场里逃走了。我就一直在全国各地寻找这四个奴隶，直到现在才给我找到了。可爱的小伙子们，你们心里也挺明白吧？你们自己就是我那四个寻找已久的奴隶。好了，故事讲完了，快跟着我回我的农场里干活去吧。"

这时，四个年轻人全都傻了，因为他们明白，要是说相信他的话，那就等于承认自己是旅客的奴隶，要是他们说不相信，那么根据打赌的条件，他们也要做他的奴隶。

村长作为公证人一连催问了三次，问他们到底信不信旅客的话，这四人无奈，最后只得承认失败。旅客笑着说："你们身上穿的衣服也是属于我的，因为你们都是我的奴隶。快把衣服脱下来给我，我马上就能给你们自由。"

【分析】这个案例旅客用了将计就计法。这四个青年人原是想骗取旅客的衣服，这时却只能把他们自己身上的衣服脱下来给他了。聪明的旅客深知对方的计谋及面临的困境，于是将计就计，使对方陷入很深的矛盾中。相信与不相信，结果都一样。他们最后没有得到衣服，反而把自己的衣服送了出去。

【案例四】

生意场上的成功应变——模糊回答

我国北方沿海城市某一商团与日本一企业集团有长期的合作关系，日方在与中方签订新一轮合同时，想了解中方新一轮的订货情况，以便在谈判时讨价还价。日方代表在谈判前问中方代表说："王先生，这次贵方订的货不少吧？"这实际上是一个两难的问话，中方如果说自己一方订的货少，对方就会抬高价格，因为你着急订货；如果说自己一方订的货已很多，这既违背了合作原则，使对方感到中方没有诚意，又让对方感到没有生意可做。中方代表随机应变地说："怎么说呢？跟去年相比，我们订的货是多一些，但从企业发展的前途来看，我们今年订的货也并不算理想。"中方的这一模糊回答，就使对方感到还有生意可做，也从心理上让对方打消了抬高价格的企图。

【评析】对于这类提问，由于涉及本企业的秘密，不能予以直面回答。如果说"不能告诉你"，显得粗俗无礼；如果套用外交上的用语说"无可奉告"，也会给提问者造成心理上的失望与不快。使用"闪烁其词"、模糊回答，既避开正面问题，又不给对方一种答非所问的感觉。巧妙运用这种方法，可使谈话轻松平和而不至于话不投机。

必需知识

一、社交概述

1. 社交的含义

社交就是社会交往，就是指人们在社会生活中为了满足某种需要而进行的信息交流或联系。

2. 社交的基本要素

（1）形象仪容。

一是仪容要自然。这是社交场合中的关键，它使人看起来真实而生动，如果失去了自然，其结果固然是假，那么也就失去了生命力和美的感觉。二是仪容要协调。它包括妆面协调（即化妆部位的色彩搭配及整体协调）、全身协调（即脸部化妆、发型与服饰协调，力求取得完美的整体效果）、角色协调（即针对自己在社交中扮演的不同角色，采用不同的化妆手法）、场合协调（即化妆、发型要与所去的场合气氛一致）。三是仪容要美观大方。美观、大方的社交仪容是保持良好的社交形象的基本要素之一，要达到美观的效果，最重要的是要了解自己的脸型及脸部各个部位的特点。在对自己有所了解后，正确的化妆、美发方法也是很必要的。

（2）行为举止。

行为举止是指社交过程中的动作方式。良好的行为举止要求大方得体、潇洒自如、不造作、不害羞、动作不夸张、举止文明礼貌等。

（3）心理状态。

心理状态是指社交过程中社交主体的知、情、意所表现出的特征，是社交过程的重要因素。心理状态具有积极和消极两种因素，社交过程中，要争取积极的心态，避免或克服消极的心态。具体地说，要自信，不要自卑；要勇敢，不要怯懦；要坦率，不要猜疑；要谨慎，不要草率；要热情，不要冷漠。

3. 社交的基本要求

（1）平等宽容。

假如社交碰上权威人士或名人，大可不必趋之若鹜、曲意逢迎；假如有人在人际交往环境中独占鳌头，不要流露出不屑一顾的样子，要暗示自己，嫉妒是一种卑劣的心理；假如与某人话不投机，应该认识到，坚持对方认为正确的思想、观点和行为方式是对方的权利，而不要挑起舌战；假如有人言谈举止不得体，也不要显出自己的优越而对人投以鄙视的目光；假如有人对自己无礼，或无意伤了自己的自尊心，用不着计较，更不必反唇相讥，可一笑置之。因此，在社会交往中，相互间人格的尊重、友好和善的态度、亲切轻松的气氛，就显得格外重要。平等真诚、宽容大度从来都是高尚的美德。

（2）礼貌待人。

所谓礼貌，就是对人尊重，待人彬彬有礼是文明的表现。在初次见面和告别时，如果认为必要，女性应主动作出握手的姿态，假如男性伸出了手，应当微笑地把手伸过去，而不要置之不理。礼貌待人应当是真情的流露，但也需要适可而止，如果礼节繁多，令人应接不暇而成为负担，那又显得虚伪了。一般情况下，礼貌可以造就一种和谐、轻松、愉快的气氛。

（3）主动热情。

如果到了一个新环境，碰上一位热心好客的人，就会令人感到温暖，精神放松了些。那么，这个人将可能成为可信赖的朋友。可见，主动热情在社交中的重要性。待人主动热情可以表现在多个方面，比如，注意接近被冷落的人，鼓励他们恢复自信心；当见到同事或朋友遇到困难，主动给予精神上或物质上的帮助；为客人热情地倒上一杯水等。

（4）注重信誉。

一是信守契约，即“言必信，行必果”。不论与人约会，还是合作，或者答应别人的事，只要是有约在前，必须遵守，有言在先，必须做到。不能出尔反尔，如果有特殊原因确定不能履约，也应该事先通知；事发突然来不及告诉的，事后定要恳切说明，表示道歉。二是对自己的言辞负责。在非开玩笑的场合，只要对方是在认真地交谈，就必须力求言而有据，用词准确，实事求是。古人言，“人无信不立。”进入现代文明社会，一个企业如果没有信誉，它的经营将一落千丈；一个人一旦失去信誉，在社会中也将寸步难行。社交中的信誉，其后果虽然不像前述的那么明显，但对一个人的形象，进而对其事业的影响也是潜在的和深远的。

（5）遵守时间。

在与别人交往中，树立严格的时间观念，会面、交谈、办事最好事先约定，而且力求在安排好的时间内完成。在科学高速发展、知识爆炸的今天，时间就是生命，遵守时间就是对他人的尊重。

二、社交语言的基本要求

（1）目的明确，思路清晰。

会谈前要有明确的目的，根据目的和对象有针对性地确定交谈的内容和方式。谈话时思路清晰，合乎逻辑，不能啰嗦零乱，同时要观察谈话对象的反应，寻找共同话题，使谈话顺利愉快。

（2）讲究用语，彬彬有礼。

文雅用语是一个人学识教养的体现，在文明社会，尤其是知识经济时代，社交活动中的礼貌用语尤为重要。一是尽量使用敬语。尊重是社交礼仪的核心内涵，体现在语言上就要常用敬语，如“您”与“你”“先生”与“喂”“小朋友”与“小孩”，虽然称呼的对象相同，但给人的感受完全不同。二是多用商量的口吻，少用命令的语气和语调。如“请帮我跑一趟邮局好吗”与“你替我跑一趟邮局”“请让一下”与“让开”的口吻就大相径庭，“去叫老师”和“去请老师”这一“请”一“叫”，就区分出了一个人的礼仪与教养。

（3）掌握分寸，措辞得当。

一是要有角色意识。说话时要注意自己和对方的身份，主从不分、没大没小，都是不礼貌的。二是要顾及他人。首先要考虑到听众是否听得懂，要尽量说大家都能听懂的话。其次要顾及他人的情感，将心比心，不要在无意中刺伤他人的自尊心，令人尴尬难堪。再次要注意不要冷落那些社会地位较低或有自卑感的人。三是要考虑措辞。措辞既不能过分热情，又不能冷漠待人；既不能过于随便，又要使交往轻松活泼。在商务活动中，说话还应委婉客气，不宜居高临下、咄咄逼人。

（4）善于聆听，学会幽默。

一是善于聆听。只有善于聆听，才能真正做到有效的双向交流。听别人谈话要全神贯注，不可东张西望或显出不耐烦的表情；不要挑剔别人无关大局之处，如对方浓重的乡音或读错的某字；不要突然打断他人的谈话，假如打算对别人的谈话加以补充或发表意见，也要等到别人说完后再做补充。二是学会幽默。幽默能使谈话气氛轻松、活跃。例如，古希腊著名哲学家苏格拉底有一次正与朋友高谈阔论时，他的妻子突然闯进来，大吵大闹，还把一盆水浇到他头上。朋友们非常惊讶，不知如何是好。苏格拉底却风趣地说：“我早已料到，雷声过后，必定有倾盆大雨。”朋友们大笑，气氛一下子又轻松、活跃了起来。可见幽默语言的作用。

实用技巧

一、选择话题的技巧

1. 话题的种类

（1）大众化、具有寒暄性质的话题。

如嘘寒问暖、气候如何等家常话。这些话题人人都会用，是最简单、最基本的开场白。此外，还可以视情况扩展话题范围，如评价物价、交通拥挤等问题；谈及人事调动、同事信息及其他传闻等话题。

（2）时下流行的话题。

例如，正在传媒上大肆宣传、炒作的新闻，这些无伤大雅的话题往往也受欢迎，能活跃气氛，特别适合年轻人的场合。

（3）饶有兴味的话题。

包括骇人听闻的案件、轶闻趣事、不可思议的传说等，这些引人入胜的话题，无疑是聊天时的最佳“佐料”。如果话题本身已饶有兴味，那么即使谈话技巧欠佳，还是可以让场面热烈起来的，这就是该类话题的独特魅力。

（4）高级幽默的话题。

聊天的场合不能没有笑声，所以能“博君一笑”的幽默，往往能使自己成为受欢迎的人物。

（5）智慧型话题。

此话题知识层次较高，例如畅销小说、专业书刊等知识性话题；或是音乐、美术、电影、戏剧等艺术性话题；或其他领域的学术性话题等。不过，由于并非大众化话题，所以，运用这类话题前，应先考虑是否符合所谓的“TPO”条件，如果在“TPO”条件不符合时提出这种话题，只会言者谆谆，听者邈邈。

（6）有关人生观、价值观方面的话题。

这些话题属于私人性质，多适合在知己之间谈心时使用。

（7）对方关心的事情，或者是双方都共同关心的话题。

这种话题需要先花工夫去了解对方的兴趣所在，或寻找与对方的契合点。

2. 选择话题的技巧

在交际中，不同的社交目的应选择不同的话题。那么，要选择什么样的话题呢？总的原则是要选择正确恰当的话题，即与场合情景协调的话题。场合和情景涉及社交对象、地点、时间、气氛、人物和身份等因素。在注意场合情景的基础上，选择话题的技巧主要有以下几个方面：

（1）选择趣味性高的话题。

社交场合，让在场的人愉快、开心很重要的一点取决于趣味性高的话题。趣味性高的话题，能使人与人之间心里充实、心意相通。因此，在日常生活中，不妨多搜集一些有趣的话题，以便在合适的场合派上用场。

（2）捕捉对方所关心的话题。

心理学认为："每个人都把自己的事看得很重要"，"任何人都希望自己存在的价值及重要性能得到他人的肯定。"美国心理学家马兹洛说过，人人都有"受人肯定的欲望"。因此，在社交场合说话要注意"适度尊重对方"，最好的方法就是抓住对方所热衷的人或事展开话题。

（3）找到凸显个性的话题。

谈话是人们个性的一种展现，在社交场合中，要抓住能凸显自己个性的话题。个性是赋予聊天魅力的催化剂，就算一个人不擅长用语言表达，甚至缺乏谈话技巧，同样可以凭借充满个性的语言来征服对方。那么，如何凸显个性呢？重要的是独树一帜，避免雷同，从自己的亲身经历和见闻中找出有价值的话题。无论是搜集话题、整理话题，还是选择话题、提出话题，如果能把讲话人的个性凸显出来，会给人真实新颖的感觉。

（4）选择有人情味的话题。

在社交场合，若要打动人并使别人能接受自己，谈话就一定要富有人情味，使听众与自己产生共鸣。

例如，美国总统布什在 1988 年与对手杜卡基斯对垒竞选总统时，当记者问他们："你如何对付困难？"杜卡基斯回答："1978 年，我在竞选麻省民主党州长候选人时落选，我感到十分痛苦。我知道，是我自己造成这次选举的失败。我没有去责备别人。然而，没有痛苦就没有前进，我从中悟出了不少道理——虽然失败了，但失败却丰富了我的人生。有幸的是我有一个非常幸福的家庭，我想，假如你也有同样痛苦的时刻，那么你的家庭将会给你最强有力的支持。"布什回答："我的孩子的死是我迄今生活中最困难的时刻。有一天，医生对我们说：'你们的孩子得了白血病。'我问他，'这是什么意思？'医生告诉我们：'这意味着她就要死了。你们必须决定，如何对她进行治疗。或者让她听凭自然地走完这个过程——这样的话，她大约能活三个星期。'假如我们决定，不给她任何医治听凭其死去，那么我们会感到极大的痛苦。然而医治她，却要使这个幼小的孩子承受各种痛苦，我们实在于心不忍。但是，在我的坚强的妻子帮助下，在温暖和谐的家庭支持下，我增强了信念，很好地处理了这件事。我的女儿又活了六个月。当然，要是在今天，可能能多活好几年。"布什虽然说的是一件伤心的事，但由于话语中含有每一个人——处于社会各个阶层的父母子女都能体会到的浓烈的亲情，布什的话题更富有人情味。

人的感情总是相通的，只要不是故作多情、无病呻吟，在社交场合与人交谈时，就要恰如其分地使自己的话带有人情味，使人觉得亲切、甜美而又切实可信。

（5）应回避的话题。

社交谈话中，要注意避开那些不合适的、不受欢迎的话题，这就是交际中应遵循的“回避原则”。一般而言，有关政治理念、宗教等问题应慎重，可视谈话对象等选择话题；与身体缺陷、家庭不幸以及各种歧视问题等有关的话题也要慎谈。人们对价值观的论断，往往会随着时间的变化而改变。有些过去曾被视为“敏感话题”的，也许现在看来已稀松平常，而有些原本无所谓的话题，现在却成了“烫手山芋”。另外，特定的场合有着特定的敏感话题，例如在一些喜庆场合，千万不要讲晦气的话；在葬礼等场合就不应该开玩笑。

二、打招呼的技巧

心理学研究表明，社交场合，人们对别人如何称呼自己是十分敏感的。称呼得当，能使双方产生心理上的相容，交际就会变得顺利起来。所以，打招呼是开启交谈之门的一把钥匙。因此，在社交场合中要注意打招呼的技巧。

（1）观看对象，视察环境。

交际场合对招呼介绍有很大的制约作用，打招呼的技巧首先是要看对象和当时的气氛场合，包括时代气氛和环境气氛，否则就做不到得体正确。不得体、不正确的称呼轻则影响“第一印象”，重则会导致交谈失败，甚至还会酿成悲剧。此外，称呼还要看与对方熟悉与否、关系如何，不能乱叫人。有两种不恰当的称呼，一种是省略不当，随便省略他人的“姓”或“名”，或直呼其名，这些称呼是在关系比较密切或比较熟悉的语境中才可以用的，不能随便省略，否则会引起尴尬或误会；另一种是乱叫绰号，也是不可取的。

（2）礼让谦恭，多用“褒称”。

“礼”就是温文尔雅的体现，“貌”是和蔼谦虚的表情。能否礼貌地称呼别人，既反映一个人的文化素质，也表现一个人的思想修养如何。

例如，一个小伙子骑着毛驴要逛白云庙，走到一个三岔路口后迷路了，这时他看见正前方有一老农正割青草，便上前问：“喂！老头！去白云庙怎么走啊？”老农没理小伙子，小伙子又重复问一遍，老农还是没说话。小伙子气急了，便骑着驴来到老农身边，提高嗓音说：“老头！问你上白云庙怎么走，干吗不理我哩？”老农连头都没抬，嘴里说着：“没功夫，没见我正割草嘛！”“那说句话也耽误不了你割草呀！”“小伙子，你不知道，家里等着草去喂驴哪，昨天晚上，我家那头驴下了两只骆驼！”小伙子一愣，毛驴下骆驼，这可新鲜稀奇：“嗨，老头，驴哪能下骆驼呀，驴应该下驴才对嘛！”老农冲小伙子一笑：“哼！谁知道啊，这畜生他不下驴嘛！”小伙子这时才醒悟过来，脸刷地涨红了。

社交中要注意：一是为人处事礼貌先行，称呼别人也不例外，它是交谈双方得以顺利进展的第一道关隘；二是除非与被称呼者特别熟悉和亲近，一般跟陌生人打招呼，忌用嗨、哎、喂、嘿等词；三是看年龄称呼人，要力求准确，否则会令人不愉快，甚至发生口角或者闹笑话。

（3）随俗寒暄，区分职业。

称呼的地域性主要表现在3个方面：一是每个地方有每个地方的方言土语，自然也就有了方言称呼；二是在称呼别人时有的地方叫法不一样，如在西方，小孩子往往直呼长辈的名字，而这在我们中国人心理上是难以接受的。如果不了解称呼的地域性，盲目称呼，往往造成误会，使人反感。例如，有几个年轻人结伴去旅游，这天他们从承德避暑山庄出来，想去外八庙，为了抄近路，两个小伙子上前去问路，正遇上一个卖蛋的农家姑娘。一个小伙子上前有礼貌地叫了声："小师傅！"这姑娘没有应答，小伙子以为她没听见，又高声叫一声，这下可激怒了这位姑娘，气呼呼地说："回家叫你娘小师傅去！"两个小伙子感到十分惊讶。后来才知道，当地的农民管和尚、尼姑才称"师傅"，一个大姑娘怎么愿意听呢？

在称呼上还必须区分不同的职业。对工人、司机、理发师、厨师等称"师傅"；对农民称"大爷""大娘""老乡"等；对医护人员称"大夫""医生"；对教师称"老师""教授"；对国家干部和公职人员称呼其职务，如"主任""处长"等；对军人和民警，最好称"同志"。如果不知道对方是什么职业或职务的，宜用"泛称"，如"先生""小姐""同志"等。

（4）记住姓名，有助交往。

遇见熟人，如能脱口叫出他的名字，显得自然而亲切，如果叫不出人家的名字，就会感到语塞，交往的大门就不容易打开。所以，记住对方的姓名，人们会产生愉悦甚至感动之情，有利于交往。例如，有一位师范毕业生到某中学实习，在短短的一个月的共同生活中，他和学生相处得很好。在实习结束的欢送会上，他没有讲故事，而是含着泪花一口气背诵出全班48 位同学的名字！当时同学们又惊讶、又激动，一个劲儿地鼓掌。在任教的老师中，他是最年轻的一个，也是任教时间最短的一个，然而他在同学们中却留下最深刻的印象。后来，这个班上的一位学生也当了教师，并且每年都当班主任，他也就学着那位实习老师的做法，新学年接班的第一件事，就是记住学生的名字，这办法果然很灵，不出一个星期就和全班同学建立了感情，工作开展得十分顺利。十多年后，仍然还有许多当年的学生和他保持联系。

另外，同陌生人第一次接触，应当问问"您贵姓？""怎样称呼您？"然后尽可能在不十分熟悉之前就记住对方的名字，使他人产生备受重视的感觉。

三、介绍的技巧

1. 自我介绍的技巧

（1）注意时间。

介绍自己以半分钟左右为佳，如无特殊情况最好不要超过一分钟。进行自我介绍的适当时间，指的是对方有兴趣、有空闲、情绪好、干扰少、有要求时。进行自我介绍的不适当时间，是指对方无兴趣、无要求、工作忙、干扰大、心情坏、休息用餐或正忙于私人交往之时。

（2）讲究态度。

进行自我介绍，态度务必要自然、友善、亲切、随和。届时应显得落落大方，笑容可掬。既不要畏首畏尾，也不要虚张声势，轻浮夸张，矫揉造作。

（3）力求真实。

2. 介绍他人的技巧

介绍他人又称第三者介绍，它是经第三者为彼此不相识的双方引见、介绍的一种介绍方式。决定为他人作介绍，要审时度势，熟悉双方的情况。如有可能，在为他人作介绍之前，最好先征求一下双方的意见，以免为原本相识者或关系恶劣者去作介绍。在为他人作介绍时，先介绍谁，后介绍谁，是一个比较敏感的礼仪问题。处理这一问题，必须遵循“尊者优先了解情况”的规则，先介绍位卑者，后介绍位尊者。

四、电话语言技巧

（1）控制时间，语言简洁。

打电话要控制好时间。一是选择适当的时间。一般而言，在三餐时间或早上 7 时（假日 8 时）以前、晚 10 时以后不宜打电话打扰他人，除了紧急事情，切忌半夜三更打电话给他人。二是拨号后要有耐心，如果对方一时未接，也要等到铃响六七次后才能放下话筒。三是通话时间也要控制。尽量长话短说，一般以 2～3 分钟为宜，如果一次电话要用 5 分钟以上，应先说要办的事，并问一声“您现在跟我谈话方便吗？”假如这时不方便，就和对方另约一个时间再谈。必要时，还必须在打电话之前草拟一个计划，知道该说些什么。比较好的办法是，将所要谈到的几件事预先写在一个备忘录上面，在这个本子上也可以记载所谈的要点，日后可以作为资料查阅，特别是地点和时间的准确性。精于打电话的人，常常自备一本工作用的电话号码簿，将常用到的人名和电话号码记下来。这样，到了打电话的时候，就不必到处查找和打听对方的电话号码了。

接电话要做到简洁、顺畅。电话铃声一响，就应该拿起话筒自我介绍和说清楚要求通话之人，避免浪费时间；若电话中对方说的话很重要，最好准备好纸和笔放在旁边，同时对着听筒重复对方的话，以检验是否正确。

（2）态度热情，语言礼貌。

打电话时，应自然发声，不必故意作出嗲声嗲气的“假嗓子”。对于许多嗓音不足的人，要力争做到口齿清晰。打电话与面谈显然有别，传到对方的是声音，因此语气、语调显得尤为重要。话筒既不能贴得太近，也不可离得太远，一般嘴巴距离话筒约一小手指较好，以对方听得清晰为准；语速要稍缓，语气应平和。必要时，亦可适当升调向对方致意，给对方以亲切感，但不可装腔作势。

（3）听话认真，礼貌结束。

仔细倾听对方的讲话，把耳朵贴近话筒。为了表示在专心聆听，并且已经理解，还要不时地称“对”道“是”，以表示积极的反馈。当电话交谈结束时，可询问对方“还有什么事？”“我说清楚了吗？”这既是尊重对方也是提醒对方，最后以“再见”之类的礼貌语结束。

（4）拦截电话，态度友善。

例如，当秘书的常常要拦截各种电话，这时也应注意礼貌。应以友善的声音问：“我能否告诉我们经理，是谁打给他的吗？”这样，对方一定会告知姓名及打电话的理由。如果有人打电话约见上司，一定要善意地向对方提出约见的目的；如果有些电话必须由上司来接，而上司恰恰不在时，就得做好记录，留在上司的桌上，留条最好采用有色纸，显得“醒目”；在电话中接到对方邀请和各种会议的通知时，应当热情地致谢。

（5）交谈明确，应答从容。

由于生意上的关系，利用电话进行交际、联络是很经常的事。为了把公司交代下来的业务工作做好，在未打电话与对方联络时，首先要把说话内容整理好。由于电话的交谈，彼此只能靠声音传达意见或希望。于是除了接电话者要慎重地做记录备忘外，说话者为了要详尽有条理地传达意见，也有必要事先把自己想说的内容进行归纳整理。清晰明确的电话交谈，才能达到打电话的效果；接到找人的电话，不管找谁，接听电话的人要注意交转电话的礼仪。

五、问答语言技巧

语言交际的基本形式是提问和回答，而提问在交际活动中占主导地位。不论是交际的开始，还是高潮的连续，不论是记者采访、医生问诊、教师讲课、市场交易，还是夫妇交谈、日常闲聊，要想获得好的效果，首先必须善于提问。好的提问能引导对方讲话，给对方提供讲话的机会，打破讲话过程中的沉默局面，启发对方思考某个问题，了解对方在某个问题上的真实想法。提问并不是一件轻而易举的事，要阐明自己的主张，阐述自己的意见，让对方倾听自己的论述，使其理解、同情，进而接受、支持、帮助自己，无疑需要一些提问的技巧。人们就常用“查户口”的比喻来讽刺那些僵化的、一问一答的讲话。死板的、生硬的提问不仅不能起到任何作用，甚至会窒息友善的讲话空气，破坏讲话的气氛，使讲话难以进行下去。在语言交际中，问什么、怎么问、会不会问，大有学问。提问要提得好、问得巧，对方才能答得好、答得妙。

1. 触景生“问”，一问双关

例如，有位老师给学生上语法课。他走进教室，看到讲台上写着许多粉笔字，放着好些杂物，就发问：“我们教室里最脏的桌子是哪一张？”同学们先是一愣，接着看到了杂乱的讲台桌面，都笑着异口同声地答道：“讲台！”“你们有点偏心！自己用的课桌都擦得干干净净的，却让我用这最脏的桌子，这不是有点‘虐待’老师吗？”老师故意把“最脏的桌子”五个字讲得很响。这话逗得全班同学哈哈大笑。笑声中，大家都感到有点不好意思。“我希望下一次你们不再用这种最脏的桌子来‘虐待’老师。”老师依旧把“最脏的桌子”这五个字说得特别响。略停顿一下，老师又说：“不过，我今天倒还要借用这‘最脏的桌子’做一点文章呢！”“什么？”同学们惊奇地瞪大眼睛，看老师一笔一画地在黑板上写下了“最脏的桌子”五个大字。“请大家分析一下，这里有几个词？”“四个。”同学们不假思索地回答。“它们分别属于什么词性？哪个词是这个短语中最主要的部分？”同学们都一一作答。老师成功地讲授了这一节语法课。此后，这个班的讲台总是擦得干干净净的。这种提问法就叫“触景生‘问’，一问双关”，自然、巧妙，令人在不知不觉中产生深刻印象，能起到很好的效果。

2. 询问以礼，尊重对方

例如，营业员接待柜台前的顾客是以询问开始的。西方人通常的问法是“Can I help you?”中国高素质的营业员总是问，“先生（小姐），您要看什么？”这是尊重顾客的表现。如果问：“你要买什么？”那就太直接了，如果问“你要什么”或“你要干什么”更不妥当，前者像是准备施舍他人，后者又变成了审问，容易引起顾客的反感，如果顾客反问一句“什么也不买。看看行吗？”营业员会陷入尴尬境地。教学过程也免不了问答。有经验的教师很少问学生：“你们懂不懂？”“你们听明白了吗？”前一种像责问，后一种又有抱怨的意味。有经验的老师通常这样问：“同学们，我讲清楚了吗？”不管怎么措辞，都必须注意“询问以礼，尊重对方”。

3. 以问代答，出其不意

例如，1927 年冬，朱家骅回浙江担任省政府委员兼民政厅长。为了“用新人，行新政”，于 1928 年至 1930 年间先后举办三次县长考试，并亲自主持面试。有一次，朱懋祺应试，笔试考完之后进行面试，考场上摆着“三堂会审”的架势，朱家骅西装革履，端坐正中，两边的陪考也是衣冠楚楚。先是陪考发问，朱懋祺知识渊博、思维敏捷，各类问题对答如流。最后轮到主考官发问。朱家骅见他回答问题如此驾轻就熟，突发异想，抛开原定题目，出了一道偏题：“《总理遗嘱》在朝会、纪念周都要诵读，大家无不烂熟，请你回答一共多少字？”这下把朱懋祺考住了，他暗想，主考出此题目，未免脱离常规，既然有意刁难，录取必然无望，就不顾一切，大胆反问：“主考官的尊姓大名，天天目睹手写，也已烂熟，请问共有几笔？”朱家骅想不到应考者竟会如此反问，一时愣住。陪考者听后大吃一惊，都瞪大眼睛，等待主考官如何发落。沉默片刻之后，朱家骅宣布：“口试完毕，考生退场。”事后，朱家骅十分赏识朱懋祺的才能和胆识，于是亲批录用，派往奉化担任县长。朱家骅发问已存明显刁难之意，朱懋祺发觉对方问题的无理，就从朱家骅的问话里顺水推舟，合乎逻辑地模拟出一个同样的问题，以问代答，取得了很好的效果。

4. 避开锋芒，侧面回答

例如，一位厂长接受记者的采访，记者的问题非常尖锐，厂长的回答避开锋芒，迂回取胜。

记者：你有过感叹吗？

厂长：感叹是弱者的习气，行动是强者的性格。

记者：扬州大明寺一进门有尊大肚佛，两侧有副对联。上联是“大肚能忍忍尽人间难忍之事”，下联是“慈颜常笑笑尽天下可笑之人”。你能做到吗？

厂长：我如果能做到，我就成佛了。

记者：你有烦恼与痛苦吗？

厂长：越有追求的人，烦恼与痛苦越多。成功之后将是欢乐。

记者：实行厂长负责制以后，在你们厂是厂长大还是书记大？

厂长：你最好回家问问，在你们家里是你的爸爸大，还是你的妈妈大。

答话者回答问题时，总是用迂曲的方式来作答，语言浅显通俗，含义却让人咀嚼回味，如在回答“实行厂长负责制以后，在你们厂是厂长大还是书记大”时，答话者要对方回家问问“在你们家里是你的爸爸大，还是你的妈妈大”，用“爸爸”与“妈妈”的概念给对方以回答。虽然没有直接正面地回答，却使听者在咀嚼这段回答中体味到答话者的思想含义，这就是侧面回答的妙处。

5. 答非所问，蒙混过关

例如，中野良子是中国人民非常喜爱的日本著名电影演员。有一次她到上海进行艺术活动时，中国朋友十分关注这位 35 岁还待字闺中的电影艺术家。有人问她准备什么时候结婚，中野良子笑容满面，十分友好而机智地回答：“如果我结婚，就到中国来度蜜月。”

“何时结婚”是个人的私事，在一般情况下，应尊重其隐私权。对明星来说，“何时结婚”甚至可以成为一则新闻，因此更要注意保密。中野良子关于她“何时结婚”问题的回答，既友好又机智。她把“在何时结婚”的问题转换成“在何地度蜜月”的问题，不仅避开了她不想公开正面回答的问题，还表达了友善的意愿和淳朴的感情。这一回答既爽朗又巧妙，听者无不为她的口才和风度而叹服。

6. 谦虚作答，避免炫耀

例如，世界球王贝利在20多年的足球生涯中，参加过 1364 场比赛，共踢进 1282 个球，并创造了一个队员在一场比赛中射进 8 个球的纪录。他精湛的球艺不仅令球迷如痴如狂，有时使场上的对手也禁不住拍手叫绝。他不仅球艺高超，而且谈吐不凡。当他创造进球1000个的纪录时，有人问他：“您最漂亮的进球是哪一个？”贝利笑了笑，意味深长地说：“下一个。”“您最漂亮的进球是哪一个”，是对已进的 1000 个球而言的，他巧妙地把完成时态变为将来时态，“下一个”的回答，既表达了自己的进取精神，又没有丝毫的炫耀之意，的确精彩至极。

7. 因情就势，顺水推舟

在交谈中，应时时留意双方的交谈氛围，尽可能言简意赅。但有时遇到不便回答的问题，则要靠智慧灵活应对。曲折地表达内容，可以让对方在回味中更好地理解己意，这种因情就势的表达，如果语言得体，就既能达到自己的目的，又可以增强语言的丰富性和生动性。例如，20 世纪 80 年代初，王光英受命赴香港创办光大实业公司。未料一下飞机就被香港记者围住，其中一名记者问他：“请问您这次到香港来办公司，您带来多少钱？”这一问题问得很棘手，肯定与否定的答复均不妥。王光英仔细一看对方是个女记者，便随机应变地作答：“对女士不能问岁数，对男士不能问钱数，记者小姐，您说对吗？”此句妙答，既自然随意，又富有人情味和幽默感。

在与人讨论时，对于对方可能提出的突如其来的要求，也不能一概回避，而应预先有所估计，特别是多假设一些难度较大的棘手问题来思考，并准备好应答策略；对没有清楚了解真正含义的问题，千万不要随意回答；对一些不值得回答的问题，或一些不便回答的问题，最好是“顾左右而言他”，而且要把握应答的范围，对只需作局部答复的问题，绝不“和盘托出”。

六、拒绝语言技巧

在人际交往中，有接受，也难免有拒绝。但是，拒绝别人，是一件令人难堪的事，如果不善于拒绝，就有可能得罪一位多年的深交。因此，掌握和运用拒绝他人的语言技巧，力争把拒绝带来的遗憾缩小到最低限度，做到既不伤害对方的自尊和感情，又获得对方的谅解和支持。

1. 间接拒绝

别人提出的问题或要求不能满足，要间接拒绝，避免刺伤他人自尊心。例如，有位老教授给研究生做学术报告，从上午 8 时开始，整整讲了两个半小时，接着回答研究生的提问。有个研究生提出要求：“请您谈谈当前这个学科研究的现状。”这个问题实在太大，不是短时间内能够讲得清楚的。于是老教授很幽默地接过对方的话题说：“你不让我回家吃饭了是不是？”一句话把大家都逗乐了，提出这个要求的那位研究生自然也乐于接受了老教授的拒绝。

2. 巧妙退回

有时，对别人提出的不恰当要求，不能满足，又不好直接拒绝，可以通过请对方自己处理来缓解。例如，某开发公司商品大量积压，因而资金周转困难。经理问会计：“小王，能不能在账面上把经营情况反映得好一些，以便向银行贷款？”小王知道这样做是严重违反财务制度的犯罪行为，但她又不好断然拒绝。这时，小王灵机一动，计上心来，只见她平静地说：“按财务制度，这样做有些难。经理，您说该怎么办？”小王提出财务制度，让经理明白这样做的严重后果，然后再提出一个反问，请经理来回答。经理明白了自己的责任，只好作罢。

3. 幽默规劝

对于别人提出的要求不能满足，可以幽默地规劝他人主动放弃。例如，一位夫人对林肯有所请求：“总统先生，您必须给我一张委任状，委任我的儿子为上校。我提这一要求，并不是求您开恩，而是我有权利这样做。总统先生，我祖父在列克星敦打过仗，我叔叔是布拉斯堡战役中唯一没有逃跑的士兵，我父亲在新奥尔良作过战，我丈夫在蒙特雷战死了。”林肯听了夫人这一席话，很有礼貌地说：“夫人，我想，你们一家为报效祖国已经做得够多的了，现在应该是把这样的机会给予别人的时候了。”

4. 迂回否定

不能满足对方提出的要求时，先迂回，再拒绝。例如，有一位语文教师，其弟因为民事纠纷，别人要与之对簿公堂。这桩案子恰好由这位语文老师昔日的得意门生处理。一天晚上，这位老师前往学生家，希望他能念师生情谊，将“手腕”往自己弟弟这一边扳一扳。法官左右为难，一不能徇情枉法，二又不能得罪恩师。法官急中生智，说道：“老师，从小学到大学毕业，您是我最敬佩的一位语文老师。”老师谦虚地说：“哪里哪里，每个老师都有他的长处。”法官接着又说：“您讲课抑扬顿挫、声情并茂。尤其是您给我们讲的《葫芦僧判断葫芦案》那一课，至今还记忆犹新。”语文老师很快就进入了角色：“我不仅用嘴在讲，而且是用心在讲。薛蟠犯了人命案却逍遥法外，反映了封建社会官僚之间官官相护、狼狈为奸的黑暗现实。”法官接过话头，说道：“是啊，‘护官符’使冯家告了一年的状也无人做主；凶犯薛蟠居然逍遥法外，贾雨村徇情枉法，胡乱判案……记得当年老师您讲授完这一课后，告诫我们，以后谁当了法官也不要做糊涂官，判糊涂案！学生我一直把您这句话作为自己的座右铭呢！”听了学生的一席话，这位语文老师再也不好意思开口求情了，自动放弃了不合理的请求。这位法官先用一句赞扬话引导老师说出一番大道理，用迂回法拒绝了老师的不合理要求。

5. 模糊语言

有时，别人所提的要求是自己不愿意或不同意的，别人所提的问题很难回答，甚至会使自己陷于困境。这时，可用模棱两可的语言来回答，摆脱困境，并保持友好关系。例如，《水浒传》中的鲁智深是个粗中有细的人物，他三拳打死镇关西后，为了逃避官府的追捕，只好到武台山削发为僧。在受戒时，法师对鲁智深提出了要求。

法师：尽形寿，不近色，汝今能持否？

鲁智深：能。

法师：尽形寿，不沾酒，汝今能持否？

鲁智深：能。

法师：尽形寿，不杀生，汝今能持否？

鲁智深：……（犹豫）

法师：（高声催问）尽形寿，不杀生，汝能持否？

鲁智深：知道了。

要叫鲁智深不近女人不饮酒，他都能做到；但要他不惩杀世间的恶人，他这样疾恶如仇的人是绝对办不到的。但他如果回答说“不能”，法师必不让他剃发为僧，他也就无处藏身了。于是他就来了个含糊其词的回答“知道了”。“知道了”可以理解为“知道必须这样做”，也可以理解为“知道有这样的要求，但不一定这么去做”。这样的回答，既在法师面前过了关，又不违背自己的本意，两全其美。

6. 装聋作哑

如果对方所提的要求或问题正是要回避的，只好假装没听见，不作答复。例如，伊斯美是土耳其著名的外交家，他个子矮小，耳朵还有点聋，但却十分精明。第一次世界大战刚刚结束，英国企图迫使土耳其签订不平等条约，并纠集了法、意、日、俄等国代表，共同与土耳其谈判。土耳其政府派出了以伊斯美为首的代表团参加谈判。尽管对方咄咄逼人、口出狂言，伊斯美始终从容镇定、毫无惧色，并且充分利用了耳聋这个缺陷来对付他们。即对土耳其有利的发言，他都听得很认真，并极力表示赞赏；凡对土耳其不利的话，则听而不闻。对此，英国外相克尊非常恼火，威胁地说：“你若不在这条约上签字，我们五国将联合起来，踏平土耳其！”面对英国外相克尊以及列强代表的恫吓和吼叫，伊斯美却无动于衷，正襟危坐。他不慌不忙地把身子移向克尊，将右手张开靠近耳边，十分温和地问道：“你刚才在说什么？我还没听清楚。”气得克尊等人无言以对，最后不得不放弃不合理的要求。

七、社交口才的幽默艺术

幽默是一种诙谐的语言艺术，它是一个人智慧和机智的体现。它通过有限的语言，以影射、讽喻、双关等手法，揭露生活中乖讹和不通情理的地方，含蓄地表现出充满情趣而又耐人寻味的道理，在轻松愉快的语言环境中表达深刻的事理。幽默语言运用得当，可以于含蓄诙谐之中产生一种神奇的效果，可以使矛盾的双方摆脱困境，使一触即发的语言大战消弭于无形，使窘迫尴尬在笑声中冰释。幽默是思想、学识、智慧和机敏在语言中综合运用的成果。在不同的场合，针对不同的对象，可以用幽默进行善意的批评和自我解嘲，也可以用幽默来摆脱窘境，化解敌意。所以有人说，幽默是人与人交往中的润滑剂。

1. 概念别解

概念别解，就是对于同一概念，作出不同于他人的解释而又不曲离概念的意思。这种谈话的技巧可以转移话题，也可以反击他人，从而使自己处于有利的地位。

例如，普希金年轻时，参加彼得堡一个公爵的家庭舞会。当他邀请一位小姐跳舞时，没想到这位小姐极其傲慢地说："我不能和小孩子一起跳舞！"普希金很有礼貌地鞠了一躬，笑着说："对不起，亲爱的小姐，我不知道你怀着孩子。"说着便走开了，弄得那位小姐无言以对，十分尴尬。这里，小姐所言的"小孩子"显然是指普希金，但普希金却故意别解成她怀着的孩子。虽然言语尖刻了一点，但在社交场合对待不怀好意的人不失为一种反击策略。

2. 借题发挥

借题发挥，是借助正在发生的场景和事件加以联想和延伸，或者类比或者象征，借以表达自己的真实意图和含义。这种方式不仅使谈话轻松，而且能够表达出深层的意思，起着一语双关的作用。

例如，第二次世界大战期间，英国首相丘吉尔来到华盛顿，游说美国参战攻打德国法西斯。一天早晨，丘吉尔洗完澡光着身子在浴室里踱步。有人敲门，丘吉尔以为是侍者，就随口说道："进来吧。"门开了，美国总统罗斯福站在门口，他看到丘吉尔一丝不挂地站在那里，就想转身离开，丘吉尔灵机一动，将错就错地伸出双臂大声喊道："进来吧，总统先生，大不列颠的首相是没有什么东西需要对美国总统隐瞒的。"说完两人哈哈大笑。这就是借题发挥的幽默，既解除了罗斯福的窘态和自己的狼狈，又弦外有音地借助一丝不挂象征性地表达自己对美国的诚意。借题发挥，往往能取得很好的社交效果。

3. 妙用潜台词

潜台词原是戏剧、电影表演技巧的术语，指角色台词的内在实质，包括说话的目的、言外之意和未尽之言等。谈话中的潜台词是指说话人对要说的话不直接说出来，或者是不全部说出来，但其想要表达的意思却体现得很清楚。在听者一方只要稍加留意，就可以理解未说出的话的含义，即所谓"听话听声，锣鼓听音"。

例如，战国时期的齐国人淳于髡，听说邹忌成为齐国的国相之后，很不服气，就去试探邹忌，想证实他到底有没有治国安邦的才干。

淳于髡：做儿子的不离开母亲，做妻子的不离开丈夫，对否？

邹忌：对，我做臣子的也离不开君王。

淳于髡：车轱辘是圆的，河水向低处流，对否？

邹忌：是这样。方的不能滚动，河水不能倒流，我也不能不顺乎民情。

淳于髡：貂皮破了，不能用狗皮去补，对否？

邹忌：对，我也不敢让小人占据高位。

淳于髡：造车必须算准尺寸，弹琴必须定准音调，是不是这样？

邹忌：是这样，我一定注意法令，随时整饬纪律。

淳于髡实际要问的是治国安邦的道理，但却没有说出来；而邹忌的回答则是略过潜台词的明项，即淳于髡所问的事物，直接从潜项来回答，切中了问题的要害，所谓心照不宣。

4. 委婉曲深

语言总是要表达某种意思的，即谈话者要达到表明自己态度和感情的目的。但这种意思不一定都直言不讳地表达出来，适当加点委婉和幽默，能更好地达到目的，而且还能增添不少乐趣。

例如，19 世纪意大利著名歌剧作曲家罗西尼，对自己的创作非常严肃认真，非常注意独创性，对那些模仿、抄袭行为深恶痛绝。有一次，一位作曲家制作了一曲自己的新作，特意请罗西尼去听其演奏。罗西尼坐在前排，兴致勃勃地听着，开始听得蛮有神，继而有点不安，再而脸上出现了不快的神色。演奏按其章节继续下去，罗西尼边听边不时把帽子脱下又戴上，那位作曲家也注意到了罗西尼的这个奇怪的动作和表情，就问他，“这里的演出条件不好，是不是太热了？”“不，”罗西尼说，“我有一见熟人就脱帽的习惯，在阁下的曲子里，我碰到那么多熟人，就不得不频频脱帽了。”言外之意是这位作曲家抄袭了他人的曲子。可是，直接的指斥恐怕会使对方十分难堪，所以罗西尼便用体态语及其说明（一见熟人就脱帽的习惯）来委婉地表达。

5. 一语双关

双关是一种修辞方法，这种表达方式大多是利用词语的多义性或词的音同意近现象，故意使某些词语在特定的环境中临时具有双重意义来表达说话者的意思，而听者可以借双关的意义心领神会，收到含蓄、生动或幽默、风趣的特殊效果。

例如，鲁迅的侄儿周晔幼年时，发觉伯父鲁迅的鼻子与父亲的大不一样，便问：“爸爸的鼻子又高又直，你的鼻子为什么又扁又平？”鲁迅幽默地回答：“我小时候鼻子也是又高又直，只因为后来碰了几次壁，把鼻子碰扁了。”侄儿再问：“你是走路不小心摔倒的吗？”鲁迅回答：“四周围是黑洞洞的，还不容易碰壁吗？”这里鲁迅两次运用语义双关，说扁鼻子是碰壁造成的，暗含人生的艰辛；讲四周围黑洞洞的，暗指当时社会的黑暗。这种形象的解释，既易于为儿童所理解，又表现了鲁迅的风趣。

6. 寓庄于谐

“谈笑说真理”，“讽刺动人心”，用风趣幽默的语言来说明道理，使人们在轻松和愉悦中感悟其深刻的内涵。寓庄于谐的方法很多，可以巧用双关、比喻、借代等修辞方法，也可以故意用似是而非的语言或者是颠倒逻辑的方法来叙述某一件事，都可能产生幽默的效果。

例如，1991 年 4 月，台湾著名影视歌三栖明星凌峰在北京展览馆主持“海峡情”大型文艺晚会。舞蹈家刘敏在表演独舞《祥林嫂》时，不慎跌落于两米多深的乐池，台上台下都愣住了。这时，凌峰不慌不忙地走到台前，摘下礼帽，向观众深鞠一躬，说：“大家请放心，假如刘敏真的跌坏了，我愿意后半辈子嫁给她……刘敏说过：‘艺术家追求的是尽善尽美，奉献的是完整无缺。’现在，她要把刚才没有跳完的 3 分钟舞蹈奉献给大家，奉献给海峡两岸的父老兄妹！”观众席上立刻响起了经久不息的掌声。面对舞台上突如其来的意外事故，作为主持人的凌峰，以其从艺多年所特有的沉着和机敏，以其笑星特有的诙谐，以“假如刘敏跌坏了，我愿意后半辈子嫁给她”一句，把“嫁”字反用，平息了会场上万名观众的慌乱与担心，接着话题一转，巧妙地为刘敏于事故后的继续演出作了天衣无缝的铺垫，不仅使观众因刘敏出现意外而沉重的心情得以缓解，而且以“尽善尽美”“完整无缺”表现了一名艺术家的高尚追求，其深刻含义已远远超过了舞蹈本身。

7. 装傻充愣

通常，人们都十分注意自己的形象，力求给人留下聪明的印象，稍稍做了一点“傻”

事，都要想方设法掩饰过去，很少有人愿意将自己的“愚蠢”暴露给别人看。这几乎成了一种思维定式。正是这个定式给我们提供了施展幽默才华的空间。

例如，一名流浪汉闯进一个果园，他见到什么就摘什么，一边摘一边塞进自己的怀里和口袋里。园主突然走过来，一把抓住他的衣襟，问道：“你怎么跑进我的果园来了？”流浪汉装作吃了一惊，只好答道：“对不起，老兄！这几天刮大风，是风把我吹到这里来的！”园主问：“那你为什么要摘我的苹果和梨？”流浪汉回答：“风太大了，把我吹得东倒西歪，所以我碰到什么抓什么，要不风就把我刮跑了！”园主问：“你为什么把果子装到你的口袋里呢？”流浪汉答：“真对不起，你来的时候，我也正在想这个问题呢！”流浪汉偷摘他人的苹果和梨而被当场拿获，当然十分难堪。他想找些理由为自己辩护，于是流浪汉急中生智，故意装傻，把机敏隐藏于痴呆木讷的表象之中。园主听了他的最后一句话，不免一怔，随即哈哈大笑，佩服流浪汉的幽默。

在交际言谈当中，故作愚蠢有着很强的戏谑性。对于人们的愚蠢行为，不管是真的还是假的，人们都乐于为之开怀。何况故作愚蠢本是高度机智的产物，对方和自己都明白其中“呆傻”的成分，双方心照不宣，又抵制不住其俏皮味的诱惑，笑得也就更加快意和自然。应当注意的是，故作愚蠢背后所隐藏的真实意思，要让对方稍加思考后就能明白。即要让对方很容易明白“愚蠢”是假的，而是故意运用它来制造幽默的。恰当地运用幽默，是成为聊天讨论主角的重要因素。

8. 巧用术语

在公共场所，人与人之间因各种小的摩擦造成彼此间不愉快的场面很多。

例如，在公共汽车上，由于急刹车，车厢里的一个青年人猝不及防，撞到了一位姑娘身上，姑娘很不高兴，气冲冲地说了一句：“什么德性！”意思是指责那个青年人缺德。那个青年人立刻解释说：“对不起，这和‘德性’无关，是惯性。”一句话引起了乘客们的一片笑声，一场不快也在轻松的笑声中得以化解。青年人如果是一本正经地加以解释，恐怕要大费口舌，或者是针锋相对地回敬一句，则可能引起一场无谓的争吵，而一句“对不起，这与‘德性’无关，是惯性”的回答既不失礼貌，又对自己没有站稳的原因进行了准确恰当的说明，同时在诙谐中对那位姑娘极不礼貌的话也给予了反击。幽默巧答，灵活解嘲，化解敌对的情绪，不应该简单地认为是“俏皮”，它是一种语言艺术，是一个人学识和教养的综合体现。

9. 随机应变

真正的幽默，是指一个人宽大胸襟和开阔心境的体现，诙谐、幽默的语言尽管形式上轻松活泼，但必须格调高雅、意味深长，绝不能把拙劣无聊的笑话当作幽默。

例如，前苏联中央电视台的女主持人瓦莲金娜·列昂节耶娃有一次主持少儿节目，根据内容需要，准备了一只鹅。当摄像机对准主持人列昂节耶娃和那只鹅的时候，主持人还没有开口，鹅就先叫了起来。列昂节耶娃见此情景，即兴发挥道：“小朋友们，你们听见了吗？我们今天请的客人已经等得不耐烦了，那么节目就开始吧！”观众一下子被吸引住了。列昂节耶娃以其特有的机敏和沉着，把一件突然发生的意外情况，用幽默的语言消弭于无形，仿佛是节目中的情节，自然连贯而不露痕迹，由此取得了超乎寻常的表达效果。

模块小结

现代社交的主要特点是：讲求实际、注重效能、讲究技巧、接触面宽、缺乏深度、层次提高。社交的基本原则有：互利原则、平等原则、信用原则、宽容原则和发展原则。只有了解社交的特点并遵循社交的基本原则，社交才有可能成功。

社交中必须形成一种友好的交际情感氛围，才能产生较好的社交效应。社交语言的基本要求是：言之有礼——讲究用语，彬彬有礼；言之有的——紧扣中心，因人施语；言之有益——选择话题，健康有益；言之有物——注重话风，不尚空谈；言之有理——合乎逻辑，防止诡辩；言之有度——谦恭适度，自然得体。

社交语言的运用，必须灵活巧妙，这也是社交语言取胜的关键。因此，我们必须学会：巧于善始，引起对方的注意，拉近双方的感情距离；巧于即兴，较好地切入主题，增强对对方的吸引力；巧于应变，转逆为顺，展示个人良好的修养；巧于回避，化被动为主动，从而出奇制胜。

学习并优化社交语言，是为了取得最佳的社交效果。为了学以致用，我们必须掌握一些常用的社交语言技巧，即招呼语言技巧、介绍语言技巧、电话语言技巧、提问语言技巧、拒绝语言技巧、交谈语言技巧和即席发言技巧。

技能实训

1．社交口才训练

（1）训练在与人交谈时盯住对方的鼻梁，让他感觉到你在注视他的眼睛。

（2）在与人交谈时养成常常微笑的习惯。

（3）尽量多与人交谈，设法接触比自己强的人，观察留心他的语言、神态、优点和缺点。

（4）学会在与人交谈时控制自己，把握沉默的用处；习惯于高声说话的人可以有意识地压低音量，习惯于低声说话的人可以有意识地提高音量。

（5）练习用幽默的方式处理反对意见。

（6）习惯于用毫不含糊的语调说“不”，练习用从容不迫的坚定语气一次性表达完自己的看法。

（7）模仿好的讲话：在生活中找一位口语表达能力强的人，请他讲几段最精彩的话，录下来，供你进行模仿。你也可以把你喜欢的又适合你模仿的播音员、演员的声音录下来，然后进行模仿。

2．打招呼、介绍、选择话题技巧练习

以前并不认识的几个大学生在一个偏僻的小火车站等车，火车晚点了一个多小时，为了排遣无聊，他们聊了起来。请模拟他们开始打招呼、介绍、聊天的情景。

3．问答口才练习

有一对情侣，一方要考验另一方对自己的忠诚，模拟他们问答的情景。

4．拒绝口才练习

（1）罗斯福任海军要职的时候，一名记者问他关于在加勒比海小岛上建立潜艇基地计划的问题。罗斯福本可以正面拒绝，因为这是军事秘密。然而正面拒绝就会使交际过程呆板而无趣，所以罗斯福没有正面拒绝。请你说一说罗斯福是怎么回答记者的。

（2）一位记者问罗斯福第四次连任总统的感受。罗斯福总统不便回答，他会如何拒答呢？

（3）吴经理与王经理是大学的同窗好友，有着十几年的友情，关系非常亲密，经常在一起打球，生意上也有合作。一天，王经理来到吴经理办公室，兴致勃勃地说要好好聊聊，正好吴经理已预约陪同台商汪先生去打保龄球，这使吴经理很为难。请演示吴经理拒绝王经理的情景。

5．电话口才练习

（1）舍友王方的朋友打电话来找王方，但王方当时恰好不在宿舍，应如何回答对方。请模拟这一情景。

（2）对方打错了电话，应如何应对。请模拟这一情景。

（3）自己拨错了电话，该如何应对。请模拟这一情景。

（4）你购买的产品使用中出现了问题，通过热线电话反映情况，该说些什么呢？请模拟这一情景。

模块4 论辩口才

知识目标

1. 了解论辩口才的含义、作用和论辩语言的特征。
2. 熟悉论辩必须遵守的规律和论辩口才的基本技巧。

能力目标

1. 能熟练掌握论辩口才立论的技巧、反驳诡辩的识别和辩论技巧。
2. 能熟练掌握队式论辩技巧和论辩口才的“十法”和“十忌”。

工作情景

1. 现代社会很多人崇拜金钱，有人说：“金钱是万能的”，你同意这个观点吗？如果不同意，你如何反驳对方？

2. 有人说，现代社会做女人好难，要主内，还要主外，甚至还得担心爱人有外遇，太难了，你同意这种观点吗？如果不同意，你如何反驳呢？

问题：同学们先讨论上述问题，然后在老师指导下试着进行论辩。

案例分析

【案例一】

反诘进攻，针锋相对——智辩反对者

加拿大前任外交官切斯持·朗宁，出生在中国湖北的襄樊，他是喝中国奶妈的乳汁长大的，后来跟随父母回到加拿大。

朗宁在政治上颇有抱负，30岁即参加省议员竞选。当时，反对派挖空心思搜集材料，想对他进行诋毁，以阻挠他的竞选。

在一次竞选辩论会上，反对派抓住他出生在中国这一事实，指责他说：“你是喝中国人的奶水长大的，你身上是有着中国人的血统的。”反对派以为这发“重型炮弹”肯定能把朗宁击垮。没想到朗宁坦然答道：“你们是喝加拿大人的奶水长大的，你们身上就有加

拿大人的血统；那么，你们也喝过牛奶，是不是说你们身上也有牛的血统呢？”

朗宁的话音一落，听众立即报以经久热烈的掌声。在这次竞选中，朗宁如愿以偿地当上了省议会的议员。

【分析】这个案例用的是：以其人之道还治其人之身，也叫引申归谬法。将对方的矛，原封不动地拿来，再原封不动地投向对方，让对方辱人反辱自己，哭笑不得。这就是以其人之道还治其人之身的妙处。在这次辩论中，朗宁巧妙地将反对派“喝中国人的奶长大就有中国人的血统”这一谬论引申到“喝牛奶长大是否就具有牛的血统”上，用对方的武器沉重地还击了反对派。

【案例二】

辩论片段

某大学围绕“当前我校学习气氛不浓”这一论题进行的辩论。

甲：这种学习中的惰性现象是普遍存在的，虽然不为人们所觉察，正像人们的潜意识是存在的一样，虽然它并不像有目的、有意识的行为那样显而易见。请问对方同学，你们能够否认潜意识的普遍存在吗？如果是那样，你们就不要反驳我们了！

乙：我们承认惰性现象带有一定的普遍性，但这不等于它就在直接发生作用。比如我们说人身体带菌是一种普遍现象，但这并不等于人人都有病。就拿潜意识来说，的确是普遍的，但我们现在与对方辩论，包括我现在反驳你们，恰恰并非潜意识的作用，而是一项有意识的、自觉的行为。

甲：请问这位对方辩友，你已承认了潜意识是普遍存在的，而且你能否认你现在的反驳也有潜意识的成分吗？

乙：我当然承认有潜意识，甚至它在一定程度上还很有作用。但潜意识毕竟不是直接的和决定性的。如果我们的辩论是靠潜意识、靠盲目冲动的行动来决定胜负的话，那我现在就想提请评委宣布我们失败，把冠军让给对方了！（笑声、掌声）

甲：我想提请对方注意，你们是不是把话题扯得太远了！

乙：是有点远了，我向大家道歉！也请大家原谅，因为如果不是对方先提到潜意识问题，而且还直接点我的将的话，我是很不愿意用这些来占用对我们大家都很宝贵的时间的！（掌声）

【评析】在这一个回合的辩论中，乙方的优势是明显的。乙方的一个突出特点是：每当对方进攻，都来个暂时的后退。就在这一后退当中，对方咄咄逼人的锋芒落空了，而主动权反而被乙方牢牢攥在手里。如果说乙方的前两段发言是先退后进、退一步进两步的话，其第三段发言简直就是以退为进，寓进于退——既道歉认错，又请求“原谅”，而实际上不过是在替对方认错而已，因为错的恰恰在甲方。这种退进交替、退中有进、名退实进的招术，是颇有可赞叹之处的。乙方辩论员较好地掌握了这种指导思想。你说惰性的潜意识普遍存在，我承认，这不要紧，关键在于同学们学习的自觉性没有泯灭。你说我扯开了话题，我也承认，这也无妨，关键是我论证核心思想是取胜了，我要保住这一主要部分的成果。

【案例三】

巧用同一律

被告人许××、陆××、贺××利用为公司到广州接车之机，于 1996 年 10 月 25 日驾驶所接之车前往珠海市，购得价值 2.5 万余元的走私进口物品，有自购和帮他人代购的彩色电视机、影碟放映机、手表、衣料等，按国内市场价格计算约为 40 多万元。

许××等人于 11 月 2 日驾车返回贵阳途经××市时，被夜间巡逻警察查获，移交海关处理。海关没收了许××等人所购的走私进口物品，并将许××等人移送检察院，建议按走私罪论处。检察院指控被告人许××等触犯刑法第 116 条的规定，犯有走私罪，提起公诉。

在法庭辩论时，被告的辩护人发表了如下意见：

被告人许××、陆××、贺××不构成走私罪。

第一，首先要弄清走私与走私罪的区别：走私是一种违反国家规定、法令、非法运输物资进出口的经济活动；走私罪是违反海关法规，私运货物进出口国境，逃避海关检查的犯罪行为。这二者有一个共同点，就是非法运输物资进出口。从本案看，许××等人没有非法运输物资进出口国境，也就谈不上违反海关法规，逃避海关检查。事实很清楚，许××等人所携之走私进口物品是在珠海市从别人手里购得的。因此，不能认为许××等人构成走私罪。

第二，要严格区分违法与犯罪的界限。许××等人购买走私进口物品，违反了国家关于“机关、部队、单位、个人不准从私人手中或黑市购买进口物品的规定”。许××等人有违法行为，但违法和犯罪是两个不同的概念，购买走私物品和走私也是两个不同的概念，这都需要我们严格加以区分。许××等人购买走私物品，是一种违法行为，但它不是犯罪行为，因为它并未触犯刑律，故不构成走私罪。

第三，只有为牟取非法暴利的走私行为才能构成走私罪。但从许××等人身上搜出的一张纸上清楚地写着各种物品购买者的姓名，在预审中也查实了这些物品为许××等人自购或为他人代买。显然，被告许××等人的行为不是为了牟取非法暴利，所以被告许××等人的行为不能认定为走私罪。

通过辩论，法院采纳了辩护人的意见，宣判被告许××等人无罪释放。

【评析】本案被告的律师所作的辩护有一个显著的特点，就是运用同一律这个逻辑武器，严格区分不同概念来辨清罪与非罪，为被告人作了无罪的辩护。首先区分了“走私”与“走私罪”这两个相似而不相同的概念；接着又对违法与犯罪这两个概念加以区分；还对购买走私物品与走私这两个不同的概念加以区分。实质上是指出了公诉词中所犯混淆概念的逻辑错误，并将被混淆了的概念重新加以明确，从而讲明了道理，辨清了罪与非罪，显示了强大的威力。

【案例四】

抓住要害，迂回斗争——反击奸商

两名女大学生走进一家饭店，想改善一下生活，刚坐下，服务员就热情地递过菜谱。她俩对着菜谱点起菜来，看着看着，她们的目光同时在“熊掌”一栏停住了。一看价格，一盘才 20.00 元，真是太便宜了。熊掌是什么？她们从来没有品尝过，品尝欲念隐约地联想起“鱼与熊掌不可兼得”这句话，20.00 元买一个感性认识还值！

于是，两人要了两盘熊掌，再加上饮料、三鲜汤、米饭等，算起来也不过几十元。这对平时还比较节俭的女生们来说，还是能够承受得起的。

可是，当她们吃完饭准备付账时，一看服务员递过来的账单，顿时全惊呆了，这顿饭菜居然要付四千多元！回头再看那菜谱，却明明地写着“熊掌，每盘 2000 元”，四位数中间的小数点居然不翼而飞！两人当即急得满头冒汗，互相埋怨为什么先前不将菜谱看仔细。最后，只好留下一个人作押，另一个哭着走回学校想法借钱去了。

其实，她们先前根本没有看走眼，菜谱本来就是两本！这是黑心老板宰客的常用手段：先用一本菜谱，写上带有小数点的价格（如熊掌每盘 20.00 元），引诱顾客来品尝佳肴，然后再用牛蹄筋之类顶替熊掌，待到顾客结账有疑问时再换上不带有小数点的菜谱（熊掌每盘 2000 元），达到宰客骗财的目的。

回到学校的女同学借了半天也没有凑够 4000 元钱，只好将此事告诉了学校的领导。学校邱教授知晓此事以后，安慰女同学说：“不要着急，我设法为你们解决这个难题。”

他借钱给这位女同学，教她如何如何……女同学把钱送去饭店，然后就势要求开具发票。发票上注明：熊掌两盘，收款 4000 元。发票到手后，女学生正告老板：“你们用国家保护动物加工菜肴，牟取暴利，违反了《野生动物保护法》的有关规定，轻则罚款两万元，重则追究刑事责任。要不要我到工商局告发你们？”老板心里一惊，急忙说两位女大学生吃的不是熊掌而是牛蹄筋，把真相说出来了。女同学进一步质问：“既然你承认用牛蹄筋冒充熊掌，一盘牛蹄筋顶多只值 10 元钱，那么就该把多收的钱退还给顾客，并赔偿精神损失费 1000 元。如果你不认罚，我们就请有关部门来主持公道！”听到女大学生指出自己的要害，饭店老板只好乖乖地退回多收的钱款。

【分析】这个案例用的是：抓住要害，迂回驳斥的方法反击奸商。先顺其说法让其开具发票，把证据拿到手中才出其不意地反驳，用违反《野生动物保护法》的政策逼奸商说出骗人的真相，然后索回多收的钱，还要奸商赔偿精神损失费。这位奸商敲诈不成还得赔钱，这就是不诚实的人的后果。这个案例也告诉我们：一是挣钱要取之有道；二是论辩要抓住要害，用迂回曲折的方法有时候效果更佳。

必需知识

一、论辩的含义和作用

论辩，也叫辩论，是人们针对某一个有争议的话题，以公开对立的立场对对方的观点进行驳斥和否定，同时确立和强化本方观点的一种对白体说话形式。它的作用：一是人们交流思想，探求真理，摒弃谬误的重要途径；二是人们沟通思想感情与态度立场的常用方式；三是人们维护自己权益名誉的有效武器。

二、论辩语言的特性

从一般意义上来看，论辩显然表现为“舌战”，但目的仍是说服，即通过合乎逻辑的立论来阐明真理，分清是非，使对方信服。论辩的崇高目的性对论辩语言提出了很高的要求，符合论辩要求的语言才能有效地说服对方。从语言、思维、言语环境来看，论辩语言的特征表现在以下几个方面：

（1）论辩语言的征服性。

辩论者应具有多种良好的心理素质。自信是辩论者必须首先具有的良好的心理素质。辩论时，自信我方必胜，对方必败。有战胜对方的勇气，才能用语言的力量征服对方，达到自己的目的，辩明真理。

例如，我国学者彭倚云是世界最著名的行为治疗专家阿加尔教授的博士研究生，这个令人羡慕的学位正是彭倚云借助语言的力量取得的。在面试时，师生激烈争论了两个小时。阿加尔教授咆哮如雷："……你认为你可以说服我吗？""当然不一定，因为我还没有出生时，你已经是心理医生了，"彭倚云毫不示弱，响亮地答道，"只有实验本身能说服你或者我，但是如果没有人来做这些实验，那就永远不会有人知道我与你谁对谁错。"教授气愤地说："就凭你那个实验方案？我马上可以指出它不下十处的错误。"这时，双方的争论火药味十足，看来是很难继续下去。彭倚云接着说："这只能表明实验方案还不成熟。要是你接受我当你的学生，你自己可以把这个方案改得尽善尽美。"教授说："你想让我指导一个反对我的理论的研究生吗？""我是这样想的，"彭倚云笑了起来，"可是经过这两个小时的争吵，我知道牛津大学是不会录取我了。""最后我问你，"阿加尔教授在倔强自信的中国小姐面前渐渐让步了，"为什么你要选择行为治疗这一科目？为什么要选择我做你的导师？"彭倚云理直气壮地说："因为你在那本书里曾写道：'行为治疗的目的是为了给予在心灵上备受痛苦的人一个能回到正常生活的机会，从而享受正常人应有的幸福和权利。'老实说，你书里的其他话我不一定赞成，可这句话我能给予全心全意的赞同。" 教授问："为什么？""因为我知道不能做正常人是很痛苦的，也曾看见许多人失去了正常生活的权利而痛不欲生。我觉得行为治疗能让心灵畸形的人重新做正常的人，不再忍受精神折磨。在这一方面，我完全赞同你的看法，也许咱们的分歧只在于怎样才能更好地进行这种治疗。"彭倚云坚定地回答。最后，这位四五年才收一名研究生的著名教授被彭倚云的自信、雄辩征服了，而彭倚云正是靠着自己的见解和辩才做了阿加尔教授的学生。从这个例子中我们看到，双方的辩论气氛紧张，都试图压服对方，彭倚云凭借自己出色的口才和坚强的自信，以及不屈不挠的精神，令倔强的阿加尔教授接受了自己。

（2）论辩语言的逻辑性。

辩论语言是极富有灵活性的口语形式，理由充足、富有逻辑力量的辩论语言才能使对方心悦诚服。说服性只有建立在逻辑性的基础上才能有说服力。论辩的语言要符合逻辑，必须避免语无伦次、似是而非、矛盾百出等现象出现。

例如，《三国演义》中，诸葛亮就是巧借逻辑的雄辩力量"舌战群儒"说服了孙权。诸葛亮先用刘备"博望烧屯，白河用水，使夏侯夷、曹仁之辈心惊胆裂"的战绩作反驳论据，驳斥了江南"第一谋士"张昭所谓"曹兵一出，弃甲抛戈"的虚假论据；接着列举汉高祖刘邦出身卑微，然而击败了秦国许多名将，围歼了"霸王"项羽，"终有天下"，驳倒了儒生陆绩的"织席贩履之夫"刘备不足与相国后裔曹操抗衡的论题；最后，诸葛亮用"必有一假”的矛盾律，指出了匡扶宇宙之才“必按经典办事”论题的虚伪性，使得那些主降的“江东英俊”，或是“默默无语”，或是“满面惭愧”，或是“低头丧气而不能对”，从而揭开了“赤壁大战”的序幕。最终大败曹操，确定了三分天下的局面。

（3）论辩语言的目的性。

辩论是一种一定要辩明是非曲直的激烈角逐，针对对方的漏洞、谬误，有的放矢地驾驭有声语言，力争击败对方，使己方论点得以确立。

例如，在一次全国人民代表大会的休息厅里，一位女代表说：“上一届我也是代表，每年开会都是听领导讲，总是觉得国家的大政方针咱不懂，应该好好学习，回去好贯彻执行，这一次开会，大家你说我说，我脑子都乱了。”一位男代表提出异议：“我认为国家意志应是人民意志的最高体现，人民代表如果不主动反映他所代表的那个社会阶层民众的意见和呼声，那么国家意志的形成就缺了一个重要环节。”女代表有自己的观点：“可是你所代表的只是小部分，国家都是代表绝大多数的。我认为自己不比国家高明。”男代表立即回答道：“人民代表不是一个人的概念，我承认我的代表性还不足以反映我所代表的那个社会阶层群众的意愿，但每个人大代表都认为自己只是‘自己’，放弃代表人民的权利，那么国家何以能代表大多数？”两人的争论，针对性强，民主气氛浓厚，谁胜谁负，不言自明。男代表谈话中具有明显的针对性，虽只有短短几句，却有的放矢地阐明了正确的观点。

（4）论辩语言的健康性。

辩论是一种有益的理智的口头交流活动，而不是庸俗无聊的“斗嘴”。鲁迅曾说过：“辱骂和恐吓绝不是战斗。”可是，有些人在论辩中容易冲动，出言不逊，甚至出口伤人。因此，遵守健康性的语言原则显得尤为重要，脱离了健康性的论辩只会流于粗俗的人身攻击。

例如，罗蒙诺索夫是 18 世纪俄罗斯博学多才的伟大学者，有一次，他和宫廷贵族舒瓦洛夫伯爵为一个问题争论起来。“你简直是个大傻瓜！”舒瓦洛夫伯爵理屈词穷，气急败坏地嚷着。“阁下，有人说，在俄国大臣下面当一个傻瓜是最荣幸的，即使是这样，我也不愿意。”罗蒙诺索夫平静地笑道。“我要把你开除出科学院！”伯爵大人叫得更凶了。罗蒙诺索夫神情坦然地说道：“请原谅，任你怎么说，也无法把科学从我身上开除出去！”在这场激烈的辩论中，罗蒙诺索夫始终保持学者的风度。

由此可见，在论辩中，应掌握辩论语言的压服性、逻辑性、目的性和健康性，只有这样，才能体会到“一人之辩，重于九鼎之宝；三寸之舌，强于百万之师”的深刻含义，才能在辩论中所向披靡。既能善辩明理，又能保持风度。

三、论辩必须遵守的逻辑规律

（1）论辩必须遵守同一律。

同一律，是指在同一思维过程中，每一思想必须有确定性，不能改变为其他不同的概念或判断，否则就是违反了同一律。违反同一律，就会犯混淆概念或偷换概念、转移论题或偷换论题的错误。

例如，两千多年前，古希腊著名学者普洛太哥拉斯招收了一名学生爱瓦梯尔，以传授法律知识，两人签订了一个合同：爱瓦梯尔分两次交付学费，第一次是在入学时交付一半，第二次则须在结业后爱瓦梯尔第一次出庭胜诉时交付另一半。可是爱瓦梯尔结业后老是拖延，不肯交付另一半学费。普洛太哥拉斯一气之下，要到法院去告爱瓦梯尔。他先去警告爱瓦梯尔："只要我一告到法院，你就一定要把学费付给我。因为如果我胜诉了，按照法院的判决，你必须付学费给我；如果你胜诉了，那么按照我俩的合同规定，你也应该付学费给我。所以，我无论是胜诉还是败诉，你都得把学费付给我。"爱瓦梯尔听后，想了想，回答说："只要你到法院告我，我就可以不付给你学费了。因为如果我胜诉了，按照法院判决，我就不会付给你钱了；如果我败诉了，那么按照我俩的合同规定，我也不该付学费给你了。"这桩悬案一直无法裁决，问题出在哪里呢？问题出在他们两人都违反了同一律：普洛太哥拉斯没有坚持同一个标准，提出胜诉时以法院判决为依据，而败诉时以合同规定为依据；爱瓦梯尔也同样依据不同的标准，胜诉时以合同规定为依据，而败诉时以法院判决为依据。他们两人都没有保持标准的同一，因而都陷入了诡辩的泥坑。

（2）论辩必须遵守矛盾律。

矛盾律，又叫不矛盾律，是指在同一思维过程中，两个互相反对或互相矛盾的判断不能同时都是真的，其中至少有一个是假的。违反这一要求，就必然犯自相矛盾的错误，这在论辩中是最忌讳的。

例如，有一个年轻人想到发明家爱迪生的实验室工作，爱迪生接见了他。年轻人满怀信心地说："我想发明一种万能溶液，它能够溶解一切物品。"爱迪生听罢，惊奇地问："那你想用什么容器来装你要发明的那种万能溶液呢？它不是能够溶解一切物品吗？"年轻人被问得哑口无言了。

（3）论辩必须遵守排中律。

排中律，是指在同一思维过程中，两个互相矛盾的判断必须有一个是真的，即两者必居其一，排斥中间的可能性。

例如，一个学校举行学生辩论赛，论题为"逆境比顺境容易出人才"。那么反方的观点就应该是"顺境比逆境更容易出人才"，可是他们却把反方的观点定为："逆境不一定比顺境容易出人才"，辩论时，不管对方怎么论证，反方都可以说："我们的观点是'不一定'。"因为题目本身就违反了排中律，所以无"辩"可言。

（4）辩论必须遵守充足理由律。

充足理由律，是指在任何议论中，一个判断被确定为真，必须有充足的理由。充足理由律对辩论的要求：一是理由必须真实；二是理由与推断之间有逻辑联系，从理由能够推出一个判断。

例如，有人说："你的普通话说得这么好，你一定是个北京人。"这里，"你的普通话说得这么好"是理由，可这个理由无法必然地推出"你一定是个北京人"这个判断。因为并非"凡是普通话说得好的都是北京人"，这句话就违反了充足理由律，理由不充分，不能说服人。

实用技巧

一、论辩口才的立论技巧

辩论是由立论（辩护）和反驳两个基本环节构成的，其中立论就是为了证明己方的基本立场，它是反驳的基础和必要的阶梯。辩论中如果没有必要的立论，反驳就会显得强词夺理、苍白无力。而且，辩论中如果自己的立论不稳，自然会被对方攻击得支离破碎，更谈不上对对方的攻击了。可见，立论的破和立，直接关系到辩论的成败。

（1）分析辩题，立论严密。

例如，“万家乐杯”电视辩论大赛上，北京大学辩论队与国际关系学院辩论队的辩论题目为“我国现阶段应该鼓励私人购买轿车”。这一题目的关键词是“轿车”“鼓励”和“我国现阶段”。如何找准这三者之间的逻辑关系，从而形成一条强有力的立论思路，就能否构建严密的攻防体系。正方的北京大学辩论队根据其内在的逻辑联系推导出：第一，现阶段发展轿车工业是我国工业发展的主导方向之一。由于轿车工业“三高一快”的特点，轿车工业被证明是经济起飞最有力的助推器，轿车的质量和产量也是衡量一个国家发展水平高低的标志，我国也不例外，要想促进工业发展，必须发展轿车工业。第二，轿车工业要发展，关键在市场。如何扩大轿车市场，最便捷的办法是使轿车“飞入寻常百姓家”，所以，轿车工业同鼓励私人购买就存在着必然的联系。在此基础上，他们再依据其必然的逻辑联系充分论证了“鼓励购买”的现实可能性和必要性，并充分考虑了对方立论中可能会提出的问题（即我国的交通拥挤情况，轿车的私人消费是否会是一种奢华的超前消费倾向），并对此一一作了周密合理的论述准备。由于北京大学辩论队在立论中充分运用严密的逻辑思维来确立自己的论证体系，确保了该体系的严整周密，所以他们的立论在实践中既立得起，又防得住，收到了较好的效果。

（2）避实就虚，绕道而行。

避实就虚，绕道而行，就是根据辩题从另一个角度引入一个新概念与对方周旋，从而确保己方立论中的某些关键概念隐在后面，不直接受到对方的攻击。“李代桃僵”这一战术的意义就在于此。

例如，“艾滋病是医学问题，不是社会问题”这一辩题就是很难辩的。因为艾滋病既是医学问题，又是社会问题，从常识上看，是很难把这两个问题截然分开的。在辩论时，复旦大学辩论队要阐述“艾滋病是社会问题，不是医学问题”。如果完全否认艾滋病是医学问题，也会于理太悖。因此，他们在辩论中引入了“医学途径”这一概念，强调要用“社会系统工程”的方法去解决艾滋病，而在这一工程中，“医学途径”则是必要的部分之一。辩论中，他们的立论是：艾滋病是社会问题，而绝不单纯是医学问题；然后提出艾滋病是一个需要综合治理的社会问题，需要依靠政治、经济、道德、法律、医学、教育等多种力量来综合治理，医学仅仅是其中的一种手段。这样的立论就把原来的辩题中对立的社会问题和医学问题巧妙地统一到一个外延更加广泛的社会问题之中，使己方的立论具有了严密的逻辑性，显得无懈可击，他们的周旋余地也大了，对方得花很大气力纠缠在他们提出的概念上，其攻击力就弱化了。

（3）避免定性，留有余地。

在立论（辩护）中，时常会遇到一个无法回避的事实，即给概念下定义，通过定性明确己方的基本观点，澄清己方的基本立场。但要特别注意的是，如果在辩论中热衷于对每一个概念都给予定性表达，很可能因此给对方提供许多意想不到的“炮弹”，而且，把辩题和概念交代得太清楚了，辩论中也就没有了回旋的余地。因此有时候，要避免定性，留有余地。

例如，“温饱”这个概念，如果把它定义为一种状态，“在这种状态下，社会的大部分人都无衣食之困”，那么对方马上就可以追问：“你的社会概念的内涵是什么？它指一个团体、一个民族，还是一个国家？”也可以问：“你的‘大部分人’的含义是什么？是人口的60%、70%，还是80%？”对这些问题，如果你继续回答，就又可能会暴露出许多新问题，从而完全陷入被动应对的局面。因此，在解释概念时，既要说出什么，又必须隐藏什么，即采用描述的方法来搪塞。所谓“描述”，也就是不揭示概念的本质含义，只是从现象上对概念进行描述，甚至是同义反复的描述。如对“什么是温饱”的问题，复旦大学辩论队的回答是：“温饱，就是饱食暖衣”。这个回答实际上是同义反复，使人觉得他们已清楚地阐释了这个概念，而对方又抓不住任何把柄实施攻击。这样，在后面的辩论过程中，当复旦大学辩论队对“温饱”这一概念作出新的补充和说明时，就显得比较灵活、自由，不至于被对方抓住矛盾。

总的来说，在辩论中要注意恰当使用描述和定义的方法，两者不可偏废，但要尽量多用描述，从而达到既讲清某些问题，又隐蔽另一些问题的境界，使对方不能迅速地判断并抓住己方观点中根本性的论点来攻击。

二、论辩口才的反驳技巧

（1）针锋相对法。

针锋相对法是正面反驳的一种方法。辩论中，对于实质性的问题，双方往往各不相让，有时措辞激烈，甚至达到白热化程度，因此人们常用“唇枪舌剑”来形容辩论。如果在辩论中不能给对方以尖锐有力的驳斥，则势必使自己处于极其被动的地位。所谓针锋相对法，就是指对对方的观点予以直接、尖锐的回击，此法重点在于突出尖锐性，而这种“尖锐”并非是拍桌子瞪眼睛、大喊大叫，而是注重论辩的逻辑性。

例如，在一次国际性会议中，一位西方外交人士挑衅地对我国代表说：“如果你们不向美国保证不用武力解决台湾问题，那么显然就是没有和平解决的诚意。”我国代表立刻还击：“台湾问题是中国内政，采取什么方式解决是中国人民自己的事，无须向他国作什么保证。请问，难道你们竞选总统也需要向我们做什么保证吗？”这位西方外交家于是又将话题一转：“阁下这次在西方逗留一段时间，不知是否对西方有一点开明的认识？”我国代表笑了笑说：“41年前我就在巴黎受高等教育，我对西方的了解比你少不了多少，遗憾的是你对东方的了解可真是太少了。”我国代表的反驳干脆有力。

（2）揭悖反驳法。

揭悖反驳法是一种正面反驳的方法。直接揭露对方的论点、论据、推理过程或者概念等的错误，向对方的薄弱环节发起进攻。运用这种方法，要注意准确及时地抓住对方的要害，置对方于窘境。

例如，李律师到主管部门申请律师事务所的办公经费，主管部门的一位领导却振振有词地说：“你们律师专为犯罪分子说话，又会敲竹杠，有的是钱！”李律师很生气，他反驳道：“在民事和刑事案件中被控告的人，有的犯了法，有犯罪行为，是应受惩罚，但也有的并没有犯法，而且因某些假象而冤枉了他。执法要以事实为根据，以法律为准绳，而为了弄清事实，正确运用法律，维护被告人的合法权益，就需要律师辩护。在您看来，被告往往是罪犯，是罪犯就不应为其辩护，对吗？您说我们律师事务所‘会敲竹杠，有的是钱’，有何事实根据？”“哎呀呀，何必大惊小怪呢？言者无罪，闻者足戒嘛！”这位领导不以为然地说。“尊敬的领导同志，您是抓司法的，这样说未免不妥吧！‘言者无罪’，应该具体情况具体分析，要看‘言’什么，抱着什么目的去‘言’。如果是善意地指出别人的错误，进行同志式的批评，真诚地帮助同志，不但无罪，反而有功；如果无中生有，恶意诬陷，诽谤好人，挑拨离间，打击先进，非要置他人于死地而后快，这样的‘言’能无罪吗？”李律师辩护道。李律师运用步步为营的论辩方法，善于把握对方语句上的缺陷，即概念的内涵和外延进行反驳。首先他明确“被告”与“罪犯”的内涵，并把“被告”的外延分为有罪的和无罪的，而那位领导所指的“被告”的外延则缩小到全部“有罪”。然后，李律师又把“言者”的外延分为善意的和恶意的，驳斥了那位领导把“言者”都认为是善意的错误观点。

（3）引申归谬法。

引申归谬法是间接证明的一种方法。当对方说出观点时，先不直接反驳，而是假定它是对的，在这个基础上，或是作出合理的逻辑延伸，或者仿照这个观点提出新的、具有明显错误的议论，从而暴露其荒谬，以达到揭露反驳的目的。

例如，诸葛亮有个侄子，名叫诸葛恪，自幼聪明伶俐，擅长辩论，不满 20 岁就被孙权任命为骑都尉。有一天，一群白头鸟栖息在吴国宫殿前的大树上。孙权问：“这是什么鸟？”“这是白头翁。”诸葛恪答道。当时在场的文武百官中数张昭的年纪最大，而且满头银丝。他听了诸葛恪的答话，满腹狐疑，以为诸葛恪是存心借鸟来讥笑他老了，于是就说：“诸葛恪是欺骗陛下。我活了一大把年纪，从没听说过有‘白头翁’的鸟，能不能请他再找一种叫‘白头母’的鸟来？”诸葛恪毫不示弱，立即说：“有一种鸟，名叫‘鹦母’，按照辅吴将军（即张昭）的说法，是不是请他找一种名叫‘鹦父’的鸟儿来呢！”张昭被驳得无言对答，满座官员都惊佩诸葛恪年少辩才高。这个故事源于“言者无心，听者有意”的误会，听者不仅有意进而用心攻击“诸葛恪欺骗陛下”，论据是：和“白头翁”配对的“白头母”找不出来。面对张昭咄咄逼人的攻势，机智的诸葛恪用类推归谬的方式予以反驳，张昭的论据中包含了一个大前提，即“凡是称为‘××翁’的鸟一定有与其配对曰‘××母’的鸟”。诸葛恪假定这个论题为真，提出另外一种鸟“鹦母”，反过来请张昭找出叫“鹦父”的鸟来。叫“鹦父”的找不来，也就无须找“白头母”的鸟，其大前提的荒谬性立即暴露出来，而“欺骗陛下”之说也就不能成立。巧用归谬的反驳往往比正面反驳效果要好得多。

（4）反证驳斥法。

反证驳斥法是指由确定与辩题相互矛盾的判断来确定己方论题之真的证明方法。具体地说，是先确定一个论题，此论题与原来论题是相互矛盾的。借证明假定的论题是假的，那么与之相对的原论题就是真的，从而证明原论题的真实性。

例如，晋文公吃烤肉时发现肉上有毛发。晋文公大怒，唤来烤肉的厨子质问。厨子连忙认罪说：“臣该死！臣的罪有三条：其一，我切肉的刀锋利如宝剑一样，肉被切断，可是竟然没有切断肉上的毛发；其二，我用铁锤穿起肉来烤，反复翻动，却没有发现毛发；其三，肉被烤得赤红，最后被烤熟，可肉上的毛发却不焦。”晋文公听后，猛然醒悟，后来发现是有人陷害厨子。厨子运用的就是反证驳斥法，既否定了晋文公的看法，又证明了自己无罪，同时还未冲撞晋文公，真可谓一举多得。

（5）釜底抽薪法。

釜底抽薪法是驳其论据的方法，即找出支撑论点的论据的破绽驳倒论据，达到驳倒对方论点的目的。俗语云：“根基不正，其影必斜。”错误的观点往往是由虚假的论据支撑的，若能揭露其论据不真实，其论点自然不攻而破。

例如，某校学生以“武将是否需要文才”为题展开论辩。反方认为武将不需要文才也可以，理由是武将只要能指挥打仗就行，学文是避长扬短。对此，正方用了釜底抽薪法反驳：在知识的海洋里，每一门学科、每一种知识和技能都不是孤立的。武才和文才也是这样，武才靠文才来总结、交流、提高，文才靠武才来提供内容，鉴别真伪。一位高级指挥员曾列举了武将学文的种种益处：一是可以把练兵或打仗的实验上升为理论，便于学术交流和供后人学习借鉴；二是迫使自己不断进取，防止经验主义；三是培养深入、严谨、细致的作风，避免粗枝大叶；四是在学文过程中加强思想修养，养成勤于思考的习惯；五是丰富业余生活，使文武互为补充，工作有张有弛。这确是经验之谈。通过这段反驳，武将学文是避长扬短这一论据就驳倒了，从而“武将不需要文才”的论题也无法成立。

论点是建立在论据基础上的，论据虚假，则论点谬误。所以在辩论中，只要揭露对方论据的虚假，就如同釜底抽薪，根蚀树倒，对方所持论点就会被驳倒。釜底抽薪首先要识“薪”，才能“抽”倒对方。要做到这一点，就要善于从对方的论点中分析其要害论据之所在。

（6）捕捉漏洞法。

论辩场上，双方你来我往，唇枪舌剑，时而侃侃而谈，如行云流水；时而一语中的，似霹雳惊雷。凭借着高超的论辩技巧、丰富的知识积累、深厚的理论功底、严密的逻辑思维，不断掀起一个又一个高潮。然而，在这种短兵相接的紧张场合，情绪激动，来不及斟酌，也难免会出现失误。再优秀的辩手，即使在场上占尽优势，也会有漏洞。在辩论中，一方面要守住阵地，稳扎稳打，不能贪图一时之利口不择言；另一方面，对手出现失误时，便是己方反击的最好时机，从对手细微的失误入手，穷追猛打，使其“千里之堤，溃于蚁穴”。

例如，在一次“东方文化作用大于西方文化”的辩论中，反方说：“东方文化是碗，西方文化是饭，请问是碗重要，还是饭重要？”正方立即捕捉住其漏洞，反击说：“难道我的碗里非要盛你的饭不可吗？就不能盛我们自己种的粮食吗？”反方又说：“东方文化好比书中的文字，而西方文化则是精神，文字和精神哪个重要？”正方抓住其失误又反击：“没有文字，精神哪里看得见呢？”反方的两个例子看似锐不可当，实则漏洞百出，正方沉着冷静，仔细聆听，抓住机会就迅速主动反击，令对方无法招架，使论辩高潮迭起。

（7）二难反驳法。

二难反驳法是指辩论的一方提出有两种可能的假言选言判断，又由这两种可能引申出使对方难以接受的两种可能的结论，而这两种结论非此即彼，在逻辑上不允许存在第三种结论，使对方处于进退维谷的困境。

例如，隋文帝在驳斥“风水之说”时说：“我家墓地，若云不吉，我当不贵为天子（当时隋文帝已是皇帝）；若云吉，我弟不当死（其时隋文帝的弟弟已战死沙场）。”

（8）出其不意法。

“出其不意，攻其不备”，原指作战时在对方料想不到时进行袭击。应用于辩论，则指辩论者面对对方刁钻古怪的提问或发难时，不急于直接给予辩驳，有意“岔开”话题，扰乱对方的注意力或思绪，然后乘其不备，话锋突然逆转，使对方始料不及，无言以对。

例如，刘绍棠到南开大学讲文学创作要坚持党性原则时说，“每一个阶级的作家都是有所为有所不为……即使是真实的东西，也是有所写有所不写的，无产阶级的文学更是如此。”这时台下有位女生递上一张纸条，上面写着：“刘老师，您说作家要有所为有所不为，我觉得不应该这样。既然是真实的，就是存在的；存在的，就应该给予表现，就可以写。”为了证明这个女生的看法是不对的，刘绍棠没有直接反驳，他有意岔开话题，要求看这个女生的学生证上是否贴着长疮的照片。这个女生说：“我为什么要把长疮的照片贴在学生证上啊？长疮时谁拍照片啊，怪寒碜的！”听到这里，刘绍棠话锋突然逆转，回到正题，顺着女生的观点来进行说理：“你不在长疮时拍照片，更不会把长疮的照片贴在学生证上，这说明你对自己是看本质的。因为你是漂亮的，长疮时的不漂亮是暂时的，它不是你最真实的面目，所以你不想照相留念，更不想这样的照片贴在学生证上。共产党的某些缺点是需要批评的，但有些事情是有其特殊原因的，是涉及许多方面问题的，应由党内采取措施去改正。可你非要把它揭露出来，这岂不是要共产党把长疮的照片贴在共产党的工作证上吗？为什么你对自己是那样的公正，对共产党却这样的不公正呢？”女生信服地点点头，全场响起一阵热烈的掌声。刘绍棠出其不意地提出照片问题来讨论，然后顺势说理，有力地驳斥了对方观点，从而进一步证明了自己观点的正确性。

（9）断后聚歼法。

在论辩中，有时已洞察对方的谬误与破绽，但是论辩者没有当即戳穿，而是故意设问，使其重申并进一步肯定谬误，以绝其退路，使其不致改口逃脱。待其退路已绝，再去戳穿，一鼓聚歼。

例如，伪证人福尔逊一口咬定被告用枪击毙死者，并发誓说在10月18日晚亲眼所见。林肯在法庭上问他：“你在草堆后面，被告在大树下，相距二三十米，你能看清楚吗？”福尔逊答：“看得很清楚，因为月光很明亮，我看清了他的脸。”林肯又问：“具体时间也能肯定吗？”福尔逊说：“完全可以肯定，那是十一点一刻。”发问完毕，林肯转身向法官和听众说：“我不能不告诉大家，这个证人是个彻头彻尾的骗子！”接着他又说：“请大家想一想，10月18日那天是上弦月，十一点钟月亮已经下山了，哪里会有月光？退一步说，就是提前一些时间，月亮还没有下山，那也只能从西向东照。草堆在东，大树在西，而被告面向草堆，脸上是照不到月光的。证人怎么能从二三十米远的草堆后面看清楚被告的脸呢？”证人无言以答，只好承认做了伪证，于是冤案得以推翻。这里林肯两次发问，是为了让伪证人在大庭广众之下重申谎言，绝其退路；当其退路已绝，再进行攻击，便显得十分有力。

断后聚歼，实际上有两个步骤：一是“关门”，通过巧妙设问，引诱对手当众重申谬论或谎言，以断逃路；二是“打狗”，即揭露对方答话与行为、答话与公理之间的矛盾，彻底否定其谬误。

（10）戏谑调侃法。

戏谑调侃法是指论辩者在反驳中，以轻松幽默的方式表情达意，以笑制怒，以柔克刚，借以逃脱逆境，含蓄地戏弄、嘲笑对方的反驳方法。

例如，唐玄宗的宠臣杨国忠，嫉恨李白之才，总想奚落他一番。一日，杨国忠想了个办法，约李白去对三步句。李白一进门，杨国忠便道：“两猿截木山中，问猴儿如何对锯？”“锯”谐“句”，“猴儿”暗指李白。李白听了，微微一笑，说：“请宰相起步，三步内对不上，算我输。”杨国忠想赶快走完三步，但刚跨出一步，李白便指着他的脚说道：“匹马陷身泥里，看畜生怎样出蹄？”“蹄”谐“题”，“畜生”暗指杨国忠，与上联对得很工整。李白的讥讽多于幽默，反驳得非常有力。

三、诡辩的识别与辩驳技巧

1. 诡辩的识别

雄辩不同于诡辩。雄辩必须言之有理、言之有据；但如果强词夺理，吹毛求疵，胡搅蛮缠，无理也要编出个道道来，那就成了诡辩。

例如，有位医生接待了一名病人。医生客气地说：“请坐！”病人说：“为什么要我坐呢？难道你要剥夺我的不坐的权利吗？”医生没有办法，便给他倒了一杯水，说：“请喝水吧！”病人说：“这样谈问题是片面的，因而是荒谬的，并不是所有的水都能喝。你如果在水里掺上氰化钾，就绝对不能喝。”医生说：“我这里并没有放毒药嘛，你放心！”病人说：“谁说你放了毒药呢？难道我诬告你放了毒药？难道检察院起诉书上说你放了毒药？你这才是放了比毒药还毒的毒药！”医生毫无办法，便叹了一口气，换了个话题说：“今天天气不错。”病人说：“纯粹胡说八道！你这里天气不错，并不等于全世界在今天都是好天气。例如北极，今天天气就很坏，刮着大风，漫漫长夜，冰山正在撞击……”医生哭笑不得，忍不住反驳道：“我们这里并不是北极嘛。”病人说：“但你不应该否认北极的存在。你否认北极的存在，就是歪曲事实真相，就是别有用心。”医生只得说：“你走吧！”病人说：“你无权命令我走，这是医院，你不可能逮捕我，你不可能枪毙我。”这位病人的胡搅蛮缠、无理取闹就是诡辩。他是用似是而非的论证进行狡辩，形式上好似运用正确的推理手段，实际上是违背真理，将无理硬说成有理的狡辩，是“能胜人之口，不能服人之心”的强辩。

（1）偷换概念。

偷换概念是指故意违反同一律的原则，将这一概念偷换成另一概念。

例如，在一家旅馆的房间里，四个旅客在打牌。又是笑又是叫的，一直闹到深夜十二点多还不停歇，附近几个房间的旅客都无法休息。有一位老同志去劝阻打牌的人：“十二点多了，你们也休息吧！”“你睡你的，管不着我们。”一个打牌人说。“你们这样大声吵闹，影响别人休息。”老同志继续劝说。“影响别人，又没影响你。”“这是公共场所，应该遵守公共秩序。”老同志还是耐心地劝说着。“这是公共场所，又不是你的家，你管得着吗？”

打牌的几个人越闹越凶了。老同志说不过他们，只好回房去生闷气了。几个打牌的人玩弄的就是偷换概念的把戏，是一种强词夺理的诡辩。

（2）转移论题。

转移论题是指在论辩中不正面回答别人提出的问题，而是从对方所提问题中引出另外的问题来讨论，这也是故意违反同一律的原则，将这一论题转换成了另一论题。

例如，有一人患了感冒，医生给他开了 3 天病假的证明，这位病人把“3”字改成“8”字。结果被领导知道了，领导批评他弄虚作假，他却反驳道：“难道我患感冒是假的吗？”这就是转移论题的诡辩，是不可取的。

（3）虚假理由。

虚假理由是指有意捏造论据，或者有意地用一些不能成立的道理作为论据进行论证。这是违反充足理由律的诡辩。

例如，某厂生产的电器产品在使用中发现质量不合格，用户要求调换或维修。有的营业员嫌麻烦，不但不予调换或维修，反而振振有词地说：“我们出售的电器产品都是经过生产厂家检验合格之后才出厂的，你看，你买的这台也有检验合格证嘛！这就证明它是合格的。不合格就不会出厂了，我们也不会出售给你了。产品出毛病不是产品质量不合格，而是使用不当造成的。”这个营业员的谈话，有两处是虚假理由的诡辩：一是只要产品上有检验合格证的，就证明该产品的质量是合格的；二是产品出毛病都是使用不当造成的。显而易见，这两条理由都是不能成立的，用它们作为论据来论证电器产品的质量合格，是以偏概全，因而是不能成立的。

（4）强词夺理。

强词夺理是指把没有因果关系的两个判断硬拉到一块，由一个判断推出另一个判断的诡辩方法。这种诡辩，所列举的论据不一定都是假的，但由于这些论据与推断之间没有必然的联系，因而是不成立的。硬要说它对，就是强词夺理的诡辩了。在日常生活中，用这种诡辩术为自己的行为辩护的现象也时有所见。

例如，有一学生学习成绩下降，父亲批评他听课不专心、课后不努力，他却埋怨起父母来：“都怪你们，你看我的脑袋这么小，装不了多少知识，这说明学习不好的原因就在这倒霉的长相上。”这个学生的“脑袋小”“长相不好”与“学习成绩不好”没有必然的联系。所以，他的说法是强词夺理的诡辩。

（5）人身攻击。

人身攻击是指抛开应论证或反驳的论题，而代之以侮辱性的语言来谩骂、攻击对方。

例如，在农贸市场上，有一位顾客对卖蛋的女商贩说了一句：“唉呀，你这蛋怎么有点臭呀？”那个女商贩冒火了，连珠炮似地骂道：“什么，我的蛋是臭的？我看你才臭哩！你比臭狗屎还臭！”那个女商贩抛开“我这蛋臭还是不臭”这个论题不去反驳和论证，而是把对方骂得狗血淋头。这种人身攻击是诡辩术中最卑鄙、最低劣的伎俩。

2. 诡辩的辩驳技巧

（1）攻其概念，以谬制谬。

例如，某高职学院禁止学生在教室里穿拖鞋。一天下午，一名学生穿着一双拖鞋进了教室，班主任发现后让他从座位上站起来："我三令五申禁止穿拖鞋，你为什么还穿进教室？"班主任皱着眉头问。"对不起，我没穿拖鞋。"这位学生大声回答。"什么？你脚上穿的不是拖鞋？"班主任提高了嗓音。"不是拖鞋，是凉鞋。"这位学生语气坚定，还有意低下头望着自己脚上的鞋子。全班同学的目光都移到了这位学生的鞋子上，这双鞋子原来是一双普通塑料凉鞋，不过现在鞋后跟全被剪掉了，实际上变成了拖鞋。"鞋后跟全剪掉了，难道还是凉鞋？"班主任恼火地问。"当然是凉鞋！这就像一个人的腿断了，他还是人，而不是狗！"这位学生昂起了头，大声反驳。班主任双眼盯着这位学生，不紧不慢地说："你的话好像很有理。不过，照你的说法，一张饭桌，去掉了桌面，仅有四条腿光光地立在地上，它还是一张饭桌啰？"这位学生被问得哑口无言。这位学生的诡辩在逻辑推理上明显是错误的，因为人断了腿固然是人，但无法据此推出凉鞋断了鞋后跟还是凉鞋。班主任洞察到这个错误的逻辑，立即把思路从人的腿问题移到桌面问题，构设了一个同样逻辑形式的诡辩，以谬制谬。

（2）攻其判断，反唇相讥。

例如，老张和老刘在公园辩论。老张问："在金钱和道德之间，你选哪一个？"老刘不假思索地答："当然选道德。难道你选金钱？"老张诡秘地说："我是选择金钱，因为我缺钱。你选择道德，那是因为你缺德。"老刘听了老张不友好的言语，立即反驳说："你的话只讲对了一半。十分的道德，我已有九分，还缺少一分，所以我要选道德。万贯的家财，你已有九千贯，你还缺少一千贯，所以你要选金钱。因此，准确地说，我选择道德是因为我崇尚道德，你选择金钱是因为你贪图金钱。"老刘抓住了老张缺钱才选择钱，缺德才选择德的判断错误，成功地反击了诡辩。

（3）攻其类比，以毒攻毒。

例如，某乡有几个地痞，经常偷鸡摸狗，欺压乡邻，但派出所对这些人一直采取纵容态度，致使他们的气焰日益嚣张。群众忍无可忍，集体向乡党委书记反映了这一情况。书记找来派出所所长，书记说："那几个地痞胡作非为，你这个所长知道不知道？"所长说："知道。"书记又问："既然知道，那为什么至今未对他们采取行动？"所长回答："采取行动只是个时间问题，这就像喂猪一样，如果还没等到猪肥就杀了，那怪可惜的，不合算。这些地痞就像猪一样，现在还是'瘦瘦的'，没喂'肥'，处罚起来没分量。所以这是个策略问题，群众不理解，我们可以理解。"书记灵机一动说："你的'肥猪论'太玄虚了，群众怎么会理解？猪是人们心甘情愿喂养的，而这些地痞，群众会甘愿喂养吗？还是听听我的'肥鼠论'吧。如果有个人养了一只猫，指望它捉老鼠，可这只猫却放任老鼠在家里吃谷子，结果主人家老鼠成灾。主人找猫来问罪，可猫却振振有词地对主人辩解：'家里老鼠太瘦了，等到喂肥了再抓不迟。'你猜主人对猫会有什么看法？"所长企图用"肥猪论"为自己工作的失职辩解，但书记一语道破了"肥猪论"类比上的荒谬，即猪是人们自愿喂养的，而地痞则相反，两者不能类比，书记以"肥鼠论"形象生动地说明了地痞横行不法，派出所放任不管，群众遭殃受害的事实，含蓄地指责了所长的荒唐，工作的失职。

（4）巧用归谬，以退为进。

为了驳倒对方，先假定其是对的，然后按照对方的逻辑推导出一个显然荒谬的结论来，用荒谬的结论证明其错误。

例如，南昌有一个 11 岁的少年徐稚，到太原郭林宗家去玩。郭林宗家的庭院里有一棵树。郭林宗迷信思想严重，有一天，他忽然想把这棵树砍掉，他说："住宅犹如方口，宅中有树，正如口中有木，成了不吉利的'困'字。"徐稚听了，不以为然地说："如果宅中不能有树的话，那么宅中更不能住人了，因为口中有木成'困'字，口中有人就成了'囚'字。'困'字不吉利，'囚'字更不吉利；如果因为'困'字不吉利而要砍掉庭中之树的话，那么由于'囚'字更不吉利，宅中之人也就不能让他活了。"一席话说得郭林宗无言以对了。可见这个少年的驳斥是有力的。

（5）发现漏洞，以毒攻毒。

"发现漏洞，以毒攻毒"法就是用对方所讲道理或所用方法去回敬对方，即"以其人之道还治其人之身"，以达到驳斥诡辩论的目的。

例如，欧布利德是古希腊一位著名的诡辩家，有一天他向邻居借了一笔钱，约定一个月后归还。期限到了，邻居要他还钱，他故作惊讶地说："我没有借你的钱呀！"邻居说："你忘了吗？是上月向我借的。"欧布利德辩解道："啊，上个月我借了你的钱。不过，你应该知道，哲学家说过：'一切皆变。'现在的我已经不是上个月向你借钱的我了，你怎么能要现在的我为过去的我还钱呢？"邻居被欧布利德的诡辩气得一时说不出话来。回家以后，他想了好久，终于想出一个对付欧布利德的办法。他拿了一根木棍，跑到隔壁去，把欧布利德狠狠地痛打了一顿。"好，你打人啦！等着瞧吧，我要到法院去控告你！"欧布利德气急败坏地叫道。邻居却笑嘻嘻地说："你去控告谁呢？你不是说'一切皆变'吗？现在的我已经不是刚才打你的我了。你要告就告刚才打你的那个我吧！"欧布利德无话可说了，只好自认倒霉，并把所借的钱如数还给了邻居。由此可见，"以毒攻毒"确实是对付诡辩论的有力武器。

四、队式论辩的技巧

1. 高度重视，认真准备

所谓认真准备，是指参赛队员在赛前对"论辩赛"的性质和特点要有所认识。我们知道，属于口头论辩的大致有三类：一是专门场合下进行的有特定议题的论辩，如谈判论辩、法庭论辩；二是由日常生活中、工作中的矛盾引起的人与人之间的争辩，如邻里争辩、同事间争辩、上下级争辩；三是各种形式的论辩赛。前两种论辩，论辩双方各自有明确的立场和主张，辩论的目的是为了说服对方接受自己的观点或争取第三者支持自己的观点，与此同时，自己也要有被对方说服或作出妥协的心理准备。论辩赛则不同，论辩赛是作为比赛项目来进行的模拟论辩（即论辩演习）。这种论辩往往不在乎论辩者本人真实的立场和主张，而侧重于人们的论辩技巧的比赛。比赛双方都不是为了说服对方或被对方说服，而是以驳倒对方、争取评委的裁决和听众的反响为目的的，所以必须做好充分准备。一般可以从以下几个方面进行准备：

（1）析题立论。

析题就是对辩题进行分析判断，找出题目的关键点（即题眼）和攻击点（即最能有效地突破对方的立论的词或词组）。例如，辩题为"发展旅游业利多于弊"，其关键点不在旅游业本身的利多利少上，而主要在于“发展”上，正反方必须首先对“发展”作出有利于己方的界定与解释。“错误面前人人平等”的论题，其关键点在于对“平等”一词怎么解释。找出这些关键点就可以做破题立论工作了，在理论和逻辑的基础上，将这些“题眼”作有利于己方的解释，确立一个最利于本方的总论点。但析题的目的不止在于找出关键点，更重要的是选择攻击点，找到可以攻击对方立论的突破口。而攻击点的选择，一般都要遵循以下3个原则：

1）关键点必须攻击并占领。

关键点是双方必争的战略要地，必须列为本方重点攻击的目标之一，但攻击点不仅仅是关键点，它还应该出其不意，攻击对方比较薄弱的或容易疏忽的地方，首先要把解释关键词的主动权掌握过来，才谈得上进一步取得优势。例如，对“高消费对中国市场经济的发展利大于弊”的辩题，正方析题后，决定选择“高消费”这个关键词作为重点攻击目标，利用己方率先发言的有利形势，抢先对“高消费”作有利于己方的界定，将之解释为“高质量、高档次、高品位”的消费，而不仅仅是价格高的消费类型，其立论令对手感到出其不意，一举掌握了主动权。

2）攻击点避免将论证难度加大。

例如，“错误面前人人平等”的辩题，反方可以立论为“错误面前人人不平等”，也可以立论为“错误面前不人人平等”，而选择前者就会增加自己论证的难度，选择后者对自己就较为有利。再如，“儒家文化能够抵御西方歪风”这一辩题，反方除了选择“抵御”这个词进行攻击外，还可选择“儒家文化”本身进行攻击，但这样一来，论证就变得复杂化，论证难度加大了。因此最好不要选择“儒家文化”为攻击点。

3）攻击点不应过多。

一般来说，只选择一个关键点作为攻击点稍显单薄，因为双方都会关注关键点，因而不可能被一方轻易占领，但攻击点过多，东一枪、西一炮，结果不但平均使用了攻击力量，达不到预期效果，而且还可能引起攻击中的前后不一致。例如，反方选择“错误面前不人人平等”来攻击正方，如果再拿“错误面前人人不平等”来攻击，就会给人一种立意混乱的感觉。所以一般选择两个攻击点比较适宜，当然第二个攻击点的选择要尽量不使己方的论证过程复杂化。

总之，析题立论要利攻易守，立意新颖，起到先发制人的作用。例如，辩题“艾滋病是医学问题，不是社会问题”就将两个问题对立起来了，其实艾滋病既是医学问题，又是社会问题，而如果反方全盘否认艾滋病是医学问题，会于理太悖。因此反方大胆提出了“社会系统工程”的概念，判断一个问题属于什么性质，有三个标准，即这个问题是怎样产生的，又是通过什么途径传播的，最后这个问题的根本解决通过什么途径。根据这三个标准，可以认为艾滋病是社会问题，而不是医学问题。在整个社会系统工程解决艾滋病的过程中，包含了医学这一途径，但这并不能说明它是一个医学问题。这样就等于在肯定艾滋病是社会问题的前提下谈医学问题。反方居高临下地包容了对方的立场，扩大了可供回旋的余地，而对方不得不花大气力纠缠在反方提出的新概念上，其攻击力就弱化了。

（2）试辩准备。

如同其他比赛一样，论辩队要想在正式比赛中获胜，一定要在正式比赛前进行尝试性的比赛，以检验自己的赛前准备是否经得起实际的考验。为了达到检验的效果，试辩条件和气氛要尽量逼真些，这就需要在正式参赛队员进入准备阶段的同时，应有一支与之实力相当的“假设对方”也进入准备阶段，并且双方都应处于“保密”状态。不过，为了增加正式队员的一些难度，正式队员应故意泄露些立论方面的要点来吸引“假设对方”作有针对性的进攻准备，用之在试辩中检验参赛一方的立论和战略战术是否能奏效。试辩的另一个意图是，让参赛队员进入角色。论辩赛的最大特点就是辩题观点不一定与论辩者本人最初的观点相一致，就像某些演员本身的性格与剧中人的性格不一致一样，需要深入生活，深入实践才能进入角色。论辩赛在比赛过程中不仅有理论上的正面交锋，还有辩论风度、情态等方面的表演，通过试辩往往能促使参赛队员不仅在理论上，而且在情感上也完全站在所持的辩题观点上，以便逼真地表现出理直气壮、慷慨激昂、义正辞严而又通情达理地维护真理的样子。对于初赛者来说，试辩还可以先锻炼上场的胆量，培养临场的经验。

试辩一般宜在正式比赛前一两天举行，这类似于赛前的“热身赛”，使参赛队员保持最佳竞技状态。试辩的程序应严格按照正式比赛的程序进行，不过不管正式比赛是否设有赛后听众提问，试辩赛最好要有听众提问。因为不管假设的对方准备得如何充分，总比不上众多听众的眼亮耳明，以给正式参赛队员更多的参考。

2. 合理分工，精诚合作

辩论比赛一般是以组队的形式参赛的，那么参赛队员就不是一个人，就像集体体育运动项目一样，只有充分发挥每个成员的能力，讲究配合方能获胜。有时候，这样的配合需要经过长时间的磨合才能产生默契，从而形成整体的作战能力。如果一支球队只拥有个别出色的球星而没有整体有效的合作，或者虽然整体配合得很好，但缺乏天才的射手，都一样不能取得比赛的胜利。就像一支球队有前锋、后卫、守门员一样，一支辩论队的几个辩手之间也应是各司其职。在新加坡的辩论赛中，首届国际大专辩论赛的冠军得主复旦大学辩论队曾经按照中国古代八股文的程序，确立了一套经典的辩手定位，即起、承、转、合的顺序，或者说采用逻辑、理论、事实、价值的分工，取得了巨大成功。一辩在场上的风格亲切感人；二辩的风格是情绪稳定，说理透彻；三辩的热情、活泼与机智给观众留下了深刻的印象；四辩的高屋建瓴、价值升华则直逼人性深处，将辩论赛推向了高潮，他的一句“黑夜给了我黑色的眼睛，我却注定要用它寻找光明”，曾经震撼过多少人的心灵！充分考虑每个辩手的长处，显于合适位置，以利于各自特长的发挥，给辩手提供一个广阔的发挥空间。这样会使辩论更加精彩。

在赛场上，任何一名辩手的发言都会影响全队的水平。“牵一发而动全身”，就是这个道理。因此，对辩手最起码的要求就是既要勇于挑大梁，又不能缺乏团队精神。所谓团队精神，就是在辩论赛中一切从整体利益出发，也就是从己方观点出发，立论、论证要统筹一盘棋。讲求团队精神，并不是要求每个辩手都以同一面目出现。而辩手往往是由不同风格、不同性格特点、不同性别、不同年龄、不同经历、不同专业特长的人组成的队伍方能五光十色、异彩纷呈，而这就更要求把张扬个性与发扬团队精神结合起来，相互尊重，取长补短，求同存异，才能形成整体的战斗力。要做到这一点，需要注意：一是要根据具体情况具体分析，如果本方队实力较为平均，就要以团队为主；二是如果本方有一位实力特别突出的选手，就要以这位选手为主，其他人紧随其后；三是要注意团队与个人之间的有机配合，这个“有机”，就是时机，要善于根据时机的变化灵活转换。

3. 攻防兼备，以攻为主

高明的辩手，不仅要做到论据充分，论证深刻有力，使自己的立论站得住脚，不留漏洞给对方来钻，而且能够及时发现对方的漏洞，特别是抓住对方的要害，展开猛烈的进攻，给对方的立论以致命的打击。也就是说，在辩论中，必须既要注意防御，又要加以进攻，用复旦大学辩论队领队兼教练俞吾金教授的话来说：“这就像踢球一样，光是防守，至多对方进不了球，但球永远不可能滚进对方的球门。”因此，在辩论中应当攻防兼备，以攻为主。在首届国际（华语）大专辩论会上，第二场半决赛由中国复旦大学辩论队对澳大利亚悉尼大学辩论队，辩题是“艾滋病是医学问题，不是社会问题”，正方悉尼大学辩论队将艾滋病当作单纯的医学问题去论证，这就势必留下很大的漏洞。所以在后来的舌战中，悉尼大学辩论队的进攻乏力，防御又显得捉襟见肘。反方四辩在总结陈词时，一针见血地指出对方在防御上的弱点：“第一是逻辑问题，把医学参与的活动说成是医学问题，把社会应当承担的责任推到医学的身上去。第二是理论上的问题，对方缺乏有效的判断标准，理论上不清，概念上混乱，说艾滋病是一个影响。我想请问，艾滋病是好的影响还是坏的影响？如果是坏的影响的话，难道还不是个社会问题吗？第三是事实上的问题，对方习惯把大事化小，小事化了，但始终没有解决为什么化来化去从5个患者化成了250万个。第四是价值判断的问题，对方视艾滋病对人类社会的总体威胁而不见，认为医学所谓治标而不治本的方法不会给社会的文明带来巨大的威胁，我不知道对方是怎么展望我们将来的未来世纪的。今天离世界‘艾滋病日’只有126天了，它的口号就是‘时不我待，行动起来’，这难道是社会对医学界的一个独门偈语吗？”这一连串的问题，犹如排炮一般，一一击中悉尼大学辩论队的要害，使他们只有招架之功，而无还手之力。这一场辩论，复旦大学辩论队之所以能够战胜悉尼大学辩论队，根本原因就在于复旦大学辩论队能够攻防兼备，以攻为主。

4. 高屋建瓴，结辩陈词

结辩陈词使论辩进入最高潮，结辩成功与否关系到整场论辩的最终胜负。

（1）结辩的任务。

一是对己方观点作最后总结。如果说前面的定时论辩与自由论辩恰似为盖一座亭子建好了基座和柱石，那么结辩陈词就是加盖高居顶端的那个巍峨的冠盖。也就是将己方所持有的观点放在一个新的高度加以概括，去除论辩中为维护自己观点处处设防的主干之外又生出的枝蔓观点，使中心论点的逻辑关系简洁而强有力，让人在“剧终”时对此一目了然，留下深刻印象。二是了结论辩中的遗留问题。论辩中受对方攻击时，可能因问题太复杂而一时难以说清，也可能对方提出令人尴尬的问题而己方一时语塞，那么经过一定的思考后，就可以在结辩中巧妙地修正、补充、强化本方的观点，剔除旁枝末节，对一些关键问题作出较圆满的回答或说明，尽可能使己方中心论点系统而完善。三是向对方进行致命的攻讦。本着“攘外先安内”的原则，在保全了自己之后，就要向对方进行致命的攻讦，否则只守不攻，便会置己方于消极被动、笨拙挨打的地位。虽然在前面的论辩中也向对方展开进攻，但只是零散和不系统的，而结辩时已对对方的弱点有了较全面的了解，而且经过了一定的思考，这时就要对其观点进行总体反驳，尖锐、透彻地反击对方。对其防守坚固之处可用四两拨千斤之术一语带过，对其要害破绽，则应拉开大决战的架势，集中火力，以泰山压顶之势将其立论体系从根本上动摇、瓦解，这样才能大获全胜。

（2）结辩的内容。

与立论阶段不同的是，结辩中对己方观点不再作深入的论证，也不用再去探究一个理由的前因后果、来龙去脉，而只是点到为止，但一定注意不要有所遗漏。

（3）结辩的形式。

结辩的形式一般包括开场白、结论、驳论和结束语 4 个部分，但有时驳论也可放在结论前，或驳论融入结论中，从而变成 3 个部分。总之，万变不离其宗，要根据具体情况灵活运用。

（4）结辩的语言。

结辩中使用的语言，非一般论证的语言。它既要各处都点到，又只是寥寥数语、泛泛而谈，抓住问题最本质和最核心的方面，而不是纠缠于细枝末节。结论要有宏观的全局意识，结论的观点应忠实于立论阶段本方的阐述，不应有所遗漏或有所添加，以免节外生枝。语言上注意将众多小点连接得自然妥帖，不露拼凑痕迹。用语忌生硬，尽量将观点融会在富于感情和文字色彩的词句中，令人在语言的美感中受到震撼和陶醉，引起共鸣，且意犹未尽。

例如，1993 年在新加坡举行的国际大专辩论赛，总决赛的辩题为“人性本善还是人性本恶”，反方复旦大学辩论队的结辩陈词如下：

谢谢各位，一个严肃的辩论场需要一个严肃的概念。对方多次问我们人性怎么样？人性怎么样？始终没有问我们人性本怎么样？我想请问对方，人性是什么和人性本是什么是同样的一个概念吗？你们如果连这个概念都没有根本建立基础的话，那你们的立论从何而来呢？我们多次问对方的善花里面如何结出恶果，对方说要浇水，要施肥呀。那我就不懂了，大家都承蒙这个阳光雨露的话，为何有那么多罪行横遍这个世界呢？难道这个水，那个肥还情有独钟吗？为何要跟恶的人作一个潇洒的“吻别”呢？

今天我们本着对真理的追求来同对方一起探讨这个千年探讨不完的话题。无论是性善论的孟子也好，还是性恶论的荀子也好，又有哪一家哪一派不要我们抑恶扬善呢？抑恶扬善是我方今天确立立场的一个根本出发点。下面我再一次总结我方的观点。

第一，只有认识人性本恶，才能正视历史和现实。回顾历史的时候，我的内心总感到痛苦而颤抖。从希波战争到十字军东征，从希特勒的奥斯维辛集中营到日寇在华北的细菌试验场，真可谓是“色情与贪婪齐飞，野心共暴力一色”。以往的人类历史，可以说是交织着满足人类无限贪欲而展开的狼烟与铁血啊！可见，本恶的人性如果不加以控制的话，将会给这个世界带来什么呢？

第二，只有认识人性本恶，才能重视道德、法律教化的作用，才能重视人类文明引导的结果，培养健全而又向上的人格。在历史的坎坷当中，人类并没有自取灭亡。尤其是在面对彬彬有礼、亲切友善的新加坡朋友面前，我们更有理由相信，人类明天会更好，这其中我们要感谢新加坡孜孜不倦地建立起他们优良的社会教化系统。人类文明是在人类智慧之光照耀下不断茁壮成长的。饮水思源，借此我们要感谢那些在人类教化路途中洒进他们含辛茹苦汗水的这些中西先哲们。正因为从他们的理论智慧当中，从他们的身体力行当中，人们才有可能从外在的强制走上理性的自约，自约人的本性的恶，从而培养一个健全而又向善的人格。可见，人性本恶，并不意味着人终身成为恶，只要通过社会的教化系统就可以弃恶扬善，化性弃伪啊！

第三，只有认识人性本恶，才能调动一切社会教化的手段来扬善避恶。光阴荏苒，逝者如斯，在物质和科学技术突飞猛进的同时，而人类的精神家园可谓是花果飘零。在这个时候，我们要警惕，人性本恶这个基本的命题。可喜的是，在东方的大地上，我们说传统文化的发扬光大，已经从一阳来复开始走向了新的春天。我们也相信，通过传统文化的精华，必将使人类从无节制的欲望中合理地扼制并加以引导，从他律走向自律，从执法走向立法。人类才可能挽狂澜于既倒，扶大厦于将倾。“黑夜给了我黑色的眼睛，而我却要用它来寻找光明！”

谢谢各位！

五、论辩口才运用十法

1. 变换角度，化短为长

在整个辩论过程中，优势和劣势的存在不是绝对的。善于辩论者总是先承认自己的短处，继而再阐述自己短处中所隐含的长处，以短处映衬长处，在对比之中再把自己的长处充分展现出来，从而化劣势为优势，变被动为主动，取得以弱胜强的辩论效果。这就是“变换角度，化短为长”法的辩论技法。

例如，在美国的国内战争之后，约翰·爱伦在竞选国会议员的时候，他的对手是他的老上司陶克将军。陶克将军在以往的战争中战功显赫，曾经连任过两三次国会议员。陶克在竞选演说中说道：“诸位同胞们，记得就在十七年前的昨天晚上，我带领部队在茶座山与敌人激战，经过一番艰苦的战斗后，我在山上的树丛里度过了一个晚上，如果大家还记得那次艰苦卓绝的战斗，请在选举中，不要忘记那些饱受苦痛、风餐露宿而屡建战功的人。”陶克将军列举自己的功绩，无非是希望能够唤起选民们对他的充分信任，在竞选中取得优势地位。而约翰·爱伦却说：“同胞们，陶克将军说得不错，他确实在那次战争中立下了汗马功劳。而我当时只不过是他手下的一名普通士兵，替他出生入死，上阵拼杀，还有，当他在树丛中安睡的时候，我携带着武器，站在荒野之中，在凄冷的寒风中为他站岗放哨。如果你是将军，睡时需要哨兵守卫的，请选举陶克将军为国会议员；如果你是哨兵，需要为酣睡的将军站岗放哨的，请选举我——爱伦。”事实很清楚，在南北战争中担任将军的，毕竟只有少数人，而浴血奋战的普通士兵却何止千千万万，爱伦以他精彩的言辞，终于赢得了选民的同情，在竞选中大获全胜。约翰·爱伦在这场辩论中成功运用了“变换角度，化短为长”法。

运用“变换角度，化短为长”法要注意：

（1）要敢于承认自己的短处。这是信心与勇气的表现，如果掩盖短处，往往也掩盖了自己对自己的正确估价，不避讳短处，更能在对比中展示自己的长处。

（2）善于从自己的弱项中挖掘出强项的因素。从辩证的观点看，任何一个弱项，也都相对的是一种强项，任何一个长处，从另一个角度看，它也是弱项。古人云：“尺有所短，寸有所长”，讲的就是这个道理。善于从自己的“弱项”中发现“强项”，抓住了“强”“弱”转化的时机，变换角度，化短为长，就能使劣势转化为优势。

（3）不宜在自己处于劣势的时候仓促应战，而应该静待战机，以静待动，乘隙进攻，因此，“变换角度，化短为长”法在战术上又称为“后发制人”。面对强敌，适当运用这种以退为进的策略，可以取得辩论的主动权。不管怎样，在辩论过程中，一贯处于劣势并不是最可怕的，最可怕的是在心理上已完全处于劣势。如果那样，就只能处于守势，步步后退，被对方的言论进攻得方寸大乱。但如果平心静气，再恰当地运用“以弱胜强”的技法，常常可以反败为胜。

2. 利用对手，顺水推舟

在辩论中，经常可以从同样的一件事中得出与对方论证截然相反的意思，既能直接驳倒对手，又能迅速确立自己的观点。这种借助对方之势，进行反向推理的方法就叫做“利用对手，顺水推舟”法。

例如，小王和小李在讨论信念的问题，小王说：“现在哪儿还讲什么信念呀，大家都是一切向钱看，有钱的是大爷，信念多少钱一斤？”小李问：“你也持这样的观点吗？”小王答：“是这样的。”小李又反问：“那你怎么能说没有信念呢？你自己不就有一个吗？”“信念值几个钱”“一切向钱看”本身就是一种信念。因此，小王的话是自相矛盾的，小李运用了顺势反击法，抓住其立论中的矛盾，一举驳倒了小王。

运用“利用对手，顺水推舟”法时应注意：

（1）要“顺”得自然。“顺”并非放弃自己的立场，而是为了克敌制胜而采用的一种手段。“顺”要做得有隐蔽性，这样才能达到出其不意、攻其不备的目的。

（2）要“顺”得巧妙。顺应对方辩词，或者“顺”出一个与对方话语完全相反的思路，让其无法再辩；或者“顺”出一个令对方难以接受又无法反驳的结论，或者“顺”对方话语与事实相悖之处，让对手无话可说。

（3）要求辩者学会辩证思维。不要为表面的假象所迷惑，要透过现象看到本质。这样才能敏锐地把握住对方的论证思路，从而得出相反的结论，这样挖掘出来的道理才会深刻、富有说服力。

（4）要求辩论者打破思维定势，学会进行逆向思维，进而抓住对方论证中的矛盾，并加以反向推理，从而驳倒对方。和其他辩论技法相比，顺势反击法更具有辩锋一转，出奇制胜的效果。

（5）辩者必须具有高度的机敏性，善于“顺水”进行“反击”。“顺水”是借用对方的立论，而“反击”则是从对方相反的方向进行推理。

3. 因势利导，草船借箭

“因势利导，草船借箭”法是指在论辩过程中借用论敌的言语加以发挥，使之有利于自己的论辩主旨的一种辩论技法。

例如，1931 年 10 月，王若飞被捕入狱。在法庭上，他大义凛然地驳斥敌人的诬蔑，揭露敌人的可恶灵魂，把法庭当成战场。首次开庭，一个姓勒的法官辟头就问王若飞参加中国共产党犯有什么罪恶事实。王若飞轻蔑地望着勒法官，问道："你身为法官，可懂法律？""我是问你的犯罪事实。"勒法官重复道。王若飞逼问勒法官："我先问你，什么叫犯罪？""犯罪，就是你触犯了《危害民国紧急治罪法》。"勒法官说。"什么民国？是骑在人民头上作威作福的一批强盗！所谓'紧急治罪法'，无非是保护帝国主义、大地主、大资产阶级的法律！试问制定这种法律的时候，有哪一个是工人、哪一个是农民、哪一个是其他劳动者参加？你们执行这种法律只说明你们是帝国主义、买办阶级、封建势力的工具，是他们忠实的奴仆而已！"王若飞义正辞严的答辩，弄得勒法官面红耳赤，半天说不出话来。勒法官只好强词夺理地说："我不管你这些歪理，反正你有罪！""我有什么罪？我犯的是反对你们祸国殃民罪行的'罪'！是反对你们专制独裁、剥削人民、欺压人民、贪赃枉法罪行的'罪'！如果你们真是英雄好汉，如果你们还有一丝天理良心，咱们就到大庭广众中去，让群众评评理，是共产党犯了罪，还是你们国民党犯十恶不赦的滔天大罪？！"王若飞驳得勒法官张口结舌，结结巴巴地讲不下去，只好宣布退庭。当法官审问时，王若飞借用对方口中的"治罪""法律"等词语，加以发挥，把国民党的专横跋扈、剥削人民、欺压百姓驳得淋漓尽致。

在论辩中用"因势利导，草船借箭"法，应该注意：

（1）创造条件。要"借"就必须创造可以"借"的机会，让对方在论辩中露出可以"借"的语词。如上例中，王若飞抢先逼问什么是"法律""犯罪"等词，随后紧抓不放。

（2）快速出击。草船借箭，一要迅速，在对方没有任何思想准备的情况下，突然发动攻击，使对方没有一点思考的时间；二要猛烈，要在力度上强化，以磅礴的气势和锋利的语言穷打猛击，使之没有反抗的余地。

（3）浑然一体。始终要紧扣己方主旨，不论是进攻，还是应付，都要在主旨之下一致作战，不能离开主旨。因而，在论辩之中，始终要贯彻整体性这一原则，自己的每一个回答都应是自己主旨的体现，这一个个回合串联起来，一环紧扣一环，浑然一体。如上例中，王若飞环环相扣地驳斥敌人的诬蔑，把敌人的阴险嘴脸与丑恶灵魂揭露出来。

4. 寻根究底，分清责任

例如，有一位浓妆艳抹的妇女，来到店中拍了照，照相时她提出了异议，摄影师二话没说又为其重拍一张，不料在取相片时她又有了意见，"不好，我要重拍。"摄影师应答道："如果能指出技术、质量上有问题，我就再给您重拍。"妇女又说："这张照片拍得不美！"摄影师说道："美了就不像您了！"妇女追问道："你们广告上不是说，对照片不满意就可以重拍吗？"摄影师紧随着答道："你现在不是对照片不满意，而是对自己不满意啊！"摄影师据理力争，使爱胡搅蛮缠的妇女无话可说。

5. 遵循逻辑，破其前提

（1）否定立论者的前提。

例如，科长征询生产计划意见，小杨谈了几点不同意见，科长就发怒道："你这年轻人，有什么发言权？这计划就这样决定了。""谁有真理谁就有发言权！如果按年龄决定发言权，那在这里说话的将不是你，而是比你更年长的同志，你制定的计划不符合实际，理所当然要加以修改。”科长论证的前提是年轻人没有发言权，小杨却针锋相对，谁有真理谁就有发言权，从而否定了科长错误的前提。

（2）借用立论者的前提。

例如，阿华收到打字任务，却找来阿卫：“我打字太慢，你帮我打这份材料吧。”“正是因为你打得慢，才需要训练的，今天不加强训练，明天要是领导还给你任务怎么办？”两人推论过程使用了同一个前提，阿华打字慢，但阿华着眼于现在，阿卫着眼于未来，从而得出完全不同的结论。这也是一种辩论的好办法。

（3）分解立论者的前提。

例如，党员老徐在读《圣经》，有一旁人对他说：“你读迷惑人心的《圣经》，迟早会堕落的。”老徐不紧不慢地回答道：“《圣经》不一定就是迷惑人心的毒草，如果我们被动地读可能会受消极影响；但我们带着批判的眼光去读，不仅能吸取其精华，还能识其偏颇，我作为党员，更应了解圣经思想的来龙去脉，以便坚定我的立场，有效地教育他人。”这里，老徐把前提分解成两个层次，再针对具体情形进行分析，结论让人信服。

6. 旁敲侧击，引鱼上钩

“旁敲侧击，引鱼上钩”法是指在论辩过程中，避开某个敏感的实质性话题，解除论敌的戒备心理，然后从侧面接近目标，最后迫使对方就范的方法。

例如，某市个体伍老板经营服装业，近来生意兴隆，越做越大，营业额不断扩大。税务机关就要求他补交税款，但他拒不承认营业额的扩大。征收员多次上门，但都被他搪塞过去。这一天，另外一位税务征收员老张找到他。

老张：有笔大生意，你做不做？

伍老板：生意人，哪有不做的！啥款式？有多少？

老张：上次那种西装，200 套。

伍老板：我正想进一批西装来换季。开价呢？

老张：每套 200 元。如果全要，可打九折。唉。可惜你没肚量！

伍老板：笑话？我就要全吃！

老张：你全吃？我提醒你呐，老规矩，货款必须在两个月内付清啊！

伍老板：小看人！两个月，我还卖不出来吗？

老张：这可是成千上万元哪！

伍老板：算个屁！今年以来，我哪个月不卖它两万？

老张：那么。你先把这几个月漏的税补了再说吧！

伍老板：你……天哪！

在这里，老张制服伍老板的招数就是引鱼上钩法。老张知道，这场辩论的要害之处，就是要让伍老板主动地承认他的营业额扩大。于是老张变换了个话题，利用税务部门为市场营销牵线搭桥的合法身份和正常的职责，以伍老板非常感兴趣的西装生意为钩，以利润为饵，很有分寸地逐步将伍老板引上钩。

7. 欲擒故纵，用回马枪

例如，有个银行家揶揄地问大仲马：“听说，你有四分之一的黑人血统，是吗？”“我想是这样的。”大仲马回答。“那令尊呢？”银行家又问。“一半黑人血统。”“令祖呢？”“全黑。”“请问令曾祖呢？”“人猿。”大仲马一本正经，淡淡地说。“阁下可是开玩笑？这怎么可能！”“真的，是人猿。”大仲马怡然地说，“不过，我的家族从人猿开始，而你的家族到人猿为止。”这真是让人拍案叫绝，大仲马面对挑衅，佯顺敌意，按对方的逻辑进行顺推，迷惑住对方，引诱对方步步深入，正当对手洋洋得意时，突然回马一枪，实施反击，使对方陷入欲辩不能的尴尬境地，这就是欲擒故纵法。

8. 寓庄于谐，笑脸制恶

通过风趣含蓄的方式，回答难以回答并带有挑衅性或不怀好意的问题，在谈笑风生中击败对方。

例如，一位美国记者问周恩来总理：“你们走的路为什么叫马路？”周总理诙谐地说：“因为我们走的是马列主义道路，简称马路。”这个记者又问：“我们美国人总爱仰着头走路，你们中国人为什么总是低着头走路？”周总理略加思索后回答：“走下坡路的人总是仰着头走路，走上坡路的人自然是低着头的了。”这里，周总理用了“寓庄于谐，笑脸制恶”的方法，使人在笑声中对提问暗含的用意予以否定，既摆脱了困境，又体现了泱泱大国总理的从容风度。

9. 以短制短，反戈一击

碰到他人故意刁难，揭自己短处时，可以用“以短制短”的方法，毫不客气地揭别人的短处，反戈一击。

例如，1998 年 1 月 25 日晚，时任美国副总统、下届总统候选人的布什走到美国哥伦比亚广播公司晚间新闻直播室，接受美国著名电视节目主持人、哥伦比亚广播公司晚间新闻主播丹·拉瑟的短时采访。拉瑟首先问：“副总统先生，你是否同意里根总统用武器交换人质的交易？你是否知道国务卿舒尔茨和国防部长温伯格持强烈反对态度？”布什身子往前倾了一下，稍稍有点吃惊，他对这个问题十分反感，于是不带任何感情地回答：“我不能透露我和总统的私下谈话，至于舒尔茨和温伯格持什么态度，我当然莫名其妙。”拉瑟答道：“很好，不过我有一段资料片请副总统看一看。”他手一挥，一架早就准备好的录放机开始转动，电视屏幕上出现了一系列半年前关于伊朗门事件的镜头……拉瑟挥了挥手，录放机停了，然后他转过头问布什：“看了这段资料，你不觉得自己在撒谎吗？”布什十分恼火，忍耐不住地反击道：“我对你今晚在这里的表现没有丝毫敬意。我要谈的是我为什么要竞选总统，而你却用算旧账、‘炒冷饭’的办法来评判我，这是不公正的。去年 9 月你一气之下离开了转播室，使晚间新闻开了 7 分钟的‘天窗’，如果我用这件事来评判你的为人，你会有何种感想？”拉瑟毫无准备，竟然不知如何回答。这次电视采访，约有 1000 万人观看，几乎所有的人都目瞪口呆。白宫一下子接到许多声援布什的电话。布什以短制短，不仅摆脱了自己的窘迫局面，而且赢得了观众。

运用“以短制短，反弋一击”法时应该注意：

（1）揭短反击时，所揭之短一定要准。如果揭而不准，不仅无力，反而不利于自己。只有揭准了，才能使对方无言以对。

（2）揭短反击时，一定要揭到痛处，要伤其致命点，这样才能使对手措手不及。

（3）揭短反击时，一定要心平气和。只有心平气和地说，才显得自然得体，才能赢得别人的支持。

10. 辨析词义，正本清源

当别人故意歪曲自己的“词义”或“语意”时，我们就要进行辨析词义，正本清源，避免别人移花接木，攻击自己。

例如，1897 年，孙中山侨居日本，结识了日本著名政治家犬养毅。他们之间就曾有过一段有趣的答辩。

犬养毅：我真敬佩你的机智——不过，我想问问你，孙先生，你最喜欢的是什么？

孙中山：革命，把清政府推翻。

犬养毅：你喜欢革命，这是谁都知道的。但除此之外，你最喜欢什么？

孙中山：Woman（女人）。

犬养毅：很好，再其次呢？

孙中山：Book（书）。

犬养毅：（哈哈大笑）这是很老实的话。我以为你会说最喜欢书，结果你却把女人排在书的前面，这是很有意思的。你这样忍耐着对女人的爱而拼命读书，实在了不起。

孙中山：（不紧不慢）不是这样！我想，千百年以来，女人总是男人的附属品或玩物，充其量作个贤内助。然而我认为，她应该和母亲是同义语，当妈妈把她身上最有营养的乳汁喂给孩子的时候，当妻子把他真诚的爱献给丈夫的时候，她们的牺牲是那样的无私和高尚，这难道不值得爱吗？可惜，我们好些人却不珍惜这种爱，践踏这种爱。

这段对话中，孙中山先生所说的“爱女人”被犬养毅先生理解为狭义上的“喜欢女人”。孙中山先生义正词严地解析了“Woman”的含义，“Woman”可以解释为包括母亲、妻子在内的广大妇女。所以，这种“爱”也就可以理解为广义的尊重、热爱、敬佩和珍惜。孙中山先生从广义的角度进行解释，阐明了一个伟大的真理，并流露出对当时本民族中存在的那些轻视、践踏妇女的现象的批驳。

在论辩中，如果要使用“辨析词义，正本清源”法，应该注意：

（1）这种方法一般适用于进行正面论证，辩者要有意识地用某些词语作为“伏笔”，设一个悬念，以引起对方的注意。只有如此，在转换语义、剖析事理时，才会使对方产生耳目一新的感觉，使得雄辩的色彩进一步增强。

（2）语义的转移要合理。如上例中，语义的转换都相当自然，顺理成章，绝不是强词夺理的诡辩。

五、论辩口才十忌

论辩是探索、发现、发展真理的思想和语言的交锋，因而切忌以下做法：

（1）忌以势压人。

论辩双方应遵循“在真理面前人人平等”的原则，心平气和，以理服人。特别是长晚辈间、上下级间，更应该平等态度，绝不能声高气粗，教训别人，理亏时不能发脾气耍态度。

（2）忌歪曲事实。

任何论辩，都应以事实为根据。事实是不以人们意志为转移的客观存在，凡是不尊重事实，企图以主观臆断、肢解事实、歪曲事实、制造假象等进行论辩的，都是不道德的行为，也往往以失败而告终。

（3）忌揭人之短。

论辩中应尊重对方的人格。不论双方观点如何尖锐对立，论辩多么激烈，都不能揭人之短，进行人身攻击，特别是不能揭人隐私或嘲笑论敌的生理缺陷。只有尊重别人，才能获得别人对自己的尊重。否则，便会暴露和损害自己，不仅会失去听众的信赖，也会使自己的论辩变得庸俗而无战斗力。

（4）忌争吵不休。

古人云："大辩不争。"一个人的修养和气度，在论辩中能充分地显示出来。论辩时能否沉着、冷静，直接关系到论题阐述得好坏。感情用事，无谓地争吵不休，这是非理智的行为，已经超出论辩的界限。

（5）忌转移论题。

在特定的论辩场合下，辩题一般只有一个，论辩必须围绕这个中心和主旨进行，不可有意无意地转移论题。如发现对方在理屈词穷以后故意偷换论题，这就表明其已失败，应立即指明。

（6）忌强词夺理。

论辩中必须坚持真理，服从真理。无论是正方、反方，无论是为己方观点辩护，还是反驳对方观点，目的都在于辩深论透，求得正确的认识。当对方说出事物的本质含义时，就应停止反驳，而主动转入另一个问题，切不可固执己见，拒不承认。

（7）忌独占论坛。

论辩中，既要让对方陈述己见，又要让本方其他成员都有发言的机会，要依靠大家的智慧和合力博取论辩的胜利，切记"整体的力量大于部分之和"的道理，发挥整体作战的作用。任何辩手都不应逞强好胜，独占论坛，以避免孤军作战，给对方以可乘之机，导致全线崩溃。

（8）忌前后矛盾。

论辩中要尽量避免事实、数据、观点等前后抵触，甚至出现自相矛盾的现象。任何论据以及逻辑推理的漏洞或矛盾，都会授对方以把柄，导致本方的被动甚至失败。

（9）忌重复啰嗦。

论辩语言要简洁精练、切中要害、生动活泼、引人入胜。论辩时一个人前后不可重复，一个团队辩手发言也不能相互重复。重复不仅浪费时间、辩驳无力，而且令人感到理屈词穷。

（10）忌结论过多。

论辩必须有明确的结论，但正确而有力的结论是在摆事实、讲道理、分清是非的基础上才得出的。过多地讲结论或只讲结论而无实质性的说理和证明过程，不但不能令人信服，反而会使人越听越不耐烦。

模块小结

论辩是以阐述为基本表达方式，以彰扬真理、否定谬误为基本目的，持不同见解的各方就同一话题，阐述己见、批驳对方所进行的语言交锋。论辩的特征是：观点的对立性、论理的严密性、表达的临场性和思维的机敏性。论辩的类型有：竞赛式论辩、对话式论辩和答辩式论辩。

论辩的基本原则主要有：实事求是原则、平等原则、同一原则和充足理由原则。

论辩语言艺术常用的有效技巧有：一击致命法、针锋相对法、引申归谬法、反证驳斥法、釜底抽薪法、捕捉漏洞法、二难反驳法、避实就虚法、出其不意法、断后聚歼法等。

论辩的一般逻辑法则是：第一，努力阐述自己观点的正确性；第二，犀利反驳对方观点并击中要害。论辩的要求是：中心论点鲜明；辨清论题；理据充分；讲理、讲度、讲德；善于打动人；切记论辩十忌。

队式论辩应注意以下四点：第一，析题立论；第二，进攻取胜；第三，防卫坚固；第四，结辩陈词。能攻善守，开题、结题连贯一致，才能在论辩中取胜。

凡是违反事实、科学和公益准则，进行似是而非的论证，都是诡辩。要想成功地驳倒诡辩，必须做到以下 4 点；掌握唯物辩证法、论辩艺术、逻辑学的基本原理和规律；寻找诡辩的矛盾之处；从论题、论据、论证方式 3 个方面驳斥；灵活运用各种反驳技巧。

技能实训

1．分析下列论题，指出正反双方各自应持的论点和论据，并说明理由。

（1）中国提倡购买私家车利大于弊。

（2）不以细节论成败。

（3）大学生择业应首选大公司（反方为小公司）。

（4）逆境出人才。

（5）知足常乐。

（6）失败是好事。

（7）广告不可信。

（8）只有“埋头”才能“出头”。

2．在一场以“在校大学生应不应该谈恋爱”为题的论辩中，反方正处于上风，正方的一名辩手突然看见反方的一名辩手的女朋友正在现场关注地观看，于是马上发问，“对方大谈特谈在校大学生不该谈恋爱，请问反方同学，你不是正在热恋中吗？如果真的不该在校谈恋爱，那你岂不是只准州官放火，不准百姓点灯吗？”正方这样进行反驳好不好？为什么？

3．以“不破不立”为辩题时，你作为正方，该怎样析题立论？作为反方又该怎样析题立论？

4．观看一场隐去评判结论的论辩赛的录像，说说你的裁决及理由，然后再看看实际的评判结论，找出其中的不同点，并分析原因。

5．分析下列论题中的关键字眼，说说它在本论题中的作用。

（1）和平共处是人类可能实现的理想。

（2）教授“下海”必然导致教学质量的下降。

（3）青年学生跳交际舞利大于弊/弊大于利。

6．阅读下列材料，说说它们能表明一个什么道理。

（1）魏源力主“去伪、去饰、去畏难”，渴望“一个风气日升、智慧日出”的新社会出现在中国大地上。

（2）林则徐提倡敞开眼看世界，向西方国家探求治国的道理，达到“报国、御敌”的目的。

（3）龚自珍冲破埋头考据、不识时务的局面，开创了“今文经学”与“经世致用”相统一的局面，对社会的变革起了积极的作用。

7．指出下列事件所能证明的观点。

（1）乔尔丹诺·布鲁诺受火刑致死。

（2）年轻的沙皇彼得为学习国家崛起之道在荷兰打工获得“优秀工匠”称号。

（3）取消中国农民千百年来的“皇粮国税”。

（4）青年的马克思为研究革命真理在大英博物馆孜孜不倦地学习。

（5）少年的莎士比亚为学习戏剧进剧院当上了一名勤杂工。

（6）屈原投江自杀。

（7）陶渊明不为五斗米折腰。

（8）林则徐虎门销烟。

（9）深圳由一个小渔村成为今天的现代化城市。

8．指出下列名言所能证明的论点。

（1）路漫漫其修远兮，吾将上下而求索。

（2）安能摧眉折腰事权贵，使我不得开心颜。

（3）冬天已经来临了，春天还会远吗？

9．分析下列观点，举出实例加以反驳。

（1）不孝有三，无后为大。

（2）学而优则仕。

（3）高薪才能养廉。

（4）高职生不如本科生。

10．运用本章知识，以小组为单位就大家普遍关心的问题展开辩论。

模块 5 谈判口才

知识目标

1. 了解谈判的含义、特征、种类和原则。
2. 熟悉谈判的语言形式和使用要求。

能力目标

1. 能熟练掌握正式谈判的口才技巧和非正式谈判的口才技巧。
2. 能熟悉涉外谈判的口才技巧。

工作情景

美国一家电气公司的韦普先生在与一位农场主谈用电业务时，受到了很不友好的接待。那位农场主的夫人布拉德太太只把门打开一条小缝儿。韦普先生刚介绍了自己的身份，还来不及说别的，她就毫不客气地破口大骂。

问题：如果你是韦普先生，你要如何才能扭转局面，让谈判不至于就这样失败了。在老师指导下试着进行成功的谈判。

案例分析

【案例一】

10 分钟打开谈判之门

安徽宁国县有一个校办企业，他们的职工仅有 300 人，规模也不大，可厂长却是一个很有头脑的人。在一次与美国马里兰州马里兰太平洋投资公司的谈判中，他仅用 10 分钟就打开了谈判的大门。

那是在一个情况极其不利的条件下举行的一次谈判。当时，美国人从上午 8 点钟开始与众多的厂家进行谈判，等到与他们谈的时候，已经是下午 5 点钟了。美国人经过十多个小时的谈判，肯定已经达成了许多重要的协议，他们能看得上这个小小的校办企业吗？果然，谈判一开始就陷入了尴尬。

太平洋投资公司董事长布朗先生不经意地看了看他的总裁杰姆斯麦克纳特先生一眼，他没有反应；又看了看副总裁洪静怡女士，洪女士也是毫无反应。显然，经过了10个小时的谈判，他们早已疲惫了，不准备再进行这场谈判。布朗先生只好说："今天不早了，明天再谈吧。"

厂长心头一震：今天如果退出谈判，明天有可能就会失去机会了。这位硬汉子厂长当即下了决心，说："布朗先生，您不远万里来到中国，的确很忙。但我们的企业也很忙，请您允许我再占用10分钟的时间，可以吗？"

布朗先生没有料到对方会这样说，那双不大的眼睛飞快地闪过了一种特殊的神情，他点了点头。这时，厂长感到有一股巨大的力量驱动着自己，他只能是背水一战。于是，他开诚布公地说道："我只想讲四个问题，其中有三个是我可以不同你们合作的原因。第一，与你谈判的人，大都想通过合作得到资金，可是我不这么想，我们的企业每年可交利税300万元，完全可以养活自己，如果开发新产品资金有困难，我也可以向银行贷款，只需要付出利息。而同你合作，那就必须利润分成，这对我们明显是不利的。"

厂长如此拉开了谈判的序幕，布朗先生不由自主地向前倾起身子，想听听他下面还会说什么。

厂长接着说："第二，别人想通过与你合作得到优惠政策，可是我不想，因为正如您所知，我们是校办企业，已经能够享受到国家的各种优惠政策。因此与你合作，还不一定有更多的利益。"

听到这里，布朗先生不由得连连点头，注意倾听起来，两位总裁也集中了注意力。

"第三，"厂长不慌不忙地说，"还有人想通过和您合作得到您的先进技术和设备，而我不要，如同你所知道的那样，我们的项目，是经过大学研制的电热膜开水器，这种产品目前在世界上也是第一流的，所以，在技术、设备以及工艺操作方面，我们也不必担心。"

布朗先生微微张开口，直瞪瞪地盯住了这位侃侃而谈的厂长。

厂长已经感觉到了布朗的吃惊：布朗在想，既然你不为合作，还来谈什么？这不是浪费时间吗？

厂长说完了第三条，停了一下，仿佛完全看出了对方在想什么似地说："如果我不想同你合作，那么还和你谈什么呢？实话实说，我们厂生产的电热水器，科技含量很高、安全可靠，还可以发展成卫生间洗浴器，比目前各类热水器可靠、方便、节能，开发前景十分广阔。贵公司的工业科技很发达，占有大量的市场，如果我们进行合作，开发这种新产品，进入市场大循环，利用你们公司的巨大影响开发市场，这样，不但可以发展我们的企业，我想，贵公司的利润也是很可观的。当然，这只能建立在自愿的原则上、互利互惠的基础上，才能实现合作。"听到这里，布朗先生忍不住脱口说道："OK！OK！"

厂长接着说："布朗先生，前面已说过，只占用您的10分钟时间，现在我全部说完了，我该走了，请您考虑好以后，如果有必要请通知我再来。"

布朗先生着急了："不！厂长先生，我们还要继续谈下去呢！这样吧，我们共进晚餐，好不好？"看着布朗先生诚恳的神态，厂长笑了，不由得心头一阵轻松，他豪爽地说："好吧，您请客，我付钱，在中国，我是主人么！"

美国的企业家们都高兴地开怀大笑。三天之后，中美两国的企业家达成了一项新的协议。至此，一项合资项目谈判成功。

【分析】这则谈判是一个双赢的谈判。在谈判中，有时候看似僵局的谈判环境，也可以化逆境为顺境的，就要看谈判者的耐心、信心、胆略和技巧了。厂长之所以能在对方基本上不想谈的情况下还能扭转局面，是因为厂长的大智大勇和谈判口才技巧，他首先说只要“占用10分钟的时间”，这样对方一般就会听下去，因为时间不长；其次是巧用逆向思维的方法说：“我只想讲四个问题，其中有三个是我可以不同你们合作的原因。”这句话相当有分量，他是用反作的变通方法吸引对方的兴趣，结果促成了谈判的成功。当我们用正面或常规的思路达不到预期目的时，欲擒故纵、运用反作的变通方法也是值得一试的。

【案例二】

强退促成的谈判之道

有一次，我国与突尼斯STAP公司代表就建设化肥厂的工程项目进行了一场谈判。

当时，双方都同意利用秦皇岛港口优越的条件建厂。到了10月，当这个项目已准备实施的时候，科威特石油化学工业公司董事长突然出席谈判，提出：“你们以前所做的那些工作都没有用处，我来以后，一切都要从头开始。”

这样一来，不仅是中方，连突尼斯方面也都着了急。要知道，光是编制可行性研究报告，中国和突尼斯双方就投入十多名代表，花了二十多万美元，用了三个多月的时间才得以完成，如果现在全盘否定，一切再从头开始，不但费时费力费金钱，而且显然是毫无道理的。

但是，当时还没有人敢于反对这位董事长，因为他的名望实在太高了。他在科威特的位置仅次于石油大臣，而且他还是国际化肥工业组织的主席。谈判立即陷入了僵局。

这时，中方参加谈判的一位主管工业的副市长突然站起来说：“我代表我国地方政府严正声明：为了使这个项目取得圆满成功，我们特地将这个项目安排在这地理位置极为优越的港口。直到现在，还有许多合资企业想得到这块土地的使用权，我们都没有同意。这说明中方非常重视我们之间的友谊。如果按照董事长今天的意见，这件事情还将无限期地拖延下去，那么，我们只好把这个项目取消了！对不起，我还有别的事情，我现在就退出谈判。下午，我等待你们的消息。”说完，这位副市长拿起皮包，头也不回地就走了出去。

结果是，没过半个小时，那边就有人找到副市长，说：“董事长请您快回去，因为大家还是一致强烈要求征用那块土地。”

【分析】在上述案例中，优势在自己一方，面对态度强硬的对手，采用“强退”之法来显示力量，很容易使对方改变态度。“强退”实际上已经包含了“进”的威慑力，表面是“退”，实则是“进”。这位副市长就是用釜底抽薪的“强退”方法，迫使对方做出了让步。

【案例三】

把自己的欲望掩饰起来

日本的DG公司经理山本村佑与美国一家公司谈生意。美国方面已经知道DG公司面临破产的威胁，就想用最低价格把DG公司的全部产品买下。DG公司面临两难的抉择：

如果不卖，公司的资金就无法周转；而 DG 公司如果以最低价格卖给美方，DG 公司就会元气大伤，从此一蹶不振。

当时山本村估的内心非常矛盾，但他是一个善于隐藏内心深处思想的人。当美方在谈判中提出这些要求时，山本村估却若无其事地对随员说："你看一看飞往韩国的飞机票是否已经准备好了？如果机票已拿到。明天我们就飞往韩国，那里有一笔大生意在等待我们。"

山本村估这段话的言外之意是，对美方这桩生意兴趣不大，成不成对他都无所谓。

山本的这种淡漠超然的态度，使美方谈判代表如同丈二和尚摸不着头脑，急忙拨直线电话报告美方总裁，因为当时美方也急需这些产品，总裁最后下决心还是以原价买下了这些产品。DG 公司得救了，人们不得不佩服山本村估惊人的谈判艺术和掩饰自己内心深处矛盾的本领。

【分析】山本在此谈判中用这种淡漠超然的态度，暗示自己并不急于谈判，使急于从谈判中谋取利益的美方代表不得不下决心以原价买下这些产品，而山本正是运用了"欲擒故纵"才巧妙地战胜美方代表的。

【案例四】

"我赢你输"的谈判战例

一次，在比利时画廊里，一位美国画商正和一位印度人讨价还价。当时印度人的每幅画出价在 10～100 美元之间，而唯独美国人看中的三幅画却要价 250 美元。谈判中美国人对印度人的敲竹杠行为很不满意，不愿成交。岂料印度人气冲冲地把其中一幅画烧掉了。美国人眼看自己喜爱的画被烧了，心里颇为可惜，又问印度人剩下的两幅画最低价是多少，印度人仍然坚持要每幅 250 美元，美国人仍不愿就范。这时印度人又烧了一幅画。酷爱收藏名人字画的美国人终于沉不住气了，他乞求印度人不要再烧掉最后一幅画，竟以 500 美元的高价买下了它。

【评析】上例是属于"我赢你输"的谈判战例，是典型的"顶牛博弈效应"，生动地诠释了只许往前拼搏的谈判原则。在谈判桌上把谈判看做是一盘对弈，就意味着以一种纯粹的比赛精神去谈一笔交易。只有怀着这种态度进行，并竭尽全力压倒别人，以达到自己单方所期望的目标。即使自己能巧言令色，说服对方在"下一盘"里继续比赛谈判，也得冒不是成为赢家就是成为输家的风险。谈判如同下棋，每走一步都受制于规则，而规则又指明了风险与报酬。实践中对风险的认识来自于广泛的实践，而不是来自于一部谈判规则指南。

必需知识

一、谈判概述

1. 谈判的含义

随着中国加入 WTO，中国经济贸易发展跃上更高台阶；市场经济的发展，促使行业的竞争与合作越发激烈和密切。竞争是为了利润，合作则是为了互利，谈判可以为谋求共同发展的社会组织和行业部门与外界的合作、竞争提供便捷的通途。美国著名的谈判专家荷伯·科恩说过："现实世界是一张巨大的谈判桌，每个人都有可能成为谈判者。"对谈判，或者是直接感觉或者是自古流传下来的简单、朴素认识，已无法透彻反映现代谈判的本质要义。谈判不是为了战胜对方，而是为了达成某种协议。双方互惠的谈判，显示了人类社会文明的进步、现代科技的更新发展和人际交往沟通的频繁。谈判是两方或两方以上的个人和组织，为了消除意见分歧，改变彼此关系，谋求共同利益或契合利益而进行的交换看法、磋商协议的交往活动。

2. 谈判的特性

（1）合作性。

谈判双方互相存在需要与愿望，所以互相的满足是谈判的前提和基础；互使对方在合作的事宜上受益是谈判存在的目的与依据。只有在互相受惠达成协议的条件下，才能激发谈判者为实现利益的均有目标而努力。

（2）竞争性。

合作与竞争是一对"孪生姐弟"。每场谈判都充满竞争，合作是为了赢取更多的竞争，竞争是为了激发未来更大胜利的合作。谈判中为满足需要就得互相交换条件，运用谋略进行场内场外的智慧较量。双方为多占利益进行的智慧竞争是一个整体化过程，竞争使他们各自得到相应的报偿。

（3）沟通性。

谈判是参与者围绕共同目标进行思想沟通、统一认识的一种交际方式，是一个信息交流沟通的过程。谈判双方为了满足各自需求就得交换条件进行利益互换，沟通可使各自的利益陈述更准确，能消除误解，免除不必要的感情冲动。

3. 谈判的种类

从谈判的根本目的区分，谈判可分为两类：一是为更好地树立本组织的良好形象，争取公众的信任与合作，或者为了消除组织与公众之间的误解、纠纷而进行的；二是受组织委托，与其他组织进行的某些交易谈判。

从谈判的操作模式区分，谈判可分为正式谈判和非正式谈判。正式谈判是指在正式场合下，谈判双方均能按照事前拟订的意见条目，在约定时间地点里逐步地交换沟通意见，谋求双方更多的合作和互惠，最终达成协议。操作时具有严肃性、完整性、规范性。如国际谈判、贸易谈判等。非正式谈判多指非正式场合随时随地为某一争执问题展开的讨论、磋商而达成的某项专门协议。其操作带有较大的随意性，谈判的方式较为灵活，如相互间的协商、交涉等。

从谈判的应用范围和对象分，谈判可分为涉外谈判、商务谈判（国际商务谈判）、贸易协商谈判等。

4. 谈判的模式

一般来说，谈判的模式有：输—赢独惠型、赢—赢互利型、输—输失望型 3 种。

（1）输—赢独惠型。

输—赢独惠型即谈判的结果是一方获胜和另一方失败。在洽谈中，一方尽力实现谈判的最终目的而过多考虑谈判的每一步骤，使洽谈的每一条款尽可能有利于自己一方，并设法迫使对方作出让步，最后对方以妥协的方式达成协议。衡量这类谈判成功的标准，是看己方的终极目标是否实现，是否使己方获得了尽可能多的利益和实惠。

（2）赢—赢互利型。

赢—赢互利型即谈判的双方都从谈判中获得一定的利益。这种谈判结果，最能体现现代成功谈判的宗旨，是实力相当的谈判双方为满足各有所求而希望得到的结果。双方首先认定自身的利益和双方的利益，然后与对方共同探讨满足双方需要的各种可行途径，最后决定是否接纳其中一个或几个途径。衡量这种谈判是否成功的标准，是看双方原先意想的谈判条件与利益需要是否得以圆满实现。

（3）输—输失望型。

输—输失望型即谈判双方从本来可以得益的谈判中失败下来，双方都没有获得任何收益，双方都坚持自己的立场不肯让步或只作微小的让步，结果导致未能达成协议或是达成了一个双方都不十分情愿的协议。实际谈判有不少都归属于这种类型。

二、谈判的原则

（1）互利互惠，平等竞争。

在利益导向的作用下为满足各自需要进行的洽谈协商，要放在公平竞争的前提下，以达到等价有偿、各得所益的预期效果。例如，美国、以色列、埃及三国曾在美国总统休养地戴维营举行的戴维营会谈，被认为是具有双赢（胜）结果的谈判实例。会后三方达成《戴维营协议》。会前虽然埃及与以色列各自都有利益针对，各不相让，但经谈判协调后达成如下协议：以色列在签约 2～3 年后从西奈半岛完全撤军；埃及对西奈半岛的驻军人数、位置作出限制，并和以色列建立外交关系，西奈半岛的主权属于埃及。谈判后，双方都从各自的立场来理解协议的内容、意义，都得到自己所希望得到的。

（2）实事求是，信誉至上。

本着公平之心，双方尊重事实，服从真理，并以诚待人，恪守诺言，取信他方，互使对方有安全感和信赖感。

（3）求同存异，最低目标。

谈判双方在寻求并获得其共同利益的基础上，允许和谅解双方存在差异，并在谈判前要客观估计和确定各自最低的期望值，尽量减轻双方差异，争取更多的利益。

（4）内涵明确，合理合法。

在法律和公理允许的范围内进行谈判。例如，拟定一项谈判协议时，为避免执行过程中发生争执，签署的各种文件以及所用的语言文字必须具有双方承认的明确的合法内涵，并应对其中用语的法定含义作出明确的解释，协议才能具有法律效力。

三、谈判的语言形式及使用要求

谈判是人类的一种语言活动，其常用的语言形式有 3 种：一是有声语言；二是书面语言；三是无声语言（体态语）。

1. 有声语言

有声语言多指以听说为交流方式的语言。其主要形式有交谈式、独白式两种。谈判用得最多的是交谈式，即用有问有答、有听有说的交谈来沟通情感，并传递信息。实践中根据运用语言的风格与内容，有声语言可分为外交性语言、专业性语言、法律性语言、文学性语言、军事性语言。

外交性语言要求交谈婉转巧妙，策略性地留下余地，如“很抱歉，关于这个问题请允许我再考虑一下”，以此表示分歧意见，或者以“你方的精明使我佩服，但我方无法满足贵方的愿望”表示发生争执等。

专业性语言要求用语准确专一、简练明确、严谨通用，如物价、磋商、发盘、递盘等。其特定的含义与范围可适用于世界各国。

法律性语言要求用语准确严谨，清晰规范，讲求使用范围的普遍性与通用性。其中多数用语已在《国际贸易术语解释通则》、《关税与贸易总协定》、《国际法原则宣言》等文件中有严格限定。

文学性语言要求恰当运用修辞、典故表达生动鲜明、深刻委婉之意，一般选修饰性、包容性、富于想像力、感染力的词句，以助于僵局化解和谈判顺利进行。

军事性语言要求简练干脆、坚毅自信、带强烈的鼓动力和浓重的对立色彩，如侦察摸底、声东击西、以守为攻等。军事语言是最早使用的谈判语言。

2. 书面语言

书面语言是对有声语言的补充，是有声语言的符号形式。可以通过它来收集、整理、谈判的信息资料，如制定谈判计划，拟订谈判方案，记录谈判内容、形式和契约，或者进行信函谈判等，具有程序讲究、文字简练、叙述平实、真实可信等特点。

3. 无声语言

无声语言是以人的形体、表情、姿态等形式表情达意的无声语言，又叫行为语言，多以默语、体语、哑语等形式配合有声语言发挥作用。其中体语是一种广泛运用的重要沟通方式，如以点头语、摇头语等首语来表示肯定与否定，但首语也因文化习俗的差异在表意上有所区别，在保加利亚和印度的某些地方，就是“点头不算摇头算”。以握手、招手、摇手与手指构成手势语，并以此表示欢迎、同意等，但也因文化差异导致含义不同，如将食指伸出向下弯勾，很多人以此表示“9”，但日本人则表示“偷窃”，用拇指与食指合成圆圈，在大多数国家表示赞许、承诺、OK之意，但在法国一些地方却表示“毫无价值”。此外，还可以用由谈判人员落座的位置与距离构成的界域语营造谈判双方的友好气氛，用目光语、微笑语、姿势语等表示其他谈判的意愿。

实用技巧

一、正式谈判的口才技巧

出席谈判的双方代表必须具备一定实力。影响实力的因素较多，诸如谈判者的社会声誉及权力、市场环境和竞争条件、谈判者的口才等，谈判中需要参与者以良好的语言技巧与艺术不断输出和接收场上信息，调整紧张思维去应付斡旋于各个问题中。语言运用以叙述、辩驳、论证、说明为主。

谈判就是通过双方的思考与表达的交相传递，循环往复而持续进行。这个环节中任何一处出现问题，都会使谈判无法继续。由于谈判者的语言表达大多是随机性的谈话方式，思维与表达几乎同步进行，必须依据瞬息万变的客观形势迅速作出应变，因此对每一个参与谈判者而言，思维及口才表达的技巧要求相对较高，同时，谈判内容的广泛性、谈判对手的多样性、谈判观点的差别性等都迫使参与者不断变换思考问题的角度、方式，摆脱传统习惯和成型认识的束缚，不断开辟新的思维场，对问题作更深入、多层次、全方位的思考。

谈判口才技巧主要分为善问、巧答和说服三大类。谈判中经常运用的语言艺术有：如何轻松拉开谈判序幕，如何探测对方虚实，如何暗示对方，如何正面交锋展开凌厉攻势，如何灵活让步，获得谈判的成功。

1. 善问技巧

《孙子兵法》有云："知己知彼，百战不殆；不知彼而不知己者，每战必殆。"谈判场亦如战场，在开展谈判前就必须对对方有所了解，一般可以通过善问探询对手情况，尤其是边听边问的方法，既可明白地传达自己的感受，引起对方注意，又可让对方尽量提供己之不详的信息，控制谈判方向和结论趋势。

（1）措辞得体，有的放矢。

提问要得体，忌随意和威胁，一般情况下的谈判提问，应事先让对方知道，使对方回答，做到有的放矢。从提问的措辞到语调，都要注意恰当，具有针对性，否则难以驾驭整个谈判的进程。

（2）方式恰当，语气委婉。

常见的提问形式有：限制型、婉转型、展示型、协商型、攻击型等。通常提倡多用婉转型提问，既可探听对方虚实，又可避免遭拒而面露难堪。

（3）时机适当，语言中肯。

要注意抓住有利时机进行提问：一是在对方发言完毕后提问，倾听并留意记录对方发言中存在的问题，留在最后提问。这既是一种修养要求，又能全面了解对方意图，避免误会产生。二是在对方发言停顿、间歇时提问。当发现对方发言冗长、纠缠、离题时即可借他停顿、间歇时作提问。三是在对方发言之前或之后提问。之前提问常可以用设问形式进行，争取主动。四是在谈判议程规定的时间内提问。此法乃针对大型谈判操作。在特定的商讨时间内，进行提问的声音、手势、表情要平和，语带恳切，双方可就刚才的阐述作提问、辩论、商讨，必须事先针对可能的答案考虑好对策才提问。特别要强调的是，任何时候都不能提让对方感到恐惧的问题。

2. 巧答技巧

提问得绝、回答得妙，总是不断充斥在谈判进程中。实践中，巧答比善问更重要。否则会陷入被动、困难的境地。要想在应答中反客为主，变被动为主动，就得掌握应答的技巧。

（1）多方分析，深思熟虑。

有些问题必须经多方分析后才回答，切忌言不及义或沉默不语或笼统正面简单地予以否定或肯定的回答。有些问题包含着早已策划好的、蓄意使人难堪的假定。为了争取谈判语言上的强弱之势，争取谈判最终成功，有时也需要“丢卒保车”；而在原则问题上，有时则需要论辩，当仁不让，据理力争。

例如，我国某制药公司与美国一制药公司合资的二轮谈判中，美方代表提出，“我们的商标在国际上是有信誉的，这有助于推销合资公司的产品，况且这商标也在中国注册了，必须受到保护，使用必须付费。”中方律师听后回答：“美国商标已在中国依法注册，当然要受到保护，非经议妥代价，任何人无权使用。但这与本合同无关。双方经理已确定：合资企业的产品45%由美国负责外销出口，有55%由中方负责内销，不用美国商标。至于外销用何商标，那是美方的自由。如美方为方便销售采用原有的商标，这又怎能要合资企业付费呢？”中方律师并没有直接回答美方的商标付费问题，而是有理有据地进行逐层分析，辩驳与论证，语言精练准确，态度严肃坚决。

（2）转移话题，启发诱导。

洽谈中对问题或不答或部分回答或转向回答等，都需要凭借启发诱导式转移话题实现。启发诱导式回答务求做到刚柔相济、情理交融，切忌激动地据理力争或将话题扯远。启发诱导方法的好处是避免穷追猛打、各不相让，以免谈判陷入僵局。转换话题可以退中求胜，也可以退为防守。

例如，广东一玻璃厂与美国某玻璃公司谈判设备引进工程，在全套引进还是部分引进这个问题上卡住了。我方玻璃厂主谈判手为使谈判达到“部分引进”的既定目标，微笑着并略加思索后，以一种轻松语气转换话题：“贵公司的技术、设备和工程师均居世界一流。你方投设备投技术合作，要想做得好，只能用最好的东西，也因此我们才能成为全国第一。这不单对我方有利，而且对你方更有利。”美方主谈判手听后很感兴趣，现场气氛稍为轻松。我方见此又乘势一转话锋：“我厂的外汇确实很有限，国内能生产的就不打算进口。现在你们也知道，法国、日本和比利时都在同我国北方的厂搞合作，如你方不尽快跟我们达成协议，不投最先进的设备、技术，那你方就会失掉中国的市场，别人也会笑话贵公司的无能。”最后，僵局缓解，协议达成。通过盛赞对方技术条件是世界第一，缓和僵持局势，拉近双方的感情；摆出当前国际同行的竞争合作状况，陈述合作的利害关系，坦率地述说、热诚的期盼、令人信服的得失分析和谐统一，使我方如愿省下大笔外汇，美企也因帮助该厂成为全国同行产值最高、能源最低而名声大噪，赢得了很高的声誉。

（3）巧语暗示，弦外之音。

要化解谈判中双方因各执一词而陷入低谷的情况，可运用巧语暗示方法。巧语暗示，即利用一定的语言环境和背景条件使话语产生言外之意、弦外之音。

例如，广东省的某公司与日商进行贸易谈判，除了价格之外，其他的问题基本谈妥了。僵持中，我方代表提问：“请问贵国生产这产品的公司有几家？贵公司的产品是否优于他国的同类产品？”中方代表表面是在请教，实际却在暗示日方此类产品非独一家，买卖并不是非你莫属。

除此手法外，还有利用修辞上的双关语、多义词、同音词暗示；利用环境、时间暗示；利用有关事情的背景暗示等，制造言外之意、弦外之音，从而达到迫使对方让步又不破坏谈判气氛的目的。

（4）藏而不露，探测虚实。

探测就是探询了解谈判对方的情况及组织、形象、信誉、状况等。对谈判手的内在属性和职能属性、能力结构等的探测，可分谈判前、谈判中两步走，探测时务必注意有声和无声语言的谨慎，忌露底，暴露弱点。只有熟练掌握探测语，摸清虚实，才能获得谈判的最大成功。常用的探测方式：一是适当时机以藏而不露、委婉清晰的提问探测对方目的，探测应隐藏在客套寒暄之中或之后；二是巧用体态语，捕捉表情动作等无声信息的细微变化探测对方底线。

例如，在一次土地交易谈判中，卖方提出，“我们非常愿意出让这块土地。我们关心的是地皮的价格是否合适，反正我们也不急于出售。”“请告诉我，你们想卖什么价？我们根据出价再考虑。”买方询问道。“不妨你先谈你们能接受的价格，好吗？随后我们再考虑能否让步。”卖方回答道。买卖双方的言语都是围绕价格的探测语，力求探出对方出价的“底线”。谁露了“底”，谁就失去谈判的主动权，这是典型的进攻型探测虚实。

又如，日本一电器公司急于打开东京市场，在初次交易中因不懂和不防守探测而被东京批发商钳制。批发商说：“我们是第一次打交道吧？但是我好像没见过您。”探测这是生意老手还是新手。电器公司负责人说：“我第一次来东京，什么都不懂，请多关照。”暴露了自己是新手。批发商又问：“你打算以什么价格卖出？”电器公司负责人说：“产品成本是 20 元一只，我想卖 25 元一只。”最好的质量却要一个最低市场价，暴露了价格的最底线，造成对手趁机杀价。批发商藏而不露地就把电器公司的负责人及其产品钳制住了。谈判中所有事情都如实相告，不仅会泄露自身的商品秘密，如价格底线、产品销售情况与趋势、技术要领等，让自己彻底地陷于被动，而且会造成好产品的销售困难，被对方钳制、杀价，失掉可观利润。

以上正反两例足以说明，妙用“藏而不露、探测虚实”是谈判中非常重要的技巧。

3. 说服技巧

说服或叫劝服，是在谈判“赢—赢互利型”模式中一种重要的技巧。任何一方都力求说服对方接受己见，并设法改变对方初衷，这种说服的成败将关乎谈判的成功与否。成功的说服关键在于谈判者是否能想办法化解各种有形或无形的抗拒。从现代信息学角度而言，谈判中的说服也是一个面对面反复进行信息输出与接收的过程，信息传递得当与否直接影响着说服的力量大小。而信息传输则跟媒介物有关，如环境营造、时间运用、可视的模型样品、方案研究或权威结论式的佐证、产品简介与宣传广告等，这些都是可供选择、必须考虑的媒介物，它们必将成为说服的工具或代替品。

（1）先易后难，按部就班。

以对方感兴趣的消息开始，先是满足对方需要，制造融洽的气氛，并坚持先易后难的原则进行谈判，使争论问题的解决按部就班。

（2）善于联系，求同存异。

比较一下待解决与已解决问题的同异，多强调双方的一致，少提及彼此的差异，可增加达成协议的希望。

（3）愉悦适时，传递信息。

以愉悦适时的方式传递信息，重复传输较重要的观点和消息，可增强了解，并影响对方的决策直至谈判结果。

（4）赠送礼物，打破僵局。

可给对方赠送出人意料的“礼物”，使其陷入惊慌、震动之中，一下子不知所措。这样也容易打破被对手控制的局面。

说服别人应遵循一定的原则：一是融洽关系，相互信赖的人际关系可增加谈判双方的亲善和信任程度，直接影响谈判信息的传递与接受；二是分析利益，围绕某项提议作劝说时应着重阐明接受建议双方的利弊，表明获得讨论建议机会的信息；三是简化手续，提议被接受后应尽快办妥手续，以防变卦。

二、非正式谈判的口才技巧

非正式谈判是指在非正式场合进行的就事论事的双方之间的交涉，谈判进行的目的是设法满足单方的需要，并寻求对方的许可。也就是围绕某一共同面对的问题，双方在各种非正式场合进行交涉、磋商，他们之间的利益可以互惠，但双方之间不存在均等的公平。片面的单方让步或单方的利益需求得以完全满足，都被认为是非正式场合的谈判。非正式谈判的技巧可以运用以上讲过的正式谈判技巧，除此之外，还可以运用以下技巧：

（1）重复法。

重复法包括两方面的内容：一是谈判者不断重复自己的意见；二是谈判者重复对方的意见。

1）不断重复自己的意见，以引起重视，逼其就范。从信息论的角度看，重复并不增加信息，但增加强度，从而产生效果。

例如，前苏联外长葛罗米柯谈判特色之一就是不断地重复说：“不。”当对手准备了无可辩驳的理由来进行谈判时，在理论上不能与其一争高低，同时也不具备摆脱对手的条件，葛罗米柯就不申明理由地讲“不”字。1979 年，美国国务卿万斯在维也纳同前苏联谈判时，他记录了葛罗米柯共说“不”字 12 次。葛罗米柯靠着这种不申明理由不断重复说“不”的谈判技巧，造成了一种使对手感到沮丧的谈判气氛，从而摆脱了应担的义务，因此，他历经四位前苏联领导人的变换而仍在其位，同九位美国总统谈判则不败。

在谈判中使用重复的方法，最重要的是要有耐心和不舍的顽强态度。只要问题一天得不到解决，就一天天地去重复表明要求，不管对方以什么样的理由、态度来拒绝，都应置若罔闻，绝不能被对方的言辞困扰。当对方不耐烦，甚至在大发雷霆时，绝不可被对方吓倒或激怒。只要保持心平气和，坚决地“按既定方针办”，使对方认识到自己的要求是无法回避的，必须高度重视，认真对待，这样就有可能得到解决了。当然，这种方法必须是在对方确实想通过谈判解决问题的情况下才通用。

2）重复对方的意见。在对方发表不同意见后，一个富有经验的谈判者，总是用自己的话将对方的意见重复一遍，但这种重复不是完全的一字不差的照搬，而是巧妙地把它变成自己的话，借重复来削弱原话的锋芒，化尖锐为普通，从而使得对方的意见变得比较容易对付。

例如，对方说：“又涨价了，真没想到价格上涨幅度这么高！”谈判者回答：“是的，价格同一年前比较的确是高了一些，比您的收入的增长还高了2%呢！”听起来，他是在重复对方的意见，其实，他巧妙地点出了在物价上涨的同时，个人收入也有所增加，而且物价上涨只比收入上涨高出2%，实在是微乎其微。又如，对方说：“我们认为交货时间太晚了。”谈判者接上去说：“那么，您认为交货时间不够早，是吗？”虽然只换了几个字，意思却明显地平和了。

采用这种技巧，最重要的是注意分寸，如果过多地削弱对方的意见，对方就会指出来。这样，不但对方的意见没有被削弱，反而更加强了。所以，分寸的掌握非常重要。

（2）激将法。

激将法，就是通过一定的语言手段刺激对方，激发对方的某种情感，使对方发生情绪波动和心态变化，并使这种情绪波动和心态变化朝着自己所预期的方向发展，使其下决心去做某种己方希望做的事。激将法就是要用语言技巧使对方放弃理智，凭一时感情冲动去行事。所以，激将法最适合用于经验较少、容易感情用事的人。

例如，广州佛山一家商行一直订购福建一家瓷厂的茶具，可是一时间商行生意不景气，恰巧又更换了新经理，于是瓷厂与商行的业务往来出现了危机。这时瓷厂厂长亲赴佛山同新上任的经理洽谈。瓷厂厂长说：“……我十分理解你们商行的处境，说句心里话，我真想继续同贵行建立长期业务联系。可是，目前商行生意不景气，您虽然年轻有为，但‘升’不逢时，所以……”话未说完，新经理觉得受到了瓷厂厂长的轻视，于是夸耀地向厂长介绍了他新的经营之道、上任后的宏伟目标，以及要使商行重新兴隆的新措施，并表明商行还将继续保持同瓷厂的长期业务联系等。瓷厂厂长巧妙地运用激将法点燃了对方的自尊火花，使谈判达到理想的效果。

“水激石则鸣，人激志则宏”，激将法也是一种激励与鞭策的方法。在谈判中，运用激将法往往能激发对方的谈判潜力，进而达到成功谈判的目的。运用激将法一定要因人而异，要摸透对方的性格脾气、思想感情和心理。对自卑感强、谨小慎微、性格内向的人，不宜使用此法。因为这些人会把那些富于刺激性的语言视为嘲讽与讥笑，因而消极悲观，丧失信心，甚至产生怨恨心理；对那些老谋深算、富于理智的“高手”，也不宜使用此法，因为他们一眼就会看穿，根本不会就范。同时，激将法运用效果如何，全在于心理刺激的“度”掌握得怎么样。有的“稍许加热”即可，有的则要“火上浇油”；有的只要“点到即止”，有的却要“穷追猛打”；有的可以“藏而不露”，有的则需要“痛快淋漓”。具体实施，必须因人、因时、因地、因事而异，切不可“邯郸学步”，生搬硬套。

（3）赞美法。

赞美法，就是在说服别人接受自己的意见之前先给对方一番赞誉，然后再说服对方的方法。根据某项调查显示，如果下属做错了事，上司当面责备下属：“这是怎么搞的！你干了几年了？重做！”下属中产生负面效应的约占65%。如果上司改用赞扬的口气说：“嗯，做得相当不错了！如果再把这唯一的缺点改掉，相信会更加完美。”员工中产生正面效应的能达87%左右。由此可见，赞美产生的力量多么大。

例如，美国华克公司在费莱台尔亚承包修建一座办公大楼，每个项目都进行得很顺利，整个工程就要进入装修阶段。这时，负责大楼外部装饰铜器的工厂却突然通知他们不能按期交货。这样一来，整个工程进度就要受到影响。如果不能按合同要求准时完工，华克公司将蒙受巨大的经济损失。公司通过长途电话反复交涉都遭到了拒绝，最后决定派高伍先生前往纽约跟该工厂谈判。高伍先生一见到工厂的经理就开始称赞对方。他说："你知道你的姓名在勃罗克林是独一无二的吗？"经理诧异地说："不知道。"高伍先生说："哦，我今天早晨下了火车，查电话号码簿找你的时候，发现整个勃罗克林只有你一个人叫这个名字。"经理很高兴地说："我从不知道。嗨，这真是不平常的姓名。我的家庭是两百多年前从荷兰迁到纽约的。"接着他开始谈论他的家庭和祖先。等他说完，高伍先生又恭维他拥有一个这么大的工厂，并且告诉他："这是我所见过的最清洁的一个铜器工厂。"经理更加高兴："我用一生的精力来经营这项事业，我为它自豪。"他表示愿意带高伍先生参观工厂。参观过程中，高伍先生夸奖工厂的构造系统，并向他说明比别的工厂好在哪里，又夸奖了几种特别的机器，经理自豪地告诉高伍，那是他自己设计的。他给高伍先生介绍了产品，又坚持请他吃午餐。吃完饭，经理说："没想到我们的交往会是这样的愉快，你可以带着我的许诺回费莱台尔亚去。即使别的工期拖延，你们的也保证按期交货。"高伍先生的称赞，满足了经理的心理需要，经理自然也会给高伍先生满意的回报。

用真诚的赞美去引起他人美好的情感，将会使受称赞者心情愉快，认为自己受到肯定，同时对称赞者也容易产生好感，这样就为谈判双方缩短距离、密切关系、进行心灵沟通打下了良好的基础。运用这种方法要做到下面几点。一是赞美要独到。一定要找出对方值得赞美的、与众不同的优点和长处。二是赞美要真诚。发自内心、出于诚意，是赞美与阿谀、奉承、谄媚的根本区别。如果对方在某方面表现并不突出，却一味违背事实地夸奖他，那只能让人觉得不自在。虽然我们把赞美他人当作谈判的一种策略，使得这种赞美有了功利性，但在运用这种语言策略时，不可以虚情假意、勉强做作，而应诚恳地、认真地、发自内心地热情称赞。三是赞美要具体。如果能用具体的语言去赞美对方，就证明自己非常了解对方，敬重他的长处。这样，赞扬就显得很真切、很实在，对方也会很高兴地接受赞美。而笼统地赞美他人，由于没有讲出论据而缺乏信服的因素，别人听了可能会产生误解、窘迫甚至反感，这会使赞美起不到应有的效果。

（4）示弱法。

谈判，在一定意义上就是实力的较量（包括权限、时间、选择、个人素质等）。山外有山，强手之上有强手。任何一个谈判者都不会永远处于优势地位。然而，弱，也是一种取胜的法宝，理由有两点：第一，人不仅以得到什么为满足，以施予别人什么为幸福，示弱，给了强者一个表现自我的机会，强者往往会乐于帮助弱者；第二，示弱，是一个弱者最强的表现。软弱也是一种力量，它可以使强者无用武之地。

一般说来，具有突出谈判才能的人，都具有两方面的品质：一是能言善辩，慷慨陈词，侃侃而谈；二是能把握自己感情的阀门，控制住自己的感情，以此左右对方的情绪和心理。示弱法就体现了第二方面的品质。在谈判中，当对方感情饱满，侃侃而谈，大有一触即发之势时，谈判者收起自己的锋芒，向对方示弱，装作没听见、不明白，或毫无反应、无动于衷，采取一种"钝"的战术，以不应对来对付，有时就会令对方兴致全无、一筹莫展，完全丧失毅力和耐心。

例如，三个日本商人代表日本航空公司和美国一家公司谈判。谈判从早上8时开始，美国人完全控制了局面，他们利用手中充足的资料向日本人展开强大的攻势。他们通过屏幕向日本人详细地介绍，演示各式图表和计算机的计算结果。而日本人只是静静地坐在那里，一言不发。两个小时之后，美国人关掉放映机，扭亮电灯，满怀信心地询问日本代表的意见。一位日方代表面带微笑，彬彬有礼地回答道："我们不明白。""不明白吗？什么地方不明白？"日方的另一位代表回答："都不明白。"美国人再也沉不住气了："从哪里开始不明白？"日方的第三位代表慢条斯理地说："从你将会议室的灯关了之后开始。"美国人傻了眼："你们要怎么办？"三个日本人异口同声地说："请你再说一遍。"美方代表彻底泄了气。他们再也没有勇气和兴致重新上演那两个半小时紧张、混乱的场面。他们只得放低要求，不计代价，只求达成协议。美方代表是有备而来的，如果和他们正面交涉，肯定很难占到便宜，日本代表索性收敛锋芒，宣称自己什么都不懂，反倒打乱对方的阵脚，获得了成功。

（5）比喻法。

古希腊哲人亚里士多德说过："比喻是天才的标志。"成功的谈判者总是能够在需要的时候随地打比方、举例子，使自己的话变得生动、具体，有说服力、吸引力，使自己的观点变得容易为对方所理解并最终被接受。

例如，德国女数学家爱米·诺德获得博士学位后，还不能立即开课，因为她还没得到讲师资格。但她的学识和才华受到了从事"广义相对论"研究的希尔伯特教授的赏识。在一次教授会上，为爱米·诺德能否成为讲师发生了一场争论。一位教授激动地说："怎么能让一个女人当讲师呢？如果她做了讲师，以后就要成为教授，甚至进入大学评议会。难道允许一个女人进入大学最高学术机构吗？"希尔伯教授反驳道："先生们，候选人的性别绝不应该成为反对她当讲师的理由，我请先生们注意：大学评议会，毕竟不是澡堂！"对方顿时哑口无言。澡堂才是要分男女的，希尔伯特用比喻把大学评议会这一崇高学术机构和世俗的澡堂联系起来，让大家看到了以性别决定学术资格的荒唐可笑。在谈判中，比喻法是谈判者最乐意使用的语言技巧之一，它往往能有效地活跃谈判气氛，使谈判轻松、愉快，并向愉悦合作方向发展。但是，很多好的比方并非事先已构思好的，而是谈判者在谈判中就地取材，用眼前物、身边事作比，来帮助自己说明事理、阐述观点。喻体近在眼前，双方有目共睹，对方也易真切感受，从而心悦诚服。

（6）绕弯法。

绕弯法，就是不把想说的意思直接说出来，而是先谈一些貌似与主题无关，令对方感兴趣、能接受的话题，然后由小及大、由少到多、由浅入深、由近及远、由轻及重、由易到难地一步一步引入话题。这样，由于有了前面的层层铺垫，本来对方难以接受的意见听起来就显得不那么尖锐，不那么难以接受了。

例如，战国时魏国吞并了中山国，魏文侯将它送给儿子魏击侯为封邑。一次魏文侯问其臣僚："我是什么样的君臣？""您是一位仁君。"臣僚们纷纷回答。只有一位叫任座的大臣不同意，他说："您得了中山国，不封给你弟弟，而封给了你儿子，怎能称为仁君呢？"魏文侯闻言大怒，任座一看势头不对，赶快溜之大吉，魏文侯又问另一大臣瞿璜，他平静地回答说："您是一位仁君。""你怎么知道的呢？"魏文侯追问。"臣听说君仁则臣直，刚才任座说话是那样的直率坦白，所以我由此得出结论，您是一位仁爱的君子。"瞿璜微笑地回答他。魏文侯一听非常高兴，让瞿璜把任座请回来，并亲自下堂迎接任座，敬为上宾。从此，魏文侯依靠瞿璜的巧言善辩与机灵敏捷、任座的直言不讳与憨直不阿去管理魏国，壮大了国家。

围绕同一问题的回答，任座和翟璜都有相同方面的看法。但任座就事论事，直言不讳，险些遭罪；瞿璜机灵，出言巧妙，不但说服魏文侯，还救了任座的命。很明显，谈判时若有得体的口才、敏捷的思维，能从多角度，换位式去辨析问题，此乃决定谈判成功的主导因素。翟璜之所以能在谈判中取胜，关键在于他掌握了谈判的语言艺术，而且运用起来得心应手。语言艺术的掌握成为现代人才所必备的重要能力，更是创造型、开拓型人才的必备素质。一个优秀的谈判者更应该是敏于行、巧于言，并以娴熟得体的语言艺术塑造良好的自身形象。

在谈判中，出现僵局是很常见的。如果双方都固执己见、针锋相对，就有可能会导致谈判的破裂。有时"欲速则不达"，为了达到目的，不妨多花点时间，先绕个弯子，让紧张的谈判气氛缓和下来，与对方建立心理相容的关系，然后一步步引出主题，让对方接受。由此可见，绕弯法并不是漫无目的地扯远话题，而是必须选择对方感兴趣，又和自己主旨有潜在联系的话题，在谈话中慢慢地、自然地使这种潜在关系明朗化，最终让对方自愿地接受自己的主旨。

（7）反说法。

反说法就是正话反说，不从正面对对方的观点进行批评，而是从对方的观点出发，把对方的观点尽情引申、发挥、夸张，用违反常理、颠倒是非的话显示其预见的荒谬，让对方自己醒悟。

例如，1973 年 5 月，前苏联驻挪威贸易全权代表柯伦泰与挪威商人进行购买鲱鱼的商洽，挪威商人知道前苏联急需进口大量鲱鱼以供应市场，便利用其急迫心情开出高昂的价格。对方出价后，柯伦泰面对这种大宗货物的高价目瞪口呆，谈判陷入了僵局。在第二轮谈判中，柯伦泰为了打破僵局，主动让步，说："好吧，我同意你们提出的价格。但是，由于我的上司并没有授权我用如此高的价格与你们成交，因而如果我们政府不批准这个价格，我愿意把自己的工资拿出来支付。不过，我的工资有限，这笔款就要分期付款了，可能要支付一辈子。如果贵方没有异议，就这么成交吧！"这次轮到挪威人目瞪口呆了：国家的贸易岂能经办人用一辈子工资来偿还？最后，挪威商人做了让步，双方达成协议。

正话反说，最重要的是要保持融洽、友好的谈判气氛。如果话说得过于尖刻，变成讽刺、挖苦，就会让双方难以接受，而达不到说服对方的效果。

（8）数字法。

数字法，就是在谈判时把自己的意见，通过精确的数字来表达，使对手感到你精通某个问题，从而使对方产生信任感。人们对数字普遍有一种信赖的心理。数字虽然枯燥，但它可以客观、精确地反映问题，表现事物。在谈判中，用数字来说明观点，可以增强说服力，令对方深信不疑。

例如，美国刚推广核电站时，一些专家认为，一旦核电厂发生事故，立刻会造成上千万人的死亡，一般群众一听到“核”字，就会联想到原子弹蘑菇状云和能置人于死地的核辐射，所以很自然地就站在了反对派专家一边。最初几轮电视辩论，反对派占上风。于是赞成派专家调整了方法，决定不在理论上纠缠，而以简单的数字对比来说明问题。他们说，在美国长达几十年的原子弹发电实验史上，还没有发生过一起因放射能外泄而造成灾难的事故。从长远来看，即使出现“万一”，所引起的死亡人数也比其他发电方式所引起的死亡人数要少得多。根据福特财团的研究，假定美国某个核电厂每 100 年会发生一次重大事故，可能当场会有 1 万人死亡，随后有 15000 人丧生，但是这个数字比同样 100 年前，燃煤发电所造成死亡的人数要少（因煤矿事故、运煤车铁路事故等）。在美国，平均每年有 140 人因煤矿事故而丧生。如此换算一下，同样生产 1000 亿瓦特的电，用原子能发电，只牺牲两名采铀矿工，而燃煤发电却要牺牲 179 名煤矿工人。只是因为煤矿事故比较常见，而且发生的空间比较分散，所以人们对燃煤发电没有恐惧心理。但是，事实上，通过数字对比，就会发现原子能发电大大优于燃煤发电。赞成派的这一“数字证明”，使公众认识到任何能量的生产体系都带有牺牲人生命的危险，在这种情况下，选择一种能把牺牲数减少到最低的生产体系才是问题的关键所在。于是，公众转向支持赞成派，核电站便迅速在美国，也在全世界发展起来了。

人们常说：“事实胜于雄辩。”数字即是公正、客观的事实，事实确凿，往往具有很强的说服力。在谈判中，有时并不需要其他多种技巧，只需把准确无误的数字一摆，即可“一锤定音”，折服对方。但必须牢记一个要点：引证的数据要绝对准确无误，否则，将功亏一篑。

（9）刚柔法。

所谓刚柔法，就是在谈判中以态度、语气伴随着谈判内容而造成一种气势来威慑对方的一种刚柔相济的技巧。

例如，日本某株式会社拥有的农业加工机械正是中国几家工厂急需的关键设备。为了进口这些设备，中方某公司代表与日方在上海举行谈判。日方首先提出 1000 万日元的报价。中方对此类产品的性能、成本及在国际市场上的销售行情早已了如指掌，推算出对方的报价超过了产品的实际价格，便回复说：“根据我们对同类产品的了解，贵公司的报价只能是一种参考，很难作为谈判的基础。”日方代表没料到中方会马上判断出其价格的不确定性，有点措手不及，便答非所问地介绍产品的性能。中方代表深知他们在自夸，但不明确点破，只是故意问道：“不知贵国生产此种产品的公司有几家？贵公司的产品优于其他国家的依据是什么？”中方代表的问话令对方吃惊，不便回答，也不能回答。其主谈借故离开谈判桌。为了摆脱困境，日方主谈回到桌上，询问他的助手：“这报价是什么时候定的？”其助手当即醒悟过来，灵机一动地回答是以前定的。日方主谈笑一笑，忙做解释。当双方休会之后重又坐在谈判桌前时，对方称，经与总经理做了成本核实，同意削价 100 万日元。中方根据手里掌握的信息，并且以对方不经请求就可以擅自降价 10%的信息作为还盘依据，提出削价 750 万日元的要求。但马上遭到日方拒绝，谈判陷入僵局。为了打破僵局，使日方接受中方，中方代表郑重地向日方提出：“这次引进，我们从几个厂家中选中了贵公司，这已经说明了我们想成交的诚意。你们说价格太低，其实不然，此价格虽比贵公司销往某国的价格稍低一点，但由于运费很低，所以总的利润并没有减少，更为重要的是其他国出售同类产品的外商，还正等我方的邀请，希望同我方签订销售协议。”说完，中方主谈随手将其他外商的电传给了日方，日方代表被中方代表的详实例证及利益诱导所折服，他们感到中方的还盘有理有据，无可挑剔，只好握手成交。中方运用了刚柔相济法，在日方报价后，中方故意问生产此产品的公司有几家，贵公司产品优于其他国的依据是什么，这番问话柔中带刚、刚柔并用，使对方欲进无力、欲罢不能。虽貌似请教，实际上却暗示出生产厂家并非独此一家，从而令对方感到了一种压力，不能不正视这个问题。当谈判陷入僵局后，中方又应用了扭转策略语言技巧，用例证证明还价有理；又用引诱策略语言技巧使对方同意自己的意见和建议，最终谈判获得成功。

刚柔法具有很强的征服力和感化力，但它也有局限性。因此，柔言的方式要看对象，分场合，不能一概而用。谈判中，很多场合中是需要刚柔相济的。

（10）暗示法。

由于各种原因，有时谈判者的观点，如果直接说明会给对方造成伤害而形成对抗，这时可用隐约闪烁的话，从侧面启发对方，来间接表达思想，让对方细细品味，最终接受。

例如，第二次世界大战期间，美国经济学家亚历山大·萨克斯为了说服罗斯福总统同意尽快在美国着手研制原子弹，到白宫向罗斯福面呈了爱因斯坦等科学家签名的信件。然而罗斯福总统对萨克斯滔滔不绝却又艰深的科学论述不以为然，反应冷漠。第二天，萨克斯在与罗斯福共进早餐时，对总统说：“我今天只想讲一点历史。英法战争期间，在欧洲大陆上不可一世的拿破仑，在海上惨遭失败，就在这时，一位年轻的美国发明家富尔顿来到拿破仑面前，建议法国战舰砍掉桅杆，撤去风帆，装上蒸汽机，把木板换成钢板，可以大大提高海军的战斗力。可是我们这位伟大的科西嘉人以为这简直是笑话，船没有帆能航行吗？木板换成钢板能不下沉吗？结果拿破仑把富尔顿轰了出去。如果当时拿破仑认真考虑并采纳富尔顿的建议，那么，19 世纪世界的历史就有可能被改写了。”说完，萨克斯用深沉的目光注视着总统。罗斯福沉默了几分钟，然后拿出一瓶拿破仑时代的法国白兰地，斟了满杯，递给萨克斯说：“你胜利了！”于是就有了 1945 年 7 月世界第一颗原子弹的爆炸。萨克斯在第一次谈判中从正面进攻失败后，第二次则采用了暗示法，从侧面进攻。他生动地向罗斯福讲述了当年拿破仑一意孤行、刚愎自用、不相信科学留下的深刻教训，从而通过巧妙的暗示，最终说服了罗斯福总统。这种方法在谈判中常常起到很好的效果。

三、谈判策略的语言技巧

1. 引诱对方暴露自己的真实情况

谈判开始，对自己一方的情况，应隐而不露，不轻易亮出底牌。而对对方则不然，一定要设法让对方先开口说话，引诱对方暴露其真实情况。正如聪明的拳击家上场比赛，一般先不主动出击，而是在对方的攻势中寻找其拳术的破绽，出其不意地将对方打倒。老练的谈判者，往往不急于在谈判中先表态，特别是商贸谈判在数目、期限、条件和价格等问题上，常常让对方试提一下。这样做，一是出于礼貌，显示出自己对对方的尊重；二是可以从对方的只言片语中窥视其心理活动，以赢得调整思维、部署新方案的机会。

有时，精明的对方也不肯首先表态，那么就可以提出一些假设性的问题。例如：

（1）您是否对我们的产品有什么不满意的地方？

（2）如果我们同意你的前三个条件，那么，期限是否可以放宽一点？

（3）如果双方都派出三名工程师，那么，条件是否可以重新考虑？

（4）如果800美元的价格我接受，你是否能当场拍板成交？

（5）如果成本没提高，产品价格也不会提高吧？

这种引诱策略语言的目的就是将对方的要求、成交的打算等方面的情况弄清楚，因此掌握得越多越细就越好。

2. 引诱对方同意自己的观点和建议

这种引诱，侧重在用利益诱导。爱因斯坦说过，人是一种计算的动物。在谈判过程中，我们之所以提出一个建议，就是认为这个建议的实施对自己有利。而对方也是基于同样的原因来反对我们的建议，因为他们认为这个建议对他们不利。人们都认为自己的奋斗能为自己带来利益，而事实并非总是这样。人，哪怕是最聪明、最有理性的人，并不一定能够时时、事事都做出事实上对自己有利的选择。一个真正的谈判高手，他会运用自己的全部知识、能力，使对手相信他的建议将给对手带来最大的利益，是最理想的选择。因为他深知，利益是改变对手想法的重要杠杆。所以，无论是卖方还是买方，无论是什么类型的谈判，都可以用利益诱导对方同意自己的观点和建议，这也是一种行之有效的谈判谋略技巧。

例如，美国有位富有的慈善家，为了说服最难说服的对手——美国参议院，让其同意建立全国心脏病基金会，他在听证会上走到参议员们面前说："参议员先生们，我准备了一篇发言稿，但我决定不用它了。因为我怎么能同刚才已发表过高见的那几位杰出人物相提并论呢？他们已向你们提供了所有的事实和数据。而我在这里，则是要为你们的切身利益向你们作一次呼吁。像你们这样辛劳的人，正是心脏病的受害者。你们正处在生命最旺盛的时期，处在一生事业的顶峰。但是，你们也正是最容易得心脏病的人。也就是说，在社会中享有杰出地位的人最有可能得心脏病。……"他一口气说了45分钟，那些参议员似乎还没听够，因为这都关系到我们的健康和生命，谁能漠然视之呢？不久，政府就创办了全国心脏病基金会，他被任命为会长。

现代社会中的价值标准是多元的，所以广告经常抓住利益诱导中的"利"，不应仅仅理解为"钱"。在谈判中，人们努力争取的东西是多样的，以利益诱导的"利"，可以是一笔钱，也可以是一种地位、一种声誉、一个机会、一种享受等。首先进入中国咖啡市场的雀巢公司，在广告词中并未讲价廉、营养丰富，而只是说"味道好极了"，因而是"馈赠亲友的上好礼品。"这也是一种利益诱导，但这是一种享受之利。有位卖主深有体会地说："若要买方对你销售的商品发生兴趣，就必须使他们清楚地意识到在获得你的商品之后能得到的好处。"谈判也同样如此，当对方清楚地意识到签约后能获得的益处，他就会欣然同意你的观点和建议了。

四、让步策略语言技巧

在谈判中，让步可以表现你的诚意，表现你的宽宏大量，表现你的自我牺牲。可是在谈判中，不少人常常不愿让步，害怕让步会损害自己的利益。这种想法不无道理但不尽然。

例如，日本某公司在和东欧国家进行贸易谈判时，面临西欧国家的激烈竞争，日本公司如要达成协议，必须在价格上作很大的让步。如果单从某个具体谈判过程看，这样的让步似乎不合算，因为公司得利不多，甚至无利可图。但从全局看、从长远上看，通过这次贸易，日本公司得已打进东欧市场，这是非常有利的。因此，公司的决策机关果断地指示谈判人员，尽量争取合理的价格，即使让利，甚至无利也要争取达成协议。日本公司这一战略方针后来被事实证明是正确的。

谈判场上的让步，往往又是一种互动行为。谈判高手们都知道，只有自己的让步才会换来对方的让步，如果双方互不相让，或一方始终不作任何一点，那么，谈判就会破裂。因为任何一种谈判，都是双方做出一定的让步才达成协议的。

当然，如何让步，这又是一种策略技巧。在谈判中，对己方来说，让步应该注意以下3点：

（1）让步的速度。

让步不可太快，因为双方等得越久，越珍惜获得的让步（这种等待要让对方明显地感到希望），不致得寸进尺。例如，美国的一位著名的冲突管理专家，他在代表某商场与一家工厂进行谈判时，由于商场经理与工厂负责人谈判时发表了不当的言论，使得厂长勃然大怒，提出："商场经理必须公开道歉，这是个没有谈判余地的要求。"事实上，经理也察觉到自己的失言，准备公开道歉。但专家却这样对工厂负责人说："我了解道歉之事的重要性，我一定尽力为你们争取，但我不能给你们什么保证。不过，如果你们希望我去争取这件事，你们是否应该在其他事情上与我合作？"过了几天（故意的拖延），专家又把他的条件明朗化，说道："如果我能为你们争取到经理的公开道歉，有关商场的退赔问题，你们是否同意我的看法？"最后，商场经理以公开道歉这一无关痛痒的让步换取了工厂在商品退赔上的重大让步。

（2）让步的幅度。

同幅度让步是不必要的。美国谈判学家卡洛斯曾进行了一系列不同的让步形式的实验，结果他指出：在谈判的过程中，较能控制自己让步程度的谈判者总是处于较有利的地位，特别是当谈判快要形成僵局时。

成功的谈判者所做的让步，通常会比对方做出的让步幅度小。与众不同的是，他们却大肆渲染的这种让步，强调了让步的困难性，给对方感觉是他们自己做出了很大的牺牲。而失利的一方通常在于无法把握让步的幅度并控制让步的速度。许多人在谈判初期并不愿意让步或只做出极小的让步，但是快要形成僵局时，便忍耐不住，唯恐谈判破裂，往往是一连串的大让步。这种错误，老练的谈判者是不会犯的。

卡洛斯试验中的一些结论，可供谈判者参考：

1）交易的谈判进程太快，对谈判的任何一方都不利。

2）如果买主第一次就做出大幅度的让步，会引起卖主对价格的坚持，所以买主即使让步，也应步步为营。

3）让步太快的卖主，通常让步的幅度累积起来也大，其成交价格也较低。

4）小幅度地让步，即使在形式上让步的次数比对手多，其结果也有利。

5）要么不让，要么大让者，失败的可能性也较大。

例如，中英关于香港问题的谈判中，中国遇到了一个两难的问题：从国家主权、领土完整而言，香港应尽早收回；但因历史和现实的诸多因素，收回立即实行社会主义制度，会使按时收回产生种种障碍。于是邓小平同志根据中国的国情，策略地提出采用“一国两制”的方法，以较小幅度的让步获得了谈判的圆满成功。

（3）让步的性质。

不作无谓的让步，即每次让步都要从对方那儿获得某些益处。在实质性问题上，千万不要轻易让步，但在一些细小或枝节问题上，可首先主动让步，尤其可以多作一些对自己实质上没有任何损害的让步。

例如，“如果我把订单扩大2倍，你在价格上是否可以做出20%的折扣？”“如果我同意向这次购买提供专项拨款，你是否可以马上在订单上签字？”

如果你不用“如果…是否…”的意思来做出让步，那就做出了片面的让步，不仅自己失利，而且会被对手视为软弱。

又如，“我考虑过你的价格，坦率地讲，显然高了一些，但我还是准备接受它，如果你能在半年之内交货的话。”请注意，只是“准备接受”，真正的接受是在对方交货时间问题上做出让步后。

有时让步会减少收益，但有时却并不减少；有时你做出了让步，对方并未感觉到；有时你未做出实质上的让步，对方却感觉到了你的让步，这就是于己无损的让步。

例如，有位老板想付3万元年薪雇用A先生在他公司任职，A先生提出5万元年薪的要求。老板没说“就3万元，接不接受随你便”的话，因为这太伤人、太无理了。老板说：“你应该得到你所要求的，这很合理。只是在这个级别的薪酬等级中，我所能提供给你的薪水是2.8万元到3万元之间，你想要多少？”A先生说：“我想要3万元。”老板略加抵抗说：“2.9万元，你认为怎么样？”A先生说：“不，我要3万元。”老板叹了口气说：“好吧，如果你坚持这样做，我只好答应了，就 3 万元吧。”明明是老板的意见，最后竟成了谈判对手坚持要老板让步的意见及其努力的目标，这样的谈判是不可能不成功的。

五、扭转策略语言技巧

如果谈判双方在某一问题的谈判上，各自对交易的期望值相差太大，而彼此又不愿向对方做出让步，谈判就可能陷入僵局。这通常是谈判者不愿面对的情形，因为僵局是一种带有强烈暗示性的不确定状态，它可能表明对方对己方已有的谈判十分不满，也可能意味着谈判即将破裂。这种不确定性会对谈判个人，特别是谈判组负责人乃至负责谈判的高层领导形成巨大压力，因为有时一个不是很有利的协议也要比谈判失败易于向上级交差。一旦僵局出现，谈判者就要思考分析出现的原因、结果及自己因此而可能承担的责任，这些考虑可能促使谈判者做出让步决策，化解僵局压力。也正因为如此，有些谈判者在己方可让步的情况下拒不让步，有意造成僵局，以达到迫使对方让步的目的，这也是一种谈判战术。

为避免出现僵局，其基本方法是以互惠的谈判观指导谈判。而一旦出现僵局，则应设法采用扭转策略语言技巧来化解僵局。如果对方有意运用制造僵局的战术，则更应积极寻求化解僵局的措施。打破僵局的扭转策略语言，有间接处理和直接处理两种。

1. 间接处理

间接处理僵局主要有以下 4 种方法：

（1）形式上肯定，实质上否定。即对于对方在实质性问题上的意见或其中一部分予以承认，然后引入某些对方无法得知或无法否认的信息和理由，将对方的意见予以否定。例如，对方谈判代表说："用……包装的商品我们不能要！"假如经过分析，发现对方的意思只不过想为讨价还价寻找借口，则可以回答："其实不只是你们，有好几个用户都认为这种包装的商品不好看。但是如果真正了解这种包装对商品无可比拟的运输保护能力和拆下包装后改作它用的使用价值，你们就会发现采用这种包装的好处了。"

（2）借用对方的理由来说服对方。即将对方意见中有助于、有利于我方的部分提出来，用来说服对方改变看法。例如，卖方声称："虽然你们的购买量很大，但是要求折扣幅度太大，服务项目要求也过多，所以这笔生意没法做。"如果经过分析，发现卖方只是因为产品好销而故作姿态，则可以向对方表明："实际上，我们的做法是可以协商的。正如你们所说，我们的进货量很大，其他企业是无法与我们相比的，所以我们要求价格折幅大于其他企业，这是可以理解的，也是正常的。再说，从形式上看，你们向我们提供了运输服务，但由于量大，产品下线后直接发运，既节约了库存费用，又加快了资金流转，还可节约入库、出库的劳动力，这对我们双方都是有利的。如果我们能彼此协调，今后我方还会成为你方的主要合作伙伴，这样就可以减少你方对许多小企业的优惠费用和人员推销费用。可以说，我们这样要求正是考虑到互利互惠的结果。"

（3）引导对方自我否定。即谈判者不立即表态，而是通过提出问题，让对方逐步否定原来的意见。例如，一位总工程师认为推销员出售的马达发动起来太热，烫手不能摸，质量不好，表示再不购买。推销员说："你一定知道电制品工会规定的标准马达温度吧？"总工程师回答："是的。"推销员问："工厂里的温度是多少？""大概华氏 75 度左右。"推销员说："假如工厂内的温度是 75 度，那么加上马达高出室温标准的 72 度，也就是 147 度。假如您把手放进 147 度的水里是不是会烫伤呢？""嗯，我想你说得不错。"总工程师赞赏地笑起来，推销员的一番话，引导总工程师自己否定了马达烫手是质量问题的观点，结果使总工程师马上又购买了几百台马达。

（4）先强调，后削弱。即谈判者先以看似强调的口气把对方的反对意见复述一遍，然后再逐渐弱化这种意见。在复述时，不应改变其本意，但在形式上可以把文字顺序颠倒。例如，当对方说："你们厂这个系列的商品怎么又涨价了，太不合理了，我们不买了！"这时你可以这样回答："是的，我们理解你的心情，价格同去年相比，确实高了一点……其实，我们也不希望涨价。可是，××原料紧缺，价格上涨，这些事不是你们或我们做得了主的，我们也是不得已啊。"

2. 直接处理

直接处理僵局的办法较多也较灵活，但其中主要有以下 3 种办法：

（1）例证证明。即运用大量例证来支持自己的意见（但要注意不可捏造证据），尤其是权威部门的文件、规定、市场先例、行为习惯等，都可以作为谈判的例证使用。

例如，日本日铁公司按某协议给上海宝山钢铁总厂寄来一箱资料。原来定好寄6份，随寄来的清单上也写明为6份。但上海方面打开箱子后，却发现只有5份。于是双方再度谈判。日方坚持声称：“我方提供给贵方的资料，装箱时要经过几关检查，决不可能漏装。”谈判陷入僵局。上海方面的一位谈判代表说：“资料丢失，有3种可能：一是你方漏装，二是途中散失，三是我方开箱后遗失。如果途中散失，则外面的木箱应当受到损坏，现在木箱完好无损，这一可能可以排除。如果我方遗失，那木箱上印的净重应当大于现有资料净重，而事实是现有5份资料的净重与木箱所印净重正好相等，因此，我方遗失的可能性也应排除。剩下只有一种可能，即你方漏装。”日方无话可说，只得补齐了资料并按协议做了赔偿。

（2）重点讨论某个意见。即谈判者将对方提出的各种反对意见合并，概括为一种观点，或者在名义上将若干条反对意见放在同一时刻讨论，而实际上只重点讨论某个意见。这样做可以在一定程度上削弱反对意见的强度。

例如，1971年，中美会谈讨论到台湾问题时，周恩来总理一开始就表明立场，基辛格也亮明观点。双方互不妥协，使谈判陷入僵局。这时，周总理说：“毛主席说，台湾问题可以拖一百年，是表示我们有耐心；同时，也包含不能让台湾问题妨碍中美两国关系正常化。”基辛格点头表示同意：“是的，我们必须向着未来有所前进……”周总理敏锐地抓住基辛格的观点，拿起记录稿纸说：“博士，你的措辞‘美国不会同台湾断交’、‘中国必须保证不用武力解决台湾问题’，就是不如你所说的‘向着未来有所前进’。”基辛格这次没有反驳，而是陷入了沉思，而后被迫改变思路，“我们可以换一种表达方式，美国认识到，在台湾海峡两岸的所有中国人都认为只有一个中国，台湾是中国的一部分，怎么样？”周总理笑道：“……这是一项绝妙的发明，博士到底是博士。”僵局打破了，周总理和基辛格都笑了。周总理不愧是一位谈判专家，虽然谈判中双方对台湾问题的分歧很多很大，但他只重点讨论不能让台湾妨碍中美关系正常化的问题，而且机敏地抓住基辛格随口说出的“我们必须向着未来有所前进”这句话，策略地指出其观点前后矛盾的事实，从而使基辛格陷入一种极为被动的局面，被迫做出明智的选择。

（3）绕过分歧。即形式上处理分歧，实质上绕过分歧。换言之，谈判者避开双方争执不下的问题，去讨论那些容易形成一致意见的问题，努力创造一种合作的谈判气氛，待某些问题得到解决之后，再回过头去讨论引起争执的问题，事情可能就会好商量了。

例如，1974年6月，美国和巴拿马就运河条约恢复了会谈。当时，巴拿马人非常想能在赔偿金问题上得到较多的好处，但这个问题的解决暂时有很大的困难。为了谈判进程的顺利进行，他们于是决定把这个问题放在最后讨论，从而促使谈判成功。

六、涉外谈判的口才技巧

1. 涉外谈判的定义

涉外谈判是当前对外开放条件下常见的商品经济活动之一，它是涉外商务活动链条中的关键一环。要成为一名涉外谈判中真正的能手，不但要娴熟地应用商务谈判的谈判技巧，而且还要掌握许多谈判对策和策略。而对来自不同国家，有着不同民俗文化背景的对手，所应对的谈判对策也不尽相同。那么，什么是涉外谈判呢？涉外谈判，又称国际商务谈判

（Comercial Negotiation），是代表国家和团体利益的涉外人员与外国客商之间就有形与无形的资产交换或买卖，达成某笔交易进行的会谈。

一般说来，涉外谈判可有横向谈判与纵向谈判两种模式。横向谈判是采用横向铺开的方法，首先列出要涉及的所有议题，然后讨论各项议题，同时取得进展。法国人是横向谈判的代表，喜欢先为议题画一轮廓，后确定议题中的各个方面，再达成协议。纵向谈判是先确定所谈问题后，依次对各个问题进行讨论。美国人是纵向谈判的代表，总有一种“一揽子交易”的气概，使对手感到相形见绌。美国人与法国人正好相反，当我们跟他们进行谈判时，先把对方的国籍背景、宗教信仰、民族文化、思维习惯、群体习俗等了解清楚，不能单一从谈判角度去备战。所以，作为一个涉外谈判人员，时刻要注意提高自己的素质修养。

2. 涉外谈判人员的素质要求

谈判人员的素质条件是决定谈判结果的主要因素，直接决定交易的成败。通常参与涉外谈判的人员，应自觉坚持平等互利原则，既要虚心向他人学习，又要机动灵活，妥善处理随时发生的问题。一个精明能干的、齐心协力的、高效的涉外谈判班子，常常成就一份完整满意的涉外合同。具体地说，涉外谈判人员必须符合以下素质要求：

（1）品德素质。

遵纪守法，廉洁奉公，作风正派，举止稳健、大方、从容。

（2）知识素质。

要熟悉外贸知识和行业专门知识，了解贸易国别地区的方针政策，掌握国际市场动态及汇率、利率变动的情况，熟悉贸易国家的法令、惯例、商检、运输、保险等多方面的情况。

（3）能力素质。

一是要具有创新精神和灵活进取心，有强烈的事业心和责任感，精通商业心理学，善于把握外商的心理状态，以利于作出正确决策；二是拥有丰富标准的中、外文语言表达能力和独当一面的谈判能力；三是具有良好的国际贸易判断力和洞察力，果断处理临时出现的问题，并善于测算成本、经济效益和边际利益，以确保己方获取最高的经济效益。

（4）了解不同文化的谈判方式。

具有不同文化背景的人，都具有独特的谈判方式，因此，在跨文化谈判中，应该尊重对方的文化习惯，并有针对性地采取相应的措施。

1）日本文化的谈判方式。

彬彬有礼地讨价还价，不轻易妥协。日本人在国际商务谈判时，几乎毫无退让地坚持原有条件。一次次的谈判，他们始终重复原有主张，在谦恭的外表下隐藏着誓不屈服的决心。日本人的谈判方式有：一是善于利用策略、设埋伏。这是日本人谈判的典型特征之一。二是保持沉默、有耐心。谈判中，日本人不愿率先表明自己的意图，而是长时间沉默，采用静观事态发展的战术，他们谈判特别有耐心，并相信耐心等待会有效果，所以许多协议都在最后期限才签订。

2）美国文化的谈判方式。

美国人的谈判方式灵活多样，精于使用策略去谋得利益，头脑灵活，能在不知不觉中将一般性交谈迅速引向实质性商洽，并且善于讨价还价，同时，也欣赏对方具有这种才能。

美国人的谈判方式有：一是珍惜时间，重视最后期限。美国人讲究办事效率，他们认为，最成功的谈判者就是能熟练地把一切事物用最简洁、最令人信服的语言表达出来的人。因此，他们为自己规定的最后期限，往往较短。一旦突破期限，谈判则可能破裂。二是积极务实，重视所得利益。美国人在谈判中，始终将实际得到物质利益作为获胜的标志，因此在商务谈判中，能否取得巨额利润，是其唯一目的。

3）德国文化的谈判方式。

一是准备周密。他们考虑问题周到系统，准备工作充分、仔细，特别对交易的形式、谈判的议题规定得准确、详细。二是讨价还价余地小，缺乏灵活性。谈判中，德国人总是强调自己方案的可行性，不大愿意向对方作必要的让步，有时甚至显得十分固执，毫无讨价还价的余地。三是谈判果断，注重长久关系。他们喜欢明确表示希望达成的交易，准确界定交易方式，详细列出谈判议题，无论对问题的陈述还是报价，都非常清楚、坚决、果断，他们不喜欢做一锤子买卖，希望贸易伙伴建立长久关系，因此严守合同，不易毁约。

4）法国文化的谈判方式。

一是立场极为坚定。法国人具有戴高乐的依靠坚定的“不”字以谋取利益的高超本领，谈判中不愿妥协。二是坚持在谈判中使用母语——法语。三是喜欢先为协议勾画出一个轮廓，然后再达成原则协议，最后再确定协议上的各个方面。

5）英国文化的谈判方式。

一是准备不充分。英国人同德国人的办事严谨、周密相反，准备不细致，给人以松松垮垮的感觉。二是为人和善、友好、好交际、容易相处。三是具有灵活性，对建设性意见比较积极。

6）阿拉伯文化的谈判方式。

一是谈判节奏缓慢。他们很健谈，但有时第二次、第三次谈判都进入不了实质性的话题，谈判的最终决策也需要很久时间才能作出。二是中下级人员在谈判中起重要作用。阿拉伯国家，上层人员负责谈判决策，他们多缺乏实际业务经验，而具体谈判靠中下级人员，其意见与建议则受到上司的高度重视。三是从事代理得心应手。为开辟财路，阿拉伯国家政府坚持让外国公司通过阿拉伯代理商来开展业务，这也在一定程度上为外国公司提供了便利。

7）北欧文化的谈判方式。

一是沉着冷静，处事平稳。北欧人谈判的特点是按部就班、有条不紊地按议程顺序逐一进行。他们既从容又机敏，善于发现和把握达成协议的最佳时机，并能及时作出成交的决定。二是较为保守。谈判中，他们更多地将注意力置于怎样作出让步才能保住正在谈判中的某项合同，而不是着手准备另一个备选方案，以防止作出最大限度的让步也保不住合同的情况。这与他们倾向于把精力用于保护现在拥有的这种保守性格有关。三是商务谈判侧重点明显。北欧人生活水平普通较高，所以对档次高、质量优、式样奇的高档消费品兴致盎然，而对一般性消费品则不屑一顾。

8）拉美文化的谈判方式。

一是重视谈判者个人的地位与作用，不喜欢同女性谈判。个人人格至上，使拉美人特别注意对方谈判者本人而非其所隶属的公司，一旦认为对方经验丰富、工作能力强，并是公司重要人物，便会肃然起敬，以后谈判便顺利多了。他们一般瞧不起妇女，不愿与女性谈判，但是如上述令其敬重者则例外。二是谈判节奏缓慢，时间利用率低。拉美人生活悠闲、恬淡，处理事务慢。与他们谈判不可试图速战速决。三是不注重谈判协议的严肃性。

3. 涉外谈判的口才技巧

与外商谈判是一件相当艰苦的工作，谈判过程是不断组织思路的过程。需要掌握各种灵活的谈判技巧，以此测出对方内心的想法与计策，表态要把握分寸、态度要明朗，使自己在谈判中始终占据有利位置。

（1）转劣为优的技巧。

摆脱困境、转劣为优、以保利益的方法有 3 个：一是及时坦诚地纠正自己的错误。“撤退”与“冲杀”同样是夺取全盘胜地、维护自身既得利益的法宝。二是金蝉脱壳，以第三者身份纠正错误，可挽回面子，避免损失。三是借助上级力量推翻个人先前的意见，以解释去避免损失。一般外商都知道我国对外贸易是统一计划和领导的，借口上级的旨意也是谈判中扭转劣势的有效手段。

（2）战胜“故意犯错”的技巧。

大多数商人在国际贸易中都能遵守商业道德，亦有少数不道德商人以“故意犯错”为战略，比如佯装报高价，诱惑上钩；错报成交产品的规格；微改价格条款内容；改变包装要求等，以此谋求更多的经济效益。战胜对方“故意犯错”策略的反间计，最好是做足防范措施：一是谈判一个项目要选择并保持两个以上的交易对象展开同一项目的谈判；二是多从不同渠道了解谈判对手的信息和诉讼记录，酌情关注；三是提出标的完成的最后期限及报价，具体列出详细的违约、索赔条款，争取达成协议，让对方不易反悔；四是警惕条件过于优厚的交易。

（3）应对最后通牒式谈判的技巧。

这是一种能有效减少讨价还价麻烦，促进谈判双方尽快达成协议的策略，多应用于价格条款和时间的谈判上。作为被通牒一方的应对方法可选择：一是作退出谈判之状，大胆设法试探对方通牒的弹性（真意、底价等），逼对方收回成命，不着痕迹地主动让步；二是改变前面所谈内容，如改变交易的补偿或贸易来料、改变产品品质要求、增减产品订货数量等，营造新条件下的谈判；三是不断重复己方观点，对对方的条件置若罔闻，逼对方提出折衷的方式；四是先发制人，抢先提出己方的条件，令对方措手不及。

在涉外谈判实践中，有些外商较为特别，除了应用其他场合使用的技巧对付外，仍需要使用诸如上述特别一类的语言技巧。

4. 涉外谈判的忌讳语言

同外国人交往时，尊重他们的风俗习惯，注意在不同场合不同的忌语，这有利于同外国人的合作顺利进行。

（1）忌讳语言。

例如，与希腊人交往、交谈时不能说与“猫”有关的语言，如养猫、玩猫、爱猫等，因为对他们而言，猫就是引人走进阴间的事；与穆斯林、巴基坦人交往，不能谈及关于猪的事，或有关“猪”的音、词，因为他们的教俗不允许；与沙特人交往，不能谈“下象棋”和有关的字眼，这会被他们认为是图谋不轨、弑君谋逆；与法国人交往，不能谈论“核桃”，他们会认为谈这个是不吉祥的，对法国女人不能送香水，否则会被认为是有过于亲热和“不轨企图”之嫌；与美国人交往，注意不提“厕所”，他们认为谈话时提及这个字眼不礼貌；与英国人交往，不要称其为英国人，要称其为“大不列颠”，他们不喜欢以皇室之事作为笑谈的话题，也忌谈女人的年龄；欧美人忌谈私人生活问题，如岁数、婚否、住址等，随便询问这些，被认为是冒犯他人尊严，对其老年人不可说“您老”，爬山、上楼也忌搀扶，他们认为这有失体面；与日本人谈话，不可出现“狐狸”“獾”的字眼，谈话也不能涉及这两种动物的内容，因为他们特别反感这两种动物；阿拉伯人忌讳谈论妻子、儿女的事，见面不要问候或提及；在拉美国家逛街走路，同性朋友不可以拉手搭肩，否则会被视为是同性恋者。

（2）忌讳数字。

在东方的一些国家，很忌讳“4”这个数字，因为“4”与“死”发音相近，不少国家把“4”视为预兆厄运的数字。例如，韩国过去的旅馆里没有 4 层楼，门牌没有 4 号，军队无四军、四师等，海域无第四海域；在西方的一些国家，则很忌讳“13”这个数字。他们认为“13”不祥，出于《最后的晚餐》这个典故，耶稣基督与 12 门徒进晚餐，坐 13 位的就是出卖他的人。古老的文献显示夏娃、亚当偷吃禁果之日，就是 13 号星期五，所以现在西方许多旅馆办公楼没有 13 层，有的航空公司没有 13 号班机，宴会厅没有 13 号座位，若是“13 号”又碰上“星期五”就更为不祥，一般在这一天不举行宴会，不洽谈生意。

模块小结

（1）要想谈判成功，必须选择现代最佳的“赢—赢”互惠的谈判模式。谈判者在谈判中，应能巧妙地说服对方与自己进行特定方式的合作，主动引导双方的立场与利益相互靠近或相互依存，以达成双方都能接受的协议。

（2）谈判语言关系到谈判的成败，其原因在于它不同于一般语言，它的主要特征是：鲜明的功利性、灵活的随机性、巧妙的策略性和迅速的反馈性。

（3）谈判是智慧的较量。谈判语言的基本技巧有：重复法、激将法、赞美法、示弱法、比喻法、绕弯法、反说法、暗示法、数字法、刚柔法等。在紧张、激烈的谈判对抗中，谈判者不仅要始终把握己方的目标，同时还必须灵活运用谈判语言的各种技巧来突破对方的防线，才能获得谈判的成功。

（4）谈判出现僵局不可避免，恰到好处地运用谈判的策略语言技巧则可以化险为夷。常用的谈判策略语言技巧有：引诱策略语言技巧、让步策略语言技巧、扭转策略语言技巧。谈判者只要能够审时度势，抓住有利时机，机智果断地选择恰当的谈判策略语言技巧，就能“化干戈为玉帛”。

（5）异国之间的谈判，一个重要的特征就是文化差异，它不仅影响谈判者的思考方式和各自的价值观念，而且会导致谈判复杂化。对跨文化谈判，只有深入研究对方的文化特征，掌握其独特的谈判方式，尊重其风俗习惯，不说其忌讳语言，才能减少失误，提高谈判效率。

技能实训

1. 进行下列主题的仿真谈判（注意提问、应答、说服技巧的运用）。

（1）两名学生谈判调换宿舍的事。

（2）某班级和一公司副总商谈兼职一事。

2. 分析下列谈判没有结果的原因，并说明对话中所用的语言技巧和特点。

A：你们需要的卡车我们有。

B：吨位是多少？

A：四吨。

B：我们需要两吨的。

A：四吨的有什么不好？万一货物太多不就很适用吗？

B：我们算过经济账，那样浪费资金，这样吧，以后我们需要时再跟你联系。

3. 在谈判中，遇到一位强于你的对手，为了不给强者有用武之地，应该采用何种制胜的方法？为什么？

4. 请对下面的案例进行评析，说明老者使用了何种语言技巧使洽谈成功了。

一位老者到派出所去办理户口，所内一位民警告诉他，具体负责这项工作的同志外出了，一会儿就回来，请他稍等一下。老者等了 45 分钟，仍不见负责办理户口的同志回来。老者考虑了一下，他的目的是要尽快办好手续，商谈语言技巧选择要为这个目的服务。换言之，只有尽快办好手续的语言技巧才是最佳技巧。于是，他向派出所里另一位同志低声慢语地说："同志，那位同志一定是有什么公事给耽误了，我已经 60 多岁，实在等不了；再来一次，路远车挤，十分不便。能否破一次例，想个办法，帮助我解决一下这个困难？真是太谢谢了。"派出所的另一位同志听后说："这样吧，我先替你代办一下，等那个同志回来后我向他说明一下。"10 分钟后，老者满意地回家了。

5. 看下面的案例，回答文后问题。

姑娘索回戒指

在英国大萧条时期，有位 17 岁的姑娘好不容易才找到了一份在高级珠宝店当售货员的工作。在圣诞节的前一天，店里来了一位 30 岁左右的贫民顾客，他用一种不可企及的目光，盯着那些高级首饰。

姑娘要去接电话，一不小心，把一个碟子碰翻，六枚精美的金戒指落在地上，她慌忙捡起其中的五枚，但第六枚怎么也找不着。这时，她看到那个贫民顾客正急冲冲地往门口走，心里明白了。只听姑娘柔声叫道：

"对不起，先生！"

那男子转过身来，两人相视无言，足足有一分钟。

“什么事？”他问，脸上的肌肉在抽搐。

“什么事？”他再次问道。

“先生，这是我头一回工作，现在找个事儿做很难，是不是？”姑娘神气黯然地说。

男子长久地审视着她。终于，一丝柔和的微笑浮现在他的脸上。

“是的，的确如此。”他回答，“但是我能肯定，你在这里会干得不错。”

停了一下，他向前一步，把手伸给她：

“我可以为你祝福吗？”

他转身，慢慢走向门口。

姑娘目送他的身影消失在门外，转身走向柜台，把手中握着的第六枚戒指放回了原处。

问题：姑娘丢失了戒指，没有批评，没有指责，更没有咆哮。然而，她却成功地要回了那位男子偷拾的戒指。奥妙何在？如果是你，你会怎么做？

模块6 推销口才

知识目标

1. 了解推销的含义、常用方法和推销员的素质要求。
2. 熟悉推销语言的基本要求。

能力目标

1. 能熟练掌握推销口才的基本技巧、接近顾客的技巧。
2. 能熟悉推销口才面谈的技巧、促成成交的技巧、处理异议的技巧。

工作情景

下面是一次失败的推销。

“你好，李先生。我叫田志，是某某公司的推销员。”

“我姓周，不姓李。”

“噢，对不起。我没听清楚您的秘书说您姓李还是姓周。我想向您介绍一下我们公司的彩色复印机。”

“我们现在还用不着彩色复印机，即使买了，一年也用不上几次。”

“是这样呀。不过，我们还有别的型号的复印机。这是产品介绍资料。”他将印刷品放到桌上，然后掏出烟和打火机说，“来一支？”

“我不吸烟，我讨厌烟味，而且，这个办公室里不能吸烟。”

问题：同学们先讨论这次的推销为什么会失败？原因在哪儿？然后在老师指导下试着进行成功的推销。

案例分析

【案例一】

推销的本质是真诚

宋代有一位大臣，为官公正，为人刚正不阿。年轻时四处游学，机缘巧合，竟然认识了微服私访的当朝皇帝。皇帝心血来潮，写字画画儿去卖，只可惜水平实在不高。这位为官者告诉皇帝，他的画儿只值一两银子。皇帝听了既不服气又生气，但也不好发作。第二年这位青年进京赶考，高中状元，成了天子门生。觐见皇帝是才发现，原来当年卖画的老兄竟然是皇帝，皇帝也认出了他，皇帝屏退左右，只将这位大臣留了下来，拿出当年只值一两银子的那幅画，问道："卿家认为这幅画价值几何？"这位大臣赶紧前进一步说道："这幅画如果是陛下送给为臣的，那就价值万金，因为无论朋友送的何物，对为臣来说，都是无价之宝。但如果拿去卖，这幅画就值一两银子。"皇帝听了，不禁拍掌大笑，知道自己有了一位才学渊博、品性端正的忠心之士。

【评析】这则案例那位大臣用真诚和正直说服了明智的皇上，得到皇上的赞赏。它告诉我们一个道理：在任何时候，都应得体地表达自己的真实想法，站在"理"字一边儿。推销也是同样的道理，不是靠欺骗和阿谀逢迎的，要不卑不亢，热情诚实，为顾客着想，才能得到信任。

【案例二】

推销语言的迂回战术

一次，一位业绩非凡的化妆品推销员 A 君上门向一位社交型的太太推销昂贵的化妆品，一开始便被"没钱"借口拒绝。A 君并没泄气，细心观察后发现她家门厅里有一只女用的高尔夫球袋，立即计上心头，话锋一转便说道：

——"这球袋是您的吗？"

——"是啊，"（态度开始有了好转）

——"呵，您的球袋真漂亮！"

——"噢，这是我去年到欧洲旅行时在巴黎买的。"

——"您也是高尔夫球的爱好者呀？"

——"可不是，为此我还花了不少钱呢！"（流露出自豪的神情）

——"是啊，高尔夫球是富人阶级的一种娱乐活动。"

——"你说得不错，在国外，高尔夫球是上层社会人物喜爱的高级娱乐。"（眉飞色舞）

【评析】上例推销是采用迂回战术与"没钱"借口作战取得成功的范例，推销员 A 君之所以能化客户的借口"没钱"拒绝为情愿掏钱，化拒绝为接受，不但是因为他能拥有准确的现场判断和娴熟顾客的心理战术（没钱只是借口，只是嫌产品贵，重视自己的社交地位和社交身份），而且他深谙一个战略——迂回战术，制造并把握一个取胜的先机——高尔夫球袋与昂贵化妆品挂钩。面对"无钱"等借口的推售，聪明的推销员要力求避免与此作正面的交锋，不能直攻猛打，而是要采用迂回战术，要因人、因地、因事地去灵活应战。要期待"柳暗花明"出现必先经历"山穷水尽"，变"疑无路"为"又一村"则更是战术和技巧问题——推销就是发挥你的口才和技巧，去与形形式式的"拒绝"作战。

【案例三】

相信自己，积极大方

一公司雇用了一位不成熟而且缺乏信心的年轻销售员，这位销售员在经过前两个阶段的学习后，对自己能否胜任工作一点儿也没有把握，他正担心经理不发给他“毕业证书”呢。

可是，那位经理在对他讲了“你能干好的”之类的鼓励性的话后，说道：“喂，你听着，我要把我想要做的事告诉你，我打算让你到大街对面绝对可靠的预计客户的住处去推销商品，以往我也总是把新来的销售员派到那里去推销。理由很简单，因为那个老头是我们忠实的买主，什么时候都买我们的东西。但是，我要预先警告你，他是一个厚脸皮、令人讨厌、爱吵嘴而且满口粗话的人。你如果去见他，他肯定会对你大吼大叫，仿佛要把你吃掉似的。不过，你放心，他只是叫嚷一阵而已，实际上他是不会吃掉你的。所以，无论他说什么，你都不要介意。我希望你默不作声地听着，然后说：是的，先生，我明白了。我带来了本市最好的印刷业务的商谈说明，我想这个说明对你来说，也一定是想要得到的东西。总而言之，他说什么都没关系，你要坚持你的立场，然后讲你要说的话。可不要忘记啊，他最后总会向我们的销售员订货的。”

这位被打足了气的年轻销售员立即叫开门进入屋里，报了自己公司的名字。在头五分钟里，他没有机会讲上一句话。因为那老头不停地给他讲一些无关紧要的事情，一会儿教他某种菜的吃法，一会儿又教他一些莫名其妙的英语词汇。好在这位销售员事先得到过警告，他耐心地等待暴风雨过去。最后他说：“是的，先生，我明白了。那么，这是本市最好的印刷业务的商谈说明，这样的商谈说明，当然是您想要得到的东西。”这样的进攻和防御大约持续了半个小时。半小时后，那个年轻的销售员终于得到了该印刷公司从未得到过的最多的订货。

当他喜滋滋地把订单交给经理时，对经理说：“您说的关于那位老人的话没错。他是一个厚脸皮、令人讨厌、爱吵嘴、满口粗话的人。可是我要对那位可爱的老人说点稍微不同的话：他真是个买主！这是我在他那获得的一笔订货。”

经理看了一下订单，满脸惊讶地说：“喂，你搞错人了吧？那个老头，在我们遇到的对手中，是最吝啬、最讨厌、最好吵架，而且是最爱说粗话的老头！我们这 15 年来总想让他买点儿什么东西，可是那个老头连一元钱的东西也没有买，总之，他从来没从我们这买过任何一件东西。”

【分析】这位所谓的“新手”为什么能成功呢？毫无疑问，是老板的话使他充满了信心。全力以赴地去做销售，就一定能达到目标，要有无论如何也要完成任务的勇气。唯有如此，才会想尽一切办法与客户接触，积极、自信、大方地用口才说服客户购买自己的商品。

【案例四】

不要打断客户的话

推销员：“先生，通过观察贵厂的情况，我发现你们自己维修所花的费用比请我们干还要多，是这样吗？”

客户：“我也认为我们自己干不太划算，我承认你们的服务不错，但你们毕竟缺乏电子方面的……”

推销员：“对不起，请允许我插一句。有一点我想说明一下，任何人都不是天才，修理汽车需要特殊的设备和材料，比如真空泵、钻孔机、曲轴……”

客户：“是的，不过，你误解了我的意思，我想说的是……”

推销员：“我明白您的意思。就算您的部下绝顶聪明，也不能在没有专用设备的条件下干出高水平的活来……”

客户：“但你还没有弄清我的意思，现在我们负责维修的伙计是……”

推销员：“现在等一下，先生，只等一分钟，我只说一句话，如果您认为……”

客户：“你现在可以走了。”

【分析】上述案例中，推销员几次三番打断客户的述说，犯了推销口才中的一大禁忌。如果采用上述这种对话方式，推销是根本没有成功希望的。

必需知识

一、推销的概念

正确把握“推销”这一概念的基本含义，可以从下面的几个方面入手。第一，推销活动是由诸要素相互作用组成的系统活动。这些要素主要包括推销主体（推销人员）、推销客体（顾客、用户等推销对象）、推销媒介（产品、劳务、观念等）和推销环境（政治、经济、文化、地理环境和社会舆论环境等），这 4 个要素在整个推销过程中是互相依存、互相关联、互相作用的。第二，推销工作的核心问题是说服顾客与用户。一般来说，说服力的强弱是衡量推销人员素质优劣、水平高低的重要标准。第三，推销活动是商品交换过程、信息传递过程与心理变化过程的有机统一。现代推销活动要求人们改变以往把“买”与“卖”对立起来的做法和观念，主张推销工作不仅是单纯的出售过程，而且是帮助顾客购买的过程。只有这样，才能使推销人员与购买对象的目的互相吻合，最后达成交易。

综上所述，推销的含义，有广义和狭义之分。广义的推销是指推销主体在一定推销环境里，运用各种推销艺术和技巧，说服推销对象接受推销客体所进行的相互关联的活动，它是一种人类社会活动；狭义的推销，是商业经济学的专用术语，专指推销员（或营业员）推销产品（或商品）的行为和活动。本书所阐述的推销口才的“推销”，是指广义的推销。

二、推销常用的方法

（1）资料查阅法。

资料查阅法是指销售人员通过查阅各种现有的情报资料来寻找准顾客的方法。就我国现阶段的实际情况来看，推销人员能够利用的资料主要有：一是工商企业名录。目前，我国已出版了全国的《中国工商企业名录》和各地方、各部门区域性、行业性的企业名录。二是统计资料。各行业、各部门、各单位以及专门的统计机关，每年都编制各种统计资料，推销人员可以从这些统计资料中查找自己所需要的材料。三是产品目录。现在各生产企业以及大型的商业公司都有自己编印的产品目录（或样品），并向外界广为宣传，以求更好地推销产品，一些单位还专门编辑出版了许多专业性的产品选型样本，这些产品目录、样本都是寻找准顾客的极好来源。四是信息和书报杂志。随着市场经济的发展，人们对信息的重要性认识越来越深刻，各种信息书报杂志纷纷出版，如《首都经济信息报》、《全国商情》、《上海供销信息报》、《建材工业信息》等，都是推销人员可以利用的资料。五是工商管理公告。国家工商行政管理局和地方工商行政管理局每年都要发布各类公告，如企业登记注册公告、商标注册公告等，这些公告都有一些企业情况的简要说明，推销人员可以主动到各工商行政管理机构查询这些公告。六是广告和公告。许多企业在电视、报纸、电台等发布广告或企业公告，推销人员可以从这些广告和公告中寻找自己的推销对象。七是专业团体会员名册。我国现在有许多行业性的专业团体组织，如中国商业经济学会、中国企业家学会等，这些团体组织一般都有会员名册，有的还编印了会员通讯录。这些资料推销人员都可以充分利用起来。八是电话簿及邮政编码簿。现在我国各大中城市都有专用的公用电话簿和邮政编码簿，其中详细登载了本地区企事业单位的名称、地址、电话号码、邮政编码，所以推销人员也可以从电话簿、邮政编码簿中寻找准顾客。

总之，采用资料查询法寻找准顾客，其针对性强，可以减少寻找工作的盲目性，节约寻找时间和费用，因而是一种简便而又有效的推销方法。

（2）地毯式访问法。

地毯式访问法又称"闯见访问法"，因其如"铺地毯"一样全面访问而得名。推销员在不太熟悉或完全不熟悉的情况下，直接挨门挨户访问某一特定地区或某一特定行业的所有组织和个人，从中寻找能够成为自己准顾客的个人或组织。具体的做法有：一是咨询法，这是指推销员利用社会上各种专门的市场信息咨询服务部门提供的信息来寻找准顾客的方法；二是委托助手法，这是推销人员通过委托有关人士来寻找准顾客的方法；三是市场领袖推荐法，这是指推销员在某一特定的推销范围内发现市场领袖，并在他们的协助下把该范围内的组织和个人变成推销员的准顾客的方法；四是会议寻找法，这是推销人员利用参加各种会议的机会来寻找准顾客的方法，如各种产品博览会、交易会、展评会、订货会、物资交流会、技术交流会、学习班、培训班等，也包括各界人士联谊会、俱乐部、亲朋好友的生日舞会、新婚宴会等；五是广告开拓法，这是指推销人员利用广告媒介来传播推销信息，寻找准顾客的方法。

三、推销员的素质要求

（1）相信自己，持之以恒。

推销是相当平凡的工作，任何人都可以从事。但怎样做才能成为出色的推销员呢？例如，美国人克里蒙·斯通第一次推销，只有两个人向他买了保险，从销售量来说他是失败的。但他没有退缩，而是坚定信念勇往直前。第二天他卖出了 4 份保险，第三天卖出了 6 份。接下来的日子里，他创造了一天卖出 10 份保险的好成绩。斯通的意志越来越坚定。他相信自己一定能走向成功。他走遍了很多地方，每天卖保险的平均记录是 30 份，在有些城市达到每天 40 份。这时，斯通的收入已相当可观，但这远远不能达到他的目标，成功依旧遥远，梦想还没实现。凭着一股韧劲，斯通勤恳推销，在 20 岁时终于开了一家保险经济社，不过全社仅有他一人。开业首日，销出了 54 份保险，斯通信心百倍。他的事业一天比一天兴旺，居然有一天，销出了 122 份保险！就这样日复一日，年复一年，斯通的事业蒸蒸日上，昔日的小保险社逐步成为今天的巨大的美国联合保险公司，经营范围遍及全球，世人为之瞩目。无疑，斯通用他持之以恒的毅力走向成功，攀上自己理想事业的巅峰。

（2）注重心理与能力素质的培养。

无数像保险巨子克里蒙·斯通那样成功的例子表明，推销员必须注重心理与能力素质修养的重要性。因为推销员最大的敌人不是客户，也不是竞争对手，而是自己。当他不能战胜自我，面对失败，选择放弃、叹气时，那他将永远失败。

要成为出色的推销员，通常要具备以下心理的和能力的素质：一是自觉塑造良好形象。推销员所从事的工作表面上是在推销商品，实际上是在推销自己，推销自己的形象和自己的经营理念，所以必须注意做到容颜仪表整齐清洁，衣着打扮得体，举止谈吐优雅，形象语气亲切，风度气质良好，脾性温和耐心等。二是自我设计目标、自我激励实践。只有具备明确细化的目标、实行自我管理与自我激励素质的推销员，方可坦然面对失败，接受打击。三是善于交际。广结朋友、自重诚信、懂礼守时，才能播下成功的种子，结出推销成功的意外甘果。四是保持韧劲、充满朝气。从事推销工作是艰苦的，充满挑战性，这不仅需要推销员抱负远大、胸怀宽广、意志坚定，还需要具备健康的身体和力求上进的心态，并以此去积极影响自己的朋友，辅助事业成功。

总之，作为推销员，应该努力使自己具有以上所说的优秀潜质，每天以热忱的态度去从事工作，那么一定能化解沉重的工作压力，缩短与推销成功的距离。

四、推销语言的基本要求

推销员面对顾客、商户推销商品，从寻找到访问客户，从初约的客套话到面谈以及推销后的告别离开，其说话谈吐辞令都必须通情达理。在今天崇尚“顾客是上帝”，以买方为主的市场竞争中，作为一名成功的推销员，必须掌握推销语言的基本要求。

（1）口齿清楚，用语简明、生动、易懂。塑造声音的魅力，力求以焕发的精神给对方一种美的期待，不说僻字脏句，不故弄玄虚，忌吹毛求疵，说话带刺。

（2）态度亲切，话题丰富。适当运用方言土语，兴趣与知识广泛，以增加顾客的情趣和兴致，切忌呆板、枯燥无味和炫耀、摆设滥调。

（3）适当表露笨嘴拙舌。适度克制能言善辩，表露笨嘴拙舌，也能给顾客和推销制造惊喜，以展现诚实、谦虚和内涵。

（4）措辞恭敬准确，眼神温和明亮。措辞恭敬、准确，眼神温和、明亮，姿态端庄、轻松，以无声胜有声的语言化解推销员与顾客之间原本存在的对立情绪，让顾客找到“上帝”的尊荣，博取对方的信赖和友情。要做到这一点，一是善于测度对方实情，慎选话题；二是用心识别对方，恰当地赞许对方，不要伤对方的自尊；三是善用眼神与姿态，摒弃轻佻、不雅和慌张。

现实中，成功的推销是一种人与人之间为追求物质和精神欲望满足的一种人际关系的升华。推销获得成功，推销员和顾客之间不但能各有所取，更重要的是改写了他们的关系，甚至成为最佳的朋友。但是必须首先克服自己语言上、习惯上的毛病，才有可能出色地完成推销工作。

实用技巧

一、推销口才的技巧

销售口才的艺术，就是在销售的现场和与顾客的交谈中，游刃有余，从而达到说服客户、顺利成交的目的。所以，在推销商品之前，必须掌握推销语言技巧。

1. 推销口才的基本技巧

（1）掌握交谈的节奏。

在推销中，一定要掌握好与顾客的交谈节奏。在商品推销过程中，根据交谈对象的不同特点，比如年龄特点、职业特点等，变化与之谈话的节奏和速度，在推销过程中才能掌握主动权，这样往往能收到很好的推销效果和成交成果。如与一位年龄较大的顾客交谈时，就应把谈话速度放慢些、节奏缓和些。而与年轻人或中年人交谈时，说话的节奏、速度就可快点。

（2）巧妙地应答问题。

现场有谈也有试，推销是双方试探、商谈和成交的过程，期间经常会出现一些意外的小问题扰乱推销工作。例如，在推销自行车时，顾客听了介绍以后，提出要试试自行车，但试后说车的链条有些摩擦的声音，而且蹬的时候也要用较大的力气，其他地方都较满意。此时不要被他这么一说就乱了手脚，首先得判断出他对车的整体印象不错，只是有些小问题，接着就得把这些小问题解决好。

（3）恰当地虚张声势。

在推销过程中，有时恰当地给顾客造成一点悬念，让顾客有点紧迫感，产生一种现在是购买的最佳时机的感觉，促使他立刻成交。运用这种方法要注意不能过分，否则会弄巧成拙。例如，某推销员正在推销甲、乙两座房子，他想卖出甲房子，因此他在和顾客交谈时说："您看这两座房子怎么样？现在甲房子已经在前两天被人看中了，要我替他留着，因此你还是看看乙房子吧，其实它也不错。"顾客当然两座房子都要看，而推销员的话也在顾客心中留下了深刻的印象，产生了一种"甲房子被人看中，肯定比乙房子好"的遗憾。到这里，推销员已经很圆满地设下一个"圈套"，也可以说是出色地完成了整个推销工作的一半了。过了几天，推销员兴高采烈地找到顾客，说："你现在可以买甲房子，你真是幸运，以前订甲房子的顾客由于银根紧，只好先不买房了，于是我就把这所房子留给了你。"听到这，顾客当然很高兴自己能有机会买到甲房子，现在自己想要的东西送上门了，眼下不买，更待何时，因此，买卖甲房子的交易很快达成了。在这个例子中，推销员稳稳地掌握住顾客的心理，利用人的逆反心理把顾客的注意力吸引到甲房子上，先给他一个遗憾，刺激他对甲房子更强的占有欲，最后很轻松就让顾客高高兴兴地买下了甲房子。

（4）巧避沉默的尴尬。

推销时，如果双方因话题中断而都陷入了沉默的状态，那将是很尴尬的事，对推销工作也很不利。因此，在不容易继续下去、快要陷入僵局时，必须赶快采取措施，把谈话引入到大家有共同语言方面去，这样双方才能够谈得和谐。

（5）适时地中断谈话。

在推销过程中，特殊情况下的中断谈话也可以收到好的推销效果。一般来说，在与顾客交谈时，最好不要轻易中断谈话，而使双方显得尴尬。但在特殊情况下，也可能产生相反的效果，有利于推销工作。顾客一般认为，推销员只是在推销产品时才热情地与顾客谈话，根据这种心理，在与一位新的顾客谈交易时，如果一位老顾客过来了，这时就可以在征得新顾客同意后便去与老顾客攀谈，新顾客就会觉得这位推销员肯定不错，对以前的顾客还是那么热情，不是那种只在推销商品时才“认人”的推销员，使新顾客对推销员产生了好感。

（6）以试探促使成交。

试探性成交是提出一些特别的、试探性的问题，顾客如果乐意回答这些问题，就表明他们已经对推销的产品产生了兴趣，他们有可能准备向前跨进一步。试探性的推销口才技巧有：一是答案任其择一试探法。例如，“先生，哪一天送货对您最合适，是1号还是15号？”如果他说：“我需要1号送到我店里。”这就说明他实际上已经买下它了。就可以进行往下的一系列细节手续了。二是用错误的结论试探。例如，一名推销员到一个家庭中推销某种家具，当推销员介绍和展示产品时，妻子对丈夫说：“亲爱的，你的妈妈10号要来。如果我们今天看中了，就应该在10号以前买下来。”稍过一会儿，推销员微笑着对他的妻子说：“我能看出来您像是喜欢这个式样，您母亲5号要到这儿来了，是吗？”这位妻子说，“不，是10号来。”推销员说：“那么说，8号给您送货最合适了？”她如果真想买，就会答应，推销员便可以说：“让我把这地址记下来。”三是“和谐”效应试探法。例如，顾客问：“这台设备有遥控装置吗？”推销员可以反问顾客：“您想要一台有遥控装置的设备吗？”如果顾客说“是”，推销就成功了大半了。

二、接近客户的口才技巧

为了吸引顾客的注意力，在面对面的推销访问中，说好第一句话是十分重要的。一开始就能抓住顾客注意力的一个简单办法是去掉空泛的言辞和一些多余的寒暄。例如，“您知道一年只花几元钱就可以防止火灾、水灾和失窃吗？”保险公司推销员开口便问顾客，对方一时显得无以回答，又表现出很想得知详细介绍的样子，推销员又赶紧补上一句：“您有兴趣参加我们公司的保险吗？我这儿有20多个险种可供选择。”这样的开头比空泛的寒暄要好得多。接近顾客的口才技巧一般有以下几个：

（1）巧提问。

提问是引起顾客注意的常用手段。推销员在向顾客提问时，利用适当的悬念以引起顾客的好奇心，也是一个引起注意的好办法。例如，一名推销员对一公司的总工程师说：“李总工程师，您有没有听说过‘工业间谍’这个名词？我们厂设计投产的微型电子计算机在没有上市之前，差一点被‘工业间谍’盗走了设计图纸。”这一提问引起了李总工程师极大的兴趣，于是便向推销员询问了这一产品的情况。

（2）出奇言。

推销员上门访问时出其不意地讲一句话，往往能一下子抓住顾客的注意力。例如，一位柜台前的推销员在卖皮鞋，他对从自己的柜台前漫不经心走过的顾客说了一句："同志，请当心摔跤！"顾客不由得停了下来，看看自己的脚面，这时推销员乘机凑上去，对顾客会意一笑："您的鞋子旧了，换一双吧！您现在穿的这双鞋子式样过时了，穿着挺别扭的，我这儿有更合适的皮鞋，请试试看。"这种语言会让人感到幽默和亲切。

（3）用旁证。

在唤起注意方面，推销员广泛引用旁证往往也能收到很好的效果。例如，一位推销家用小电表的促销员向顾客介绍产品时，总是这样开头："我家安装的就是这种型号的电表，可省电啦！"这比花很多口舌介绍产品管用得多。

三、面谈时的语言技巧

"机遇永远青睐那些有准备之人"。推销是一项充满挑战性、成功感的苦差，要想把握机遇，则必须先要"利其器"——充实知识，熟练技巧。推销面谈的重点技巧，常见于面谈中的叙述、倾听、提问和答复 4 个方面。

1. 叙述技巧

顾客对推销品的了解和认识过程中，总伴随对商品从购买兴趣到采取购买行动的转变，推销员适时准确抓住要害地对商品的叙述推荐，可加速强化这种转变的提前。推销员在介绍商品时如能和颜悦色地"授人以鱼"，以"鱼"授"渔"，指导顾客精明消费，推销工作一定能收到满意的效果。叙述除了注意语调、声音、停顿、重复、易懂、真实、明确、简明外，还要尽量巧立新意导入正题，如赞美、请教、炫耀等，目的是要让顾客对商品的注意和兴趣得以持续，进而高涨，推销常常成功。

例如，一位男士带着小孩经过玩具摊时，小孩拿起一只声控飞碟看，推销员忙迎上去接待，笑容可掬地说："您的小孩多大？""6 岁。"男士边说边把玩具放下，目光转投别处。"6 岁正是玩这种玩具的时候，"推销员故意提高嗓门说，边熟练演示玩法边说，"从小玩这种玩具，可以培养小孩的领导意识。""这一套多少钱？"男士问。"50 元。""这么贵？""先生，跟培养小孩的领导意识比是微不足道的。"男士笑了笑，就爽快地掏钱，购买了这个玩具。

2. 倾听技巧

任何推销员都期待顾客对他们的推销介绍或产品演示感兴趣，尤其是上门推销时。如何使顾客的倾听变得用心、变得耐心、变得回应积极等，就需要技巧了。诚然，推销员与顾客之间就推销产品进行的语言沟通——一听一说，就像是发音器和收音器之间的密切关系，配合得好，才能发挥播音的作用。对推销员而言，听说（倾听）比说话更重要，善于倾听顾客意见，也是博得对方好感的一个秘诀。倾听顾客的抱怨，不仅可以留住一个老顾客，更重要的是留住顾客的心。一个好的推销员不仅需要会说，更需要会听，要搞清楚顾客说话的真正含义，一边倾听一边摸清顾客的真正意图，了解客户的意见与需求。

倾听技巧有：一是耐心倾听。推销员切忌打断顾客的言论而伺机插话，申述己之观点，而是要集中精神、耐心、细心地倾听，适时发问，时不时佐以"后来呢""的确是那么回事"等加以"伴奏"，这样既可帮助对方理清头绪，又可使对方满心欢喜，放松提防，缩短两者之间的心理期待，使"就这样签订合同"的奇迹成为可能。二是富有感情，诚心诚意。推销员说话时，用抑扬顿挫的语调能迅速地向顾客传递其内心的感情，用愉快的声音传递内心的诚意和外在热情，克制自己内心的不良情绪，恰当地以“有趣的话”“关心的话”“为顾客着想的话”去表情达意。

例如，某美容品工厂张厂长接待了一位前来投诉的李先生。李先生怒气冲冲地对张厂长说：“你们的美容霜，干脆叫做毁容霜算了，我18岁的女儿用了你厂的‘美达青春霜’后面容被毁，现在连门都不敢出，我要你们负责，赔偿我们的损失！”张厂长听后，稍加思索也明白了几分，但仍诚恳地道歉：“是呀？实在对不起您和您的千金。现在当务之急是送小姐去医院诊治，其他的事我们回头再说。”李先生眼看张厂长的认真和焦急劲，心存感激。赶紧在张厂长陪同下带女儿上医院皮肤科检查。当然检查结果表明是李小姐皮肤自带一种遗传性的过敏质，而非护肤霜有毒所致。正当两父女逐渐释怀时，张厂长趁势又说：“虽然我们的护肤霜并没有毒，但造成小姐的不幸我们也有责任。因为小姐购买时，售货员肯定忘了询问是否皮肤过敏，也没叮嘱顾客注意说明书上的提醒，致使小姐误用了这种产品。”李小姐听后赶紧查看说明书，心中不禁懊丧。张厂长把握良机，又安慰道：“小姐请放心，最近我厂跟皮肤专家合作研制专供过敏性人士使用的护肤品，效果都很好，等您痊愈后我派人送两瓶给您试用一下，保证不会再有过敏反应，也算是我们对今天误会的补偿，先生、小姐，您看如何？”结果自然是向好的事态发展了。张厂长在接到投诉后，当机立断陪同顾客上医院检查，一为取得有力证据；二为彻底改变李家父女的看法，让顾客体味更亲切的关怀，使其产生好感，进而感激；三为验明一条戒律：耐心倾听、婉转解释，绝对要比正面批评顾客与据理力争要有效得多。这个例子属于典型的“有理更让人”的推销技巧的有效应用，也深刻地阐释了说与听的辩证学问。

3. 提问技巧

提问是推销面谈中非常有效的面谈方式，接近顾客时要懂得巧问，面洽中也要学会恰当提问。提问的作用有：一是精心设计提问，问到点处，常常可以收到很好的效果，以引起顾客的注意和思考，尤其是引起无购买目标受外界刺激而生发的不随意注意，从内因唤起顾客主观的欲念、主观情感和主观兴趣；二是可以向顾客传输相关商品和商情，获得自己所需的信息，制造双方交流的平台，激发顾客的购买兴趣；三是可以借宣传推介商品功能、质量之机，阐理明利，解决顾客内心由原发冲动而来的“需要”与“缺乏”之间的不平衡，实现推销中的第一目标等。

面谈中常用的提问方式与技巧有以下几种：

（1）探索式提问。

探索式提问即采用延伸、试探顾客的意见的提问。使用探索式提问，既可发掘较充分的信息，又可显示对顾客的关怀，以达到推销的目的。但是，要问得恰当，才能产生效果。例如，关于某名牌手表的推销，就有如下不同的问法，结果也不一样：“我是名牌手表的推销员，这是我厂生产的名牌手表，销量居世界前几位。”结果是顾客无动于衷。另一种问法是：“经理，久仰大名，知您日理万机，我想为您准确运筹时间提供一个从不偷闲的好帮手。”经理听后觉得被人理解很欣慰，又心生疑惑——“好帮手”是什么？“这是世界有名的走时准确的名牌手表，对于时间就是金钱的您，少得了吗？”推销员及时诱导与别开生面的推介，使经理“正中下怀”，双方于是成交。同样的商品，不同的提问给人的感觉就不一样。

（2）选择式提问。

选择式提问即将推销员自己的意见抛给顾客，陷顾客于“非此即彼”的选择之境地。例如，“这两种颜色您更喜欢哪种？”这种具有诱惑性的问句自然更容易使顾客坚定购买信念，并在限定的范围内加以选择。

（3）澄清式提问。

澄清式提问即针对顾客的答复，采用重复措辞以澄清、补充原有答复的一种提问，帮助推销员就关键性的问题与顾客进行有效交流。例如，“您刚才说付款的方式可以商量，这是不是说你们可以如期支付这笔货款？”

（4）引导式提问。

引导式提问即以问句形式强烈地暗示答案，争取对方就范，引导顾客作出符合推销员预期目的的回答。例如，“我认为那种机器很快就会被淘汰，对此您怎么看？”

当然，要想提问顺利进行，提问所用的技巧可淋漓尽致地发挥，但还需要注意提问时机、提问速度、提问次序及提问内容等的处理，适时适当、带针对性和逻辑性都是推销员应遵循的提问技巧准则。

4. 答复技巧

答复是推销员处理顾客提出异议、疑问，处理顾客投诉的一种常用方法。推销中不可避免的顾客的异议、疑问、投诉，可分为正确、中肯和误解、偏见，甚至是恶意中伤、借口拒买等常见类型。针对问题的类型与内容实质，推销员应该以积极态度对待顾客的问题。一般答复问题的技巧和策略有：掌握充分的思考时间去准备和答复顾客的异议；遇棘手问题要适当以资料不全等借口拖延答复；搞清顾客异议的真正含义后才予以答复；先主后次地作回复、答疑；个别答复可选留有余地的具有弹性的答案作答；答复中永远讲求适度，正确的答复未必是最好的答复；先让对方阐明其问题实质后才从容作答；对不值一提的问题可弃而不答等。

四、促成成交的口才技巧

（1）创造单独洽谈环境，防止第三者介入。

在推销成交阶段，周围环境对成交与否很重要。当顾客被推销员吸引后，其他某些外界刺激仍然会干扰、分散其注意力，这对成交是极其不利的。在这些干扰中，对成交破坏力最大的是第三者介入，买方与卖方的交往会因此半途而废。第三者的身份有两种：一种是推销员的竞争对手，这种第三者目的很明确，就是要争夺同一个顾客，因此对成交威胁最大，需要时刻提防；另一种是顾客的熟人，他们既不了解所推销的商品，也不欣赏这些商品的优点，当目标顾客征求他们的意见时，即使是不经意的泼冷水，也会导致成交的失败。因此，为使推销达到最后的成功，推销人员一是设法杜绝外界的干扰，在成交条件成熟时，把顾客单独带到一个特别的办公室、商店的隔离间或其他人干扰不到的场所；二是若在顾客所在单位，可视周围环境，将顾客引入暂时无人的房间，或将顾客引到房间里相对安静的位置，尽量远离电话、其他业务人员，并避开房门。

（2）判断成交迹象，捕捉成交时机。

成交时机的把握是至关重要的。过早或过晚都会影响成交的质量和成败，促成交易，首先应捕捉住成交的时机。一般情况下，顾客的购买兴趣是“逐渐高涨”的，且在购买时机成熟时，顾客心理活动趋向明朗化，并通过各种方式表露出来，也就是向推销者发出各种成交的信号。成交信号是顾客通过语言、行为、情感表露出来的购买信息。顾客成交信号可分为语言信号、行为信号和表情信号 3 种。

语言信号是在当顾客有心购买时，其语言表露出来的信号。例如，当顾客说：“你们多快才能运来？”这就是一种有意表现出来的真正感兴趣的迹象，它表明成交的时机已到；顾客询问价格时，说明他有购买兴趣；商讨条件时，说明他实际上已经准备购买。归纳起来，假如出现下面任何一种情况，那就表明顾客产生了购买意图，成交已近在咫尺：给予一定程度的肯定或赞同；讲述一些参考意见；请教使用商品的方法；打听有关商品的详细情况（价格、运输、交货时间、地点等）；提出一个新的购买问题；表达一个更直接的异议等。

行为信号是顾客的行为信号。推销员应细致观察，并根据其变化的趋势采用相应的策略、技巧加以诱导，这在成交阶段十分重要。通常行为信号表现为：顾客频频点头；顾客向前倾，更加靠近推销者；顾客用手触及订货单；顾客再次查看样品、说明书、广告等；顾客放松身体等。这些动作，或表示顾客想重新考虑所推荐的产品，或是购买决心已定，紧张的思想松弛下来，总之，都有可能在表示一种“基本接受”的态度。

表情信号是从顾客的面部表情表现出来的、可以辨别其购买意向的信号。如眼睛注视、嘴角微翘或点头赞许等，都与顾客心理感受有关，均可以视为成交信号，具体表现为：紧锁的双眉分开、上扬；眼睛转动加快，好像在想什么问题；嘴唇开始抿紧，好像在品味着什么；神色活跃起来；态度更加友好；原先造作的微笑变成自然的微笑等。当成交信号发出时，及时捕捉，并迅速提出成交要求。

（3）帮助顾客权衡利弊，促成交易。

在即将成交阶段，顾客自然反复掂量购买的利弊，但若顾客自己权衡利弊，往往会受到一些外来或内在干扰的影响，效果不甚理想。为此，推销人员应主动介入顾客的心理活动，帮助顾客权衡利弊。

运用权衡利弊法促成交易，需要注意：第一，向顾客说明权衡的目的，比如“让咱们先来权衡一下利弊，然后您再拿主意，好吗？”这句话实际上是在暗示顾客可以下决心购买了；第二，用口头或书面形式将顾客买与不买的理由一一列出，供顾客参考，当顾客作出反对时，再将商品或劳务的实际效益加以总结，推销员通过客观的评价，可以促使顾客下定购买的决心；第三，若顾客在听取或观察上述购买理由后提出异议，推销员必须运用处理异议的口才技巧，在诱导顾客促成购买决心的同时进行说服。这样，通过利弊权衡对比分析，可使异议相形见拙，疑虑让位于决心，变对立者为同盟者，进一步强化顾客对购买的心理体验，减弱弊端的心理影响，从而促使其购买决心的形成。

五、处理异议的口才技巧

在推销过程的任何阶段，客户都可能提出某种异议，这些异议是多种多样的，可能是针对商品质量、规格、使用方法的；也可能是针对价格、交货期、付款方式等交易条件的。因为客户之所以对推销活动提出有关异议，这实际上表明他对推销产品有了某种兴趣；相反，在整个推销过程中，顾客对推销员的建议无动于衷，没有丝毫异议，往往也说明这位顾客没有一点购买欲望。俗话说得好，“嫌货才是买货人。”客户越有兴趣购买，就会越加认真地进行思考，也就会提出更多的意见。

1. 挖掘异议的内涵

人们提出异议是因为他们想知道这件产品为什么值得购买，所以推销员就必须挖掘异议的内涵，例如：

异议：我不觉得这价钱代表着“一分价钱一分货”。

内涵：除非你能证明你的产品是物有所值的。

异议：这尺寸看起来对我不太适合。

内涵：除非你能证明我穿上大小、长短正合身。

异议：我从未听说过你的公司。

内涵：我愿意买你的货，但我想知道你的公司是否有信誉、值得信赖。

异议：我正在减少开支，所以我不想买任何新产品。

内涵：除非你能使我确信你的产品真是我需要的东西，不然我是不会掏钱购买的。

异议：我只想四处逛逛，看看有没有什么别的合适产品。

内涵：你要是能说服，我就买；否则，我就当是在散步。

客户表达出假的异议或许是出于各种不同的考虑。如果找不出他们的真正用意，那就会错过许多的生意。

2. 适当运用处理异议的口才技巧

顾客的异议或疑惑的形成在常态下主要来自顾客自身和对推销员的看法两种渠道。关于需求、财力、购买时间等异议，是由顾客自身条件和内在因素造成的；而关于商品所属的公司、推销员服务的质量和商品的相关属性等异议，是推销的外部环境造成的，顾客的购买习惯和惯有偏见造成的异议争执都是极富挑战性的。推销员用来排除顾客异议的口才技巧有：

（1）耐心协商法。

例如，一位推销员到一家大商场推销。经理说：“你的产品在这儿没市场。我们从来不卖。”对于这样断然的拒绝，这位推销员说：“我们在几家小商店试销，走势都很好，你们能不能试销一下？如果效果好，就继续，如果效果不好，就中止。您看如何？我们不蒙你们，大商场资金雄厚，你们能不能先付 70%款项，待销完后再付 30%；若滞销、退货时，我们退款。”最后几经协商，这位经理按推销员的条件订购了一批产品。

（2）善意询问法。

善意询问法是最能应用处理顾客异议的方法。面对顾客异议，推销员应针对有关问题进行询问，得当地发问，礼节性地请教“问题”的含义，能让自己获得更多的客户信息，变被动回答为主动听取意见、与顾客探讨问题，如当顾客说“你的产品确实不错，可我觉得不适合我”的时候，不妨问他：“你觉得什么地方不合适呢？”这样一来，推销员就处在了主动地位，可以把握推销进程，通过善意的询问，有时使顾客不得不放弃借口，如果顾客的异议不是借口的话，问话也可以了解顾客的真实需要。但是，不要动辄质问，问话时要以人为善，用征求意见和商量的口吻答复顾客的异议，以免引起对方的反感。

（3）反驳说服法。

反驳说服法是可增强面谈中答复说服力和客户信心的方法，这是一种高效率处理异议的方法。推销员根据较明显的事实、理由，有理有据、态度和好、以大量商品行情信息和知识直接应对顾客的异议，给人一种不容置疑的解答，但要注意避免引起正面冲突和被拒推销。

（4）间接处理法。

间接处理法又称但是处理法。此法适用于处理顾客无知、成见、闭塞和个性造成无效的异议。推销员凭有关事实、理由，语气委婉、转折自然，先安慰后否定，转换语词（转折连词）、转移话题，选好重新推销的角度，围绕新要点展开信息攻势。例如，一位推销员在推销照相机时，顾客提出异议："这架照相机太复杂了，用起来不方便。"推销员马上说："这是一架高级照相机，操作是稍复杂一点，但是，只要掌握了使用方法，用起来还是很方便，而且效果特别好。"结果，顾客买走了这架照相机。

（5）"将计就计"法。

"将计就计"法又称利用处理法。此乃一种有效的顾客异议处理法。根据顾客异议二重性——既是成交障碍，又是成交信号，即推销员正确分析和区别对待顾客购买动机与影响因素后利用异议本身正确、积极的方面去说服、转化异议本身错误、消极的一面，把顾客拒买的理由转化为说服购买的理由，变障碍为成交信号。切忌以讹传信息欺骗顾客，引起顾客的反感和抵触情绪。例如，顾客说："你的商品提价了。"顾客本想以此拒绝购买，推销员却说："是涨价了。根据市场行情，过几天还会再涨，所以您现在应多进一些货。"这就把原来埋怨的情绪转化为说服顾客购买的理由，直接促成交易。

（6）补偿处理法。

补偿处理法是一种比较理想的方法，它的优点首先是承认顾客的异议，并不作直接否定，这就给人一个实事求是的印象，有利于增强顾客对推销员的信任感；再者，通过提示和分析产品的优点，用以抵消不足，容易使顾客得到心理平衡，顾客充分认识到产品价值后，就会采取购买行动。这种方法要求推销员有较好的分析能力和表达能力。

例如，顾客提出异议说："羽绒衫这几年款式翻新得特别快，一年一个样，你这是前年的产品了，款式太陈旧。"推销员说："这是前年留下的库存，别的都不错，就是式样旧一点。所以我打九五折卖给你。每件你可以多赚七八元，中青年人讲究大方、实惠，穿这种羽绒衫正合适。你们的商铺位置好，售货员加把劲卖出去不成问题。"

又如，一位旅游公司的采购员在买望远镜时说："这种望远镜太重了，用起来不方便。"推销员回答说："这种望远镜是比较重，它的外壳是双料的，所以很牢固，你们公司用这种望远镜向顾客出租正合适。"

以上两个例子都给人实事求是的感觉，又能够分析出顾客没想到或没充分认识到的另一方面的优点，所以容易打动顾客。

（7）“视而不见”法。

“视而不见”法是对顾客异议作“冷处理”的答复技巧。面对顾客异议中那些无效、无关甚至虚假异议的问题，推销员可以采取“视而不见”、不予理会的方法，而去处理相对有效真实的异议。使用这种方法时，要注意专心听取异议，慎重处理，以博大胸怀和清醒的头脑对待偏激、不尽情理的顾客异议，尽量确保良好的推销气氛。

（8）推迟处理法。

推迟处理法是应用于处理大宗产品推销或大批进货推销中存在固执的顾客异议，面对固执己见的异议，推销员可以暂不处理，在自信地介绍推销产品后留下相应的证据、资料，一段时间让顾客可以从中了解比较，以达到自我提示、自我解释异议的可能，注意留下的证据和资料必须利于顾客作出决策，自信地阐明本产品的优越性，并约好下一次见面的时间和方式。

（9）巧妙暗示法。

巧妙暗示，引出客户的真心话。“看看再说”是客户经常使用的拒绝理由之一。例如，有一个化妆品推销员在他所分配的区域里，遇到一位很不喜欢这个推销员公司产品的怪异难缠的店老板。当他一进门正想推销化妆品时，这个店老板就嚷道：“你没有走错地方吧！我才不会买你们公司的产品。”这个推销员于是盖上了手提箱，谦虚诚恳地向店老板说：“您对化妆品一定很内行，对商品推销经验丰富，我是一个刚进入推销行业的新人，您能否教我一点什么秘诀？我到别的店里去时应该如何谈起？请您这位老前辈指导指导。”他看到店老板的脸色渐渐转变，再度打开了手提箱。“想当年，我开始做这一行……”这个化妆品的老板终于打开了话匣子，一口气讲了 15 分钟，在他讲解他过去推销化妆品的过程里，越来越喜欢这个洗耳恭听、不断点头称是的年轻人，终于作出了购买这个年轻人公司出产的化妆品的决定，这位怪异难缠的老板成了这位年轻推销员的长期客户。

（10）自我责备法。

有些客户要先签合同，然后再收费。这种客户对产品是不排斥的。遇到这种情况，推销员可以运用自我责备法。例如：

推销员：我一定很笨，这产品这么好，我却说不出它的价值，没办法吸引您，我应该回去检讨一番。

客户：不是这样啦，你说得很好。

推销员：如果说得很好，您应该想进一步了解。

客户：不用了，我都听了进去，只是舍不得钱。

推销员：那么先把合同签了嘛！钱的事以后再想。

客户：好吧！只是签合同哦！

就这样，这位推销员一面自我蹊落，一面借机要求。

（11）化多为一法。

化多为一法就是把多个问题转化成一个的方法。例如，当客户说：“我觉得保险不好。”“理赔不干脆。”“我没钱。”等问题时，有经验的推销员就会指出：“保险不是不好，是您找错推销员了；理赔不是不干脆，而是文件不齐。其实您真正的问题只有一个，就是‘钱’，这样而已嘛！”然后再进一步说：“您想吃饭，没钱就不吃吗？您想买房子，钱不够就不买吗？不是的，关键在您是不是觉得这东西对您很重要。如果重要，您就会设法筹钱，对不对？”把一堆问题转化成一个问题，问题就好解决了，这是应付拒绝的绝招。

（12）环境利用法。

环境利用法就是利用周围事物处理异议的方法。为了让拒绝的语言技巧取得更佳效果，不妨多多利用客户周围的事物作为题材。例如，一名推销员在推销书的过程中，客户对这位推销员说：“我家小孩根本不爱念书，买了也没用！”推销员说：“可是，做妈妈的都放弃的话，还有谁来关心孩子的作业呢？！……那盆茉莉开得真漂亮，是您种的吧？”客户说：“是啊！”推销员说：“每天都要浇水吧！您对一盆花都那么爱惜关心，为何会对孩子的事不管呢？孩子也跟花一样，花需要浇水施肥才会开得漂亮，否则很快就枯死了。同样地，孩子也需要有人细心呵护，不断供予养分，如果因为孩子不爱念书就不买书给他，那孩子只会更不想念书，您说是吗？”

以上是推销员在处理顾客异议、答复疑问、处理投诉时可以参考与运用的一般方法。实战中，顾客异议、疑惑造成的推销障碍是五花八门的，因此处理异议、排除障碍的方法也多种多样，使用什么方法都必须视实际情形而定。

模块小结

（1）广义推销，是指推销主体在一定的推销环境里，运用各种推销艺术，说服推销对象接受推销客体所进行的各种相互关联的活动。狭义推销，专指推销员销售产品的行为和活动。推销的三要素是：推销主体、推销对象、推销客体。现代推销形式有4种：广告宣传、营业推广、公共关系和人员推销。现代推销观与传统推销观最显著的区别是：以形象导向为推销活动的第一导向。

（2）推销语言必须既有科学性，又有艺术性。推销语言的基本要求是：必须以满足推销对象的需求为前提；必须准确地传递推销信息；必须引起推销对象的愉悦反应。推销语言的四项基本原则是：真诚待人、耐心讲解、风趣谈话和利益吸引。

（3）推销辞令四步骤是：第一，开口说话阶段，要善用寒暄，说好开场白，获得顾客好感；第二，商谈前半段，应用各种吸引法，立即引起顾客对推销品的注意；第三，商谈后阶段，必须针对顾客的不同性质的拒绝采用不同的方法努力做好说服工作；第四，结束商谈阶段，注意抓住有利时机，从速成交。

（4）推销语言的技巧在推销活动中至关重要。推销员应精通以下技巧：接近顾客的语言技巧、当面交谈的语言技巧、消释异议的语言技巧、商品成交的语言技巧、收回货款的语言技巧等。推销员在进行推销时，必须灵活机动地使用多种方法，针对不同的顾客不同的情况采用不同的语言技巧，有的放矢，投其所好，供其所需，才能创造辉煌的推销业绩。

技能实训

1．正常情况下，面对一个针对你所推销的商品略作了解，但仍然没能下定决心购买的顾客，聪明的推销员该如何再推销自己的观点，而令对方不但不反感，反而作出购买决定呢？

2．假如你是一位某品牌商品的营销客户代表，当你上门推销或设档向过往客人推销本品牌商品时，你认为你与顾客之间应保持怎样的距离才算作合适？你对人们常说的推销中的亲密距离、个人距离、社会距离、公共距离又是如何界定与使用的？

3．请分析以下案例并回答问题：

一位推销员对一位相交多年的老顾客进行上门访问，当所有例行服务结束后，老顾客就把推销员请进一间豪华的招待室闲聊。正聊得起劲时，老顾客一边眼盯着推销员的座位，一边急不可待地说："你这人太不像话了！""啊！"推销员茫然地顺着对方的目光低头看，很正常呀！自己的头枕在椅子上，两腿伸得很长，像躺在睡椅上一样！

请问推销员在面对"熟客+朋友式"的顾客时应以怎样的姿态出现，这位推销员犯了哪条禁忌和原则？

4．试以下面两个例子的表达方式，分析在面洽推销中出现双方意见分歧问题时的对策及其优劣。

例一：

——这种商品的单价是 250 元。

——250？太贵了！这大大超出了我们的支付能力，你们怎么能这样要价？

——这是市场现价，我们一直按这个价出售。

——这就怪了，我们可以找到其他卖主，他们的售价比你们便宜多了。你们应该降价。

例二：

——我们这种产品的单价是 250 元。

——是单价吗？

——是的。

——我们希望每个产品售价是 220 元，不包括运费和关税。

5．分析题

（1）一位推销员向公司经理汇报："对顾客反对的每一点异议，我都进行了反驳，并且将事实与数据都告诉了他。我还义正辞严地对他说，他的那些反对意见都是毫无根据的。我们大概谈了一个多小时，最后顾客被我驳得哑口无言，但他最后还是没有买我们的产品就走了。"请根据这份材料，说说这位推销员错在哪里，应该怎样说才对？

（2）假设你是苹果手机的销售员，对该品牌某款手机做 5 分钟的模拟现场促销，要求介绍手机的基本情况、特色，辅以肢体语言。

（3）请分析下面的两个案例。

例一：一位对推销品性能非常熟悉的推销员向推销经理汇报时说："对顾客的每一点异议，我都进行了反驳，并且把事实和数据都告诉了他。我还对他说，这些反对意见是毫无根据的。我们大概谈了 3 个小时，可以说所有的问题都涉及了。直到最后阶段，顾客还是认为他是正确的。我们几乎花了整整 1 个小时讨论防震问题，而这又偏偏是个次要问题。然后我就告辞了，再拖延下去也是白白浪费时间。"推销经理听完了他的申述，生气地说：

“你早就该告辞了，在业务洽谈进行到 15 分钟时，你就该离开那儿了。”推销员对经理的话感到迷惑不解：“我不能认输啊！”你认为他们两个人的话谁的对？为什么？

例二：美国的一位推销女士总是从容不迫、平心静气地向顾客提出 3 个问题：“如果我送给您一小套有关个人效率的书籍，您打开书会发现十分有趣，您会读一读吗？”“如果您读了之后非常喜欢这些书，您会买下吗？”“如果您没有发现其中的乐趣，您可以把书重新塞进这个包里给我寄回，行吗？”后来这 3 个问题被该公司全体推销人员所采用，成为标准的接近方法。请说明这种接近顾客的语言技巧好在哪里？

模块 7 求职面试口才

知识目标

1. 了解求职面试的概念、内容和方式。
2. 熟悉求职面试的语言要求和要注意的问题。

能力目标

1. 能熟练掌握求职面试前的准备技巧、面试时推销自己的语言技巧和问答的语言技巧。
2. 能熟悉求职面试解除困境的语言和求职面试的语言策略。

工作情景

下面是一个有关房地产行业的公司简介，××集团专注于房地产行业及相关的项目投资，致力于为消费者提供专业、优质的一站式置业服务。尤其看好中国房地产市场的广阔前景，于近年来陆续投资经营了数间相关企业，涉及房地产中介、交易按揭、房产资讯、家居装饰等行业，逐步搭建了完善的房屋流通服务网络。

××集团由粤港地产精英携手开拓，专注房地产及相关业务。经过长期发展，积累了丰富的市场经验，形成了成熟的运作模式，专业形象鲜明，是极具规模和实力的专业地产企业。业务地域以广州为基地，拓展至各地。

这个公司要招聘员工，招聘职位有：

办公室副主任（本科学历以上，两年工作经验）1 名

营业员 3 名

销售员 5 名

会计 2 名

秘书 2 名

网站管理员 1 名

广告设计员 1 名

客户资料管理员 2 名

问题：请你选择一个职位进行应聘。（在老师指导下试着较好地推销自己。）

案例分析

【案例一】

临场应变，智慧取胜

一家旅馆正在招聘男服务员，前来应聘的人很多。老板想考考他们，出了一道怪题："有一天，当你用备用钥匙打开客房的门，走进房间准备清理时，却突然发现一名女顾客恰好裸浴以后，正光着身子从浴室里走出来。你应该怎么办？"

对此，有的这样回答："对不起，小姐，我不是故意的。"有的干脆表示："小姐，我可什么都没有看见。"老板听后不停地摇头。

最后，终于有位机灵的小伙子说出了让老板最满意的回答："对不起，先生！不知道您在沐浴，我等会儿再来清理房间。"

【评析】该案例用的是装糊涂的办法。其实，人都会有偶尔遇到尴尬的时候，此时往往"装糊涂"最有效果。这个小伙子明知对方为女士，却称其为先生，使双方都从尴尬中解脱了出来，真可谓机变有术。

【案例二】

灵活应对，不失礼节

有一家中外合资企业的公关部，要招聘两名公关小姐。面试官要求应聘者以公关人员身份接待"客人"，考察她们的人际交往和应变能力。

陈小姐应考。一位"客人"走进公关部。陈小姐："先生，请问您找谁？"

客人："我找你们经理。"

陈小姐:"对不起，请您登记一下。"

客人往前走，不予理睬。于是陈小姐拦住了他。客人不悦，说道："我同你们唐总打了多年交道了，还登什么记。"说完继续往里走，陈小姐茫然无措。评委中不少人摇头。看来陈小姐处理失当。

轮到金小姐应试时，"客人"又进门了仍然说要找唐总经理。金小姐把客人让到沙发上坐下。金小姐微笑着问道："先生，请问您怎么称呼，让我向总经理通报一下好吗？"

客人回答了他。她用电话通报后，笑容可掬地对客人说："对不起，让您久等了！总经理欢迎您的到来，请往里走吧！"客人满意地点头，评委们的脸上露出了笑容。

下面是李小姐应考，主考人给她来了个电话："喂，你是公关部吗？我是康泰公司总经理。我们现在有急事要用车，请你们支持一下，马上派一部小车来好吗？"李小姐："好的，我们马上就派去。"

评委们认为太轻率了。另一位考官从旁插话说："这会儿公司没有小车在家。"李小姐便无言以对了。

下一个轮到石小姐，她接到同样的要车电话。

石小姐：“康泰公司的朋友，很对不起，我们公司这会儿没有车，请您向别的单位借吧。”直来直去的语言，评委们仍不满意。

接着吴小姐应试，她接到电话后说：“真对不起，我们公司的车都出去了。这样吧，我马上帮你向别的单位联系，找到车了立刻通知您，您看好吗？”这时考官和评委们都满意了。

【评析】该案例是在考公关小姐的为人处事能力和方法。陈小姐劈头盖脸就问“请问您找谁？”“请您登记一下。”之类的话，显然太简单幼稚，做事没有通过思考，当然不被录取；而金小姐对人彬彬有礼，说话婉转有度，是个聪明能干的人；李小姐没了解具体情况就应承人家，显得轻率，所以评委们不满意；石小姐说话太直，而且有推卸责任之嫌，所以也没有被录取；吴小姐就比较有办事能力了，她说：“真对不起，我们公司的车都出去了。这样吧，我马上帮你向别的单位联系，找到车了立刻通知您，您看好吗？”这样既有礼貌，又讲出实情，还想办法帮助解决，这才是公关部应该做的。

【案例三】

不亢不卑，互相尊重

钱小姐是某职业技术学院的高材生，主学数控，选修文秘，应聘某知名集团公司的文秘岗位，面试中双方谈得非常愉快，快接近尾声时，人力资源主管问她“对你来说，现在找一份工作是不是不太容易，或者说你很需要这份工作？”

钱小姐说：“那倒不见得”。

主管果然就没有录用她。

【评析】钱小姐这句话，客观上可能是想表现自己的不卑不亢，主观上却流露出了一种傲气。假如你是钱小姐，该如何回答？如果这样回答：“我希望得到这份工作，也自信有能力做好这份工作；但如果你们还有更合适的人选，我尊重你们的决定。”或许这份工作就搞定了。

【案例四】

站在招聘单位的立场上思考

孙先生面试一路绿灯，过关斩将，最后人才资源主管问他：“你为什么想进我们公司？”孙先生回答：“你们公司的培训机会很多，我想将来好好学习。”没料到最后居然落选了。

【评析】你既然是想来学习的，那我们干吗要花钱雇你？不如回答：“我看中的是贵公司的产业及发展前景……”因为企业首先考虑的是你能不能现在干活，别把恭维用错了地方。

赵先生是某名牌高校的硕士研究生，凭着响当当的学历和一表人才，在人才市场被一家外资企业一眼看中，面试时，人才资源主管问他有什么特长，赵先生回答：“我的文学功底好，写作能力很强。”主管又问他：“能用毛笔写大幅标语吗？”赵先生回答：“我可以边干边学。”主管只好放弃了他。

【分析】赵先生两句话都答错了。“写作能力强”在企业并不能算是优势，因为企业是从事生产经营的，企业所用的写作只局限于商用策划以及常规事务性的办公应酬，即企业并不需要太高深的写作知识；“边干边学”也不行，企业只需要熟手，原则上不养闲人，所以一般不会有给你学习的机会，再说，你要万一学不好呢，那损失算谁的？企业最看重的是职业优势。

李女士面试将要结束，人力资源主管问她：“你认为自己最适合干什么？”李女士回答：“只要公司需要，我什么都能干。”最终没被录用。

【分析】你什么都能干，那肯定什么都不一定干得精。既然如此，人家要你干什么？你必须展示出自己的亮点，让人觉得你既有抱负，又脚踏实地才行。

必需知识

一、求职面试的概念

求职面试就是求职者为了应聘接受招聘单位的会面考察，包括仪表形象、待人接物、语言表达、知识能力、道德品质等各个方面的综合性考评。

二、求职面试的内容

一般来说，招聘单位总是根据岗位需要招聘合适的人才，不同的岗位考察的侧重点不同，但不管招聘哪个岗位的人才，招聘者都会考察求职者以下几方面的能力：

（1）考察求职者的思维能力。

面试中的提问，留给求职者思考的时间很短，如果求职者思维能力强，就会在面试中反应敏捷、思路清晰地回答问题，在对答中显示出自己的逻辑性和判断力。思维能力差的人，往往会语无伦次、词不达意，甚至弄不清对方究竟问的是什么。

（2）考察求职者的口才能力。

通过面试自我介绍与应答，可以测试出求职者语言表达是否流畅、优雅、得体，吐字是否清楚，语音是否标准等，特别是教师、公关人员、营销人员等职业，对口才都有较高的要求。

（3）考察求职者的专业知识与能力，了解其特长。

如通晓国际通用财务制度，有较强的公关能力与文字表达能力，有较强的管理、组织协调能力，精通某种外语，能速记，擅长快速中英文字处理等。招聘单位将根据招聘的工种职位，决定特长吻合者留用。

（4）考察求职者的性格、品质。

招聘单位通过面试有意地问一些激人动情的问题，就可以在求职者无暇准备的瞬间回答中看出其性格、情绪、表情等；并测试出其道德品质如何，做事是否积极主动、认真可靠，是否诚实可信，能否吃苦耐劳，有无进取心等。

此外，还有的考察求职者对求职单位的实际了解程度、求职者的辩解能力、回答问题的方式等，甚至谈吐、坐姿、微笑、外表等许多细节都在观察记录之列，这些都将成为是否录用的原始记录。当然，由于职业类型不同，单位有别，面试的目的也不会完全一样，求职者面试前应充分准备。

三、求职面试的方式

从不同的角度，面试可以分为以下几种基本方式：

（1）单独面试与集体面试。

1）单独面试。

单独面试是指一位或多位主考人员与一位应试者单独面谈测试。其优势是能提供一个面对面的机会，让面试双方较深入地交流。单独面试有两种类型：一是招聘单位只由一位主管人员主持面试，对每位求职者依次进行面试，这种面试大多在较小规模的单位录用较低职位人员时采用；二是由多位主考人员组成考评组进行面试，每位主考者负责不同的方面，向求职者分别提出问题，然后根据其他有关情况进行评分，最后得出总分综合作出决定。

2）集体面试。

集体面试是指多位求职者同时面对几位主考人员的面试，也叫小组应试。集体面试常由主考人员出一个题目进行小组讨论，相互协调解决某一问题，而题目一般都取自于拟任工作岗位的专业需要或是现实生活中的热点问题，具有很强的岗位特殊性、情景逼真性和典型性。讨论中，主考人员也偶尔提出问题，众主考人员通过观察、倾听，并给每位求职者进行评分。这种方式有时也极具挑战性，如让甲提问，让乙、丙、丁回答，再由甲来评论；或由主考人员提问，让众求职者进行抢答等，由此来测试求职者的多方面能力。

（2）一次性面试与分阶段面试。

1）一次性面试。

一次性面试是指招聘单位对求职者的面试一次完成。在这种面试中，求职者能否录用，甚至于录用于什么工作，都取决于这次面试的表现。当招聘单位规模较大或是招聘较高职务人员时，主考人员的阵容就比较“强大”，常由招聘单位的人事部门负责人、任职部门负责人以及有关测评人员组成。面对这种面试，求职者应集中所长，认真准备，全力以赴。

2）分阶段面试。

分阶段面试是指招聘单位在众多求职者中挑选最合适的人选，随着逐步面试将选择范围由大渐小到最后确定的一种招聘方式。分阶段面试大多有 3 个阶段，而采用初试、复试和录用面试“三部曲”则最为常见。

初试的目的在于从众多求职者中选出较好的人选。一般由招聘单位的人事部门主持。初试只涉及共性的背景信息，如求职者的学历、经历、求职意向等。由于不是纵深剖析求职者的个性和品格，所以初试阶段较注重的是求职者的形象、言谈举止、求职者的履历、求职信所反映的实际工作经历和教育背景等，将不合格者予以淘汰。

复试是为了对求职者的学识、能力、潜力、责任感、事业心等内在条件作一番深层次的探索，对求职者的禀性与风格进行谨慎的审视，以确定求职者是否为合意的录用对象。复试一般由招聘单位的用人部门主管主持，多以考察求职者的专业知识和业务技能为主，衡量求职者对拟任工作岗位是否合适。

录用面试阶段是决定一位具备任职条件的求职者能否正式录用的阶段。录用面试，无论是招聘者还是求职者，都要面对一些实质性的具体问题，如专业、工作部门、工资、奖金、福利、试用期、培训期等条件，摆到桌面上并写进协议书，作出一个使双方都满意的录用方案。与初试和复试相比，求职者在录用面试时的主动性已不局限在自我表露方面，而是逐步走出被“审视”的境地。此时的选择更是双向的，招聘单位不仅要抉择是否录用求职者，而且要决定如何录用求职者。求职者在被测试具备任职条件后，也需要考虑招聘单位所提供的条件是否合意，并决定去留。

分阶段面试，已越来越多地在招聘中被采用，特别是三资企业和涉外单位多用，有时初试的淘汰率达到60%以上，复试因人才市场及职位要求而异。求职者应对各阶段面试做到心中有数，既不要在初试时因说不出经历及求职意向而被淘汰，也不要在复试时絮叨最基本的情况而被除名，更不要在录用面试时犹豫不决而痛失良机。

（3）常规面试与情景面试。

1）常规面试。

常规面试是指招聘者和求职者面对面以问答形式为主的面试。在这种面试中，主考人员处于积极主动的位置，求职者多以被动应答姿态出现。主考人员提出问题，求职者作出回答，力求较好地展示自己的知识、经验、能力与才华等。主考人员便根据求职者对问题的回答以及求职者的有声语言和体态语言的表达、仪表风度，面试中的思维和情绪反应等对求职者的综合素质作出评价。

2）情景面试。

情景面试突破了常规面试主考人员和求职者一问一答的模式，引入了无领导小组讨论、公文处理、角色扮演、演讲、答辩、案例分析等人员甄选中的情景模拟方法。例如，某高校毕业生参加一家周刊招聘记者的面试，主考人员出了一项特别的内容：由求职者自拟一个题目，然后现场采访全体主考人员，当场写出报道并当场交稿。

情景面试是面试方式发展的新趋势。这种面试的具体方法灵活多样，面试的模拟性、逼真性强，求职者的才华能得到更充分、更全面的展现，主考人员对求职人员的素质也能作出更全面、更深入、更准确的评价。

四、求职面试的语言要求

（1）简明扼要。

简明扼要的语言表达，就是以最少的语言传递最多的信息，突出重点地宣传自己。这不仅能反映求职者的口语表达能力，也可以体现求职者的思维能力以及对事物的认识水平。

面试语言要做到简明扼要，必须注意：一是语言表达要简练，语言表达应言简意赅，举例精要，措辞精练，思路清晰，不说套话、空话与口头禅；二是紧扣提问回答问题，这就要求理解提问的含义和实质，然后紧扣问题进行回答；三是回答问题要开门见山，第一句话就说出自己的主要观点，不要着力于对观点的多方铺展。

（2）真诚朴实。

在面试中，如果主考人员问到超越自己知识水平的问题，不要不懂装懂，没有人能成为“百事通”，因此遇到不懂的问题，最好的办法就是坦然承认。硬要装懂，说些一知半解或道听途说的话，主考人员一追问，局面会越来越糟。假若直接回答不会，并作出合理的解释，反倒会留下诚实、坦率的好印象，变不利为有利。

例如，某公司对求职者最后的复试中，公司的复试主持人对一位资历良好、学业成绩优秀的大学生说："你救了我的女儿，对你的录用我们会优先考虑的。"可这位大学生听后，愣了一下，接着便语气坚决地否定："先生，你弄错了吧，我未曾救过任何人。"主持人微笑着说："年轻人，你说得很对，是我弄错了。我很欣赏你的诚实。我决定，不是优先，而是你的复试已经通过了。"复试如此别出心裁，实在出人预料。但这位学生没有侥幸地乘机贪功，也没有虚伪钻营，而是始终流露出一个真实的自我，因此通过了复试。

另外，面试语言还应质朴无华。如果片面地追求语言的新奇华丽、过分雕琢，会给人华而不实的印象。语言贵在自然、朴实、生动、亲切，具有真情实感。在面试中，通过自我表白来表露自己的水平和才华是必要的，但一定要恰如其分，名副其实，切勿言过其实。对自己的评价，也应少用空洞无物的溢美之词。在问及有关招聘单位与专业技术等问题时，正是表现自己的好机会，但必须有实际内容，有真知灼见，切忌夸夸其谈。总之，真诚而质朴的言词，加上扎实而显著的成绩与胜任工作的实际能力，再通过恰当有利的时机，就可以顺利地将自己推销出去。

（3）突出个性。

现代人普通认为，有特色的东西，最具有吸引力。求职者面试也应如此，"个性鲜明"的回答往往容易给人留下深刻的印象。

例如，当主考人员问："你喜欢出差吗？"一位求职者回答说："坦率地说，我不喜欢。因为从一个地方到另一个地方毕竟不是旅游，确实很辛苦。但我知道，到外地推销商品是营销活动的一个重要部分，也是推销员的主要工作之一。所以我不会在意出差的艰辛，反而会以此为荣。因为我非常喜欢推销工作，我认为这一点更重要。"主考人员问："如果我们接受你，你会干多久呢？"求职者回答："没人愿意把一生中最为宝贵而有限的时光花在不停地寻找工作当中；也不会有人甘愿将自己喜爱的东西轻易放弃。如果这份工作使我学以致用，能更好地发挥我的潜力，而我也能从中获得更多的新知识与新技能，并且也能得到相应的回报，那么我没有理由不专心致志地对待我所热爱的工作。"这番话所表现的机敏、坦诚与个性深为招聘者所欣赏。可见，真实的思想与坦诚的语言都能较好地体现个性。

（4）语速恰当。

虽然语速是属于谈话节奏的问题，但它关系到语言表达的质量与效果，所以不可忽视。通常情况下，面试问答都是平铺直叙的。例如，介绍自己的基本情况、专业特长与能力、对公司前景的看法和建议等，口齿要清楚，说话时注意句与句之间的间隔，使人感到思路清楚。回答问题语速太快会令人感到语言表达不清楚，语速太慢又令人感到思维、反应不敏捷。

五、求职面试时应注意的问题

（1）克服消极心理。

不少求职者对面试存在不同程度的恐惧感，在面试前会无端地产生一些不必要的消极心理，诸如“我会失败”“我肯定不如他（她）”“过去曾失败过”等。对求职者来说，自信心强者更易战胜自信心不足者，而“自我推荐恐惧症”往往使许多求职者败下阵来。要消除自卑与紧张情绪，应做到以下几个方面：

1）不要把面试当包袱，而应该将它作为展示自己才能、推销自我的好机会。

2）降低期望值，学会自我放松，不必刻意追求一步到位和一次成功。

3）多看自己的长处和优势，强化自信心。不要总拿自己的弱点与别人的长处比，各人都有自己的优势，所以不必盲目自卑，在心理上先打败仗。

4）向有经验者求教，从他们的经历与经验教训中了解应聘的有关知识，以便自己在面试前做到有备无患，面试中可以胸有成竹地从容应答。

5）事前进行面试演练。可以对着镜子自练，把镜中的“我”看成主考者，就面试中可能提到的各种问题，进行自问自答，用平时与人谈话的声音和语调说话；也可在同学、同事、家人面前练，由他们提问，自己回答，并共同总结经验教训，以利实战。

一个心理素质强的人会有足够的耐受力面对挫折，也有足够的勇气迎接挑战。自信心强的求职者在主考人员面试时就能临阵不乱，应对自如。而这种“不乱”和“自如”是必须以人格的自尊和一定的知识、能力与特长为前提的，而不是盲目自信或刻意逢迎。如果没有胜任工作的知识、能力与特长，面试准备也不足，那么即使心理素质再好，在面试时也难以镇定自若。在面试中，应该有主见、有原则，即使面对向往已久的理想工作也不可“卑躬屈节”“垂涎三尺”，应记住“人必自爱而后人爱之，人必自助而后人助之”的道理。

（2）注意服饰和仪态。

服饰和仪态能够反映出一个人的文化水平、气质和修养。面试中，适当的打扮、得体的装束、潇洒的仪态，往往会产生令人喜爱的效应，给对方留下深刻的印象。例如，日本松下电器公司董事长松下幸之助有一次理发时，理发师毫不客气地批评他不重视自己的服饰，并说：“你是公司的代表，却这样不重视衣冠，别人会怎么想？连人都这么邋遢，那么公司的产品还会好吗？”松下觉得言之有理，从此重视起自己的仪表来。有人曾说：“你不可能由于戴了一条领带而取得一个职位，但可以肯定你戴错了领带就会使你失去一个职位。”

求职者面试时服饰总的要求是：着装合体，讲究线条，化妆适当；正统而不呆板，活泼而不轻浮；款式、色彩与求职者的年龄、身份、气质、形体相协调；而且要注重和突出服饰与所求的职业特点相称，给人一种鲜明的职业形象的感觉。例如，所求职业是教师、工程师、公务员等岗位，就应该选择庄重、素雅、大方的服饰，以显示稳重、文雅、严谨的职业形象。具体地说，男女着装要求又各有差异，男性一般以穿西服套装并系上领带、下配皮鞋为宜，人们普遍认为“西装革履”是现代职业男士的正规服饰，就求职而言，穿西装是最为稳妥的。但要注意领带与西装颜色对比不要太强，主色调应一致，宜选择冷色，以给人沉稳、可靠、忠诚、朴实的印象。女性以穿西装、套裙为宜，这是最通用、最稳妥的着装，鞋子以中跟为最佳选择。着冬装不要给人以臃肿之感。切忌穿太紧、太透和太露的服装，以免给人轻浮的感觉。衣服可多选中性色调，给人以亲切、自然、大方、善良的印象。男性饰物多为手表、公文包；女性饰物多为手提包和胸针等，但切忌显得俗气。

面试中良好的仪态应该是：提前到场，准时赴约；礼貌通报，轻按门铃或轻叩门两三次，听到“请进”后再推门进入；进门后面带微笑，正确得体地称呼主考人员；问答中文明有礼，谦逊热情，并辅之以优雅的体态语言；告辞时不管对方是否录用，都要衷心道谢，有礼貌地告别，给对方留下有修养的印象，对录用也起到潜移默化的作用。

（3）恰当的语言表达。

面试以谈话为主。面试时间一般都不会很长，长则半小时或一小时，短则几分钟。求职者与主考人员素不相识，要在这短暂的时间内让主考人员欣赏自己，这就要靠口语表达技巧了。有些人求职不成，不是因为学识或任职能力不够，而是口头语言表达欠佳，致使主考人员难以了解其才华而不予以录用。所以在面试中，口语表达尤为重要。

面试语言表达有两个层次的要求：最基本的要求是声音清楚、表意准确、通俗易懂；较高一层的要求是清晰流畅、抑扬顿挫、优雅动听。面试时声音大小要适中，语速不快不慢，因为声音太小或太快会使人听不清，声音太慢则会令人感到反应迟钝。面谈时要改变学生腔，自我介绍不可令人感到像在背书，语气、语调要自然，用语要注意文明礼貌。

实用技巧

一、求职面试前的准备技巧

现代社会中，个人事业的发展大多起步于谋职。择业作为筹划未来的一种手段，它与每个人的价值观、人生观和世界观是紧密相连的。虽然人们常说，“人生道路千万条，条条道路通罗马”，但究竟哪一条道路最适合自己，必须慎重选择，千万不可轻率为之，所以每个人在择业求职的过程中对自己未来从事的职业都应有充分的准备，以免走弯路或陷入困境。

1．正确认识自我，准确进行定位

正确认识自我，包括认识自己的能力、水平、兴趣、优点、缺点、心理状况、个性特点等。也就是对自己作出实事求是、恰如其分的评价，既不妄自尊大，又不妄自菲薄。通过对自我作出全面的分析，就可以正确地判断自己属于什么层次、什么类型的人，这就是定位。位置明确了，方向校正了，就能寻找到与之相匹配的职业。如果将自己定位过高，必然好高骛远，求职难成；反之，如果将自己定位过低，必然会造成降格使用，使自己的才智得不到充分的发挥。这两种做法都不可取。现实生活中，有许多人求职受挫或是对现有职业不满意，常常与自我定位不准确有关。因此，认识自我、准确定位是成功求职必不可少的一项准备工作。

例如，喜欢操纵工具、机器，能较快地适应客观环境、较好地接受具体任务的人，他们往往适合于从事技能性的工作及公共关系等职业；比较细心、善于察言观色、处理人与人之间的关系、对许多信息能较好地进行系统处理的人，适合做行政工作和会计工作等；习惯选择那些有高度能量、高度热情和开拓性工作的人，适合于做销售、管理、外交等工作；形象思维较好，善于利用感情、直觉和想象来创造作品的人，比较适合搞艺术工作和设计工作。

如何进行准确求职定位呢？我们可以采用国外学者研究的迄今为止最优秀的确定择

业目标单位的方法，即“漏斗法”。它包括工作的起点是已知的广泛内容，通过一系列的步骤，逐渐缩小个人选择的范围，最后达到最终目标。在选择过程中，随着对某些目标的排除，最后确定自己的职业、单位。具体做法如下：

（1）确定一个广泛的兴趣领域。

如果没有工作，想要寻找适合自己的工作，那就要问问自己，是想到广播电视等领域工作，还是到市场营销、建筑装潢等领域工作，或是到旅游服务、卫生保健等领域工作。若对某一领域比较了解，又与个人兴趣、特长吻合，那么求职时就确定这一领域。如果已有了工作但不合意，那么换一个适合自己的工作也不失为明智的做法。

（2）确定已选择领域的特定职业。

工作领域确定后，就要考虑是干行政管理工作还是干公关工作，或是干财会、推销工作等。在确定这些特定工作方面，一般宜选择相近的几个，如秘书、行政管理、文员等为相近者，而审计、统计、财会等为相近者。

（3）确定向往的工作地区。

首先要确定工作的区域，是沿海地区还是内地，是城市还是乡镇，是长江流域还是珠江流域。区域初步定好，便可以具体到某一市县。如果所向往的区域是国外，那么根据所掌握的信息，应把握好到什么国家、什么地区。

（4）确定可以发挥技能的机构。

根据自己的特长，认真思考是想到国家党政机关从政，还是到企业搞实业；是想搞科研，还是到文艺界从事文学艺术创作。如果想找一个较为稳定的职业，到党政机关、学校、医院、大型企业等求职较为适合；如果善于与人相处、好交际、热情外向，去宾馆、实业公司等求职较适合；若喜欢安静、好独处，那么到大学、科研部门、各机构的文联部门等求职较适合。

（5）对选择作出评估。

对求职的兴趣领域、职业方面、工作单位的地点和性质做了确定后，再冷静地想一想：这样选择妥否、是否符合自己的实际能力、与自己的求职理想相距多远、哪些方面还需要调整、应朝什么方向调整等。

（6）作出最终抉择。

按照自己的职业理想以及对自我认识制定的工作选择准则，再根据以上的选择，就可以在已搜集的求职信息中选出具体的职业单位了。

从上而下采取由一般到特殊的步骤，在每一阶段工作越有成绩，最终获得成功的希望就越大。

在改革开放的今天，每个人对人生道路的选择应是多元化的。在考虑到国家利益的同时，也应兼顾个人的专业、才智与爱好。因此，毕业生在选择自己的人生道路时，首先，要站得高望得远。既要看当前，又要看未来，只有准确把握祖国发展的大趋势，主动适应国家建设发展的需要，才能事半功倍；其次，选择个人前程不必从众赶时髦，而要量体裁衣，选择适合自己的岗位。只有扬长避短，选准岗位，才能在前进途中减少困难与阻力。古往今来，所有成功者的背后无不留下一串串艰辛的脚印。步入社会的学者，一定要从大处着眼，从小事和实事干起，“千里之行始于足下”，要将远大的理想放在一步一个脚印的努力中。今日的艰苦奋斗，必将迎来明天事业的累累硕果。

2. 了解现代社会的用人观

受供大于求的职业市场大气候的影响，招聘单位对求职者的条件要求越来越高。从各地人才招聘洽谈会和各类招聘启事可以看出，招聘单位普遍看重求职者的以下条件：

（1）工作能力。

企事业单位都希望前来应聘的求职者具有一定的社会工作实践和专业实践能力。合肥美菱股份有限公司人事部经理认为，现代社会特别是现代企业，需要的是有真才实学、知识面广、专业精深，并能在拥有丰富知识的基础上努力拓展自己的开拓型的学生。拘泥于专业理论而不会灵活运用或创新的大学生，将越来越不受欢迎。他的看法反映的是一种普遍的社会观点。联想集团人力资源部总经理也强调，联想选用人看重的是能力。联想集团员工培训资料上写着：“人才是既有责任心而且能出色完成本职工作的人”。北京叉车总厂每年在招聘毕业生进厂时，总是将社会适应性强列为用人单位的重要标准，该厂领导认为，求职者上岗后能否以比较强的适应能力在短期内打开局面，这对企业来说是个很重要的问题。

许多用人单位认为，在对求职者工作能力和工作经验不甚了解的情况下，是否持有与应聘岗位相适应的技术等级证书是衡量应聘人员技术能力水平的一个重要标准，也是考核人员素质的重要依据之一。众多招聘单位“钟情”于有实践工作能力的毕业生的事实，可用来提醒尚在苦读书本的学子，就读期间，不妨多寻找一些机会锻炼自己，从多方面培养自己的实践能力。

（2）学习能力。

不少精明的企事业单位在录用毕业生时，都把能力强不强、潜力大不大作为考察的一个关键指标。广州建筑安装公司的副经理认为，学生的应变能力及发展潜力，不仅决定这个学生自身未来的发展，而且直接关系到企业对这个学生的各种“投资”会不会亏本。这种发展潜力，是与再学习的能力成正比的。中国电子进出口总公司北京分公司总经理强调，具体到公司进人，首先关注的是毕业生的学习能力。据专家统计，现代社会知识的半衰期已缩短到 5～7 年。为了适应科学技术飞速发展和不断加快的知识更新过程，终身学习成为必然趋势。如果说知识是金子，那么毕业生就必须有自学能力这一“点金术”。

（3）合作能力。

虽说大多数的评估标准因行业、职位不同而各异，但有些基本的标准却是具有共性的，其中一条便是考察毕业生是否具备关于与人合作的能力。当今世界，许多项目都不是一个人能完成的，而是需要多方合作、共同努力才能完成。甚至有些项目，还需要多学科、多行业、多部门、多人员共同协调一致地进行才能获得成功。所以对求职者就职后能否与上司、同事和睦相处，是否富于合作精神，善于与公司内外的各方协作，是否具有协调性和顺应性等，这些在面试中都是要提问并重点考察的。而且许多企业都有这样的共识：善于合作的人拥有更多的机会，不善于合作的人将面临无穷烦恼。

（4）敬业精神。

美国洛杉矶总裁研究顾问公司总裁耐尔·R·斯威尼曾说：“优秀的人才是……在工作

上有迅速取得进展的历史；具有优良的智力；在复杂的形势和压力下冷静沉着；热爱工作并准备为事业成功而献身……”一位充满积极进取精神、愿为事业作奉献的人，必然会对工作尽职尽责，必然会想方设法在竞争中立于不败之地。因此有些用人单位这样说：“有些求职者看起来毫不起眼，但能给企业带来几百万的利润；有些人仪表堂堂，却拿不来一张订单。这里的关键就在于是否有敬业精神。企业最关注的当然是效益，能为企业带来效益的员工就是企业所欢迎的人才。有了高素质的人才，企业就能兴旺发达。”许多用人单位都认为，敬业精神至关重要。没有事业心，这山望着那山高，频繁跳槽，这样的人到哪里都不会受欢迎的。各用人单位都要求员工有奉献精神，奥古尔维—马瑟集团主席费卫林也说过，“……不喜欢自己工作的人，大多也不会勤奋。所以，必须挑选工作勤奋和热爱工作的人。”

由此可见，当今用人单位对求职者的要求是全面而严格的，既重才又重德，要求求职者德才兼备。某公司的经理说：“我心目中理想的求职者应该是：德才兼备，既能干又肯干；与人争论不锋芒毕露，而是有理有情有新意，令人感到可信任、可合作；擅长与人相处，具有较强的公关协调能力；心理素质好，性格开朗，精力充沛，富有朝气和活力；谈吐幽默，具有较强的口头表达能力；具有较强的办事能力，能机智灵活地解决各种棘手问题。”现代社会用人单位心目中理想求职者的形象无疑为求职者指明了自我完善的方向和目标。要做好求职准备，首先就必须在全面提高自己的综合素质上多下功夫。

3. 摸清用人单位的情况

为了确定一个适合自己的工作单位并确保面试成功，求职者在面试之前，应对招聘单位多方面的情况都有所了解，以便选定满意的工作单位而且在面试中应付自如。摸清用人单位的情况一般包括以下几个方面：

（1）单位状况。

用人单位的机构规模、发展潜力、经营状况、在外声誉等，这些都直接关系到求职者今后职业的稳定程度、收入的高低、工作的升迁、才能的发挥、福利待遇等，求职时这些都不可忽视。对这些情况心中有数，面试问答中当对方问及单位的发展、经营方面的有关问题时，就可因为了解清楚的情况而作出恰当、中肯的回答。

（2）工作性质。

工作性质是否适合自己，应慎重考虑。如工作范围、工作责任、自主性与创造性、个人兴趣等方面，是否与自己的工作志向接近或吻合。如果与自己的工作理想相距甚远，就会在实现理想时多走弯路，甚至会使原不打算干的工作因日复一日而成为终身职业。如工作性质适合自己，在面试中便可有的放矢地突出自己胜任工作的特长，在问答中也可胸有成竹地就有关业务提出自己的见解。

（3）工作环境。

很多求职者都不大留意工作环境，可是有些人工作以后却会因不适应工作环境感到难以忍受。因此就必须弄清楚用人单位的工作节奏、实际工作所处环境及工作设备、人员情况。在面试中强调自己的长处，并突出积极进取、不畏艰难的精神，给对方留下良好的印象。

（4）劳动报酬。

通常在考虑报酬时，应将工资、奖金和其他福利作整体计算。如有的单位工资不高，但奖金多、福利好，有住房津贴、医疗保险、养老保险等。薪金是谋职求生的重要因素，一般应达到某一水平，即该职位的薪金与其他同类职业的薪金相差不远。这样当招聘者问及“你认为多少报酬合适”时，就不至于说得过高而失去工作机会，也不会说得过低而使自己委屈。

（5）晋升机会。

晋升机会影响到应聘录用后个人才华能否充分施展，能否较快地实现自己的工作理想。许多人找工作偏爱大机关、大企业，其实大单位与小单位都各有所长也各有所短。人的发展过程往往呈抛物线状，有上升期、平衡期与下降期。如果上升期得到启用，无疑会对才能的增长产生刺激作用。如果找大单位而少晋升机会，倒不如找有晋升机会的小单位好些。这也是近年来有些名牌大学毕业生放弃到大机关而去乡镇企业工作的原因。如果去类似的小单位，当问及“你为什么选择到本公司来应聘”之类问题时，就可以表示自己的就业观是以事业发展为重的，希望能够发挥自己的专长，而该公司正是符合自己理想的单位。这样回答可以给主考人员留下一个有事业心、有追求的优秀青年的印象。

（6）主考人员。

事先了解主考人员的背景和个性也很有必要。如果知道对方的姓名、职务等，开口一句恰当的称呼就会使主考人员产生一种亲切感和熟悉感。如果对主考人员取得的成就、特殊的兴趣以及好恶都有所了解，就比较容易在谈话中与之建立良好的关系，回答问题也易博得其好感。

4. 做好面试内容的准备

面试内容的准备，主要是对面试中可能提出的问题该如何回答进行准备。不少求职者在面试前怯场，主要原因就是不知道面试时会提什么问题、怎样进行回答。心中无数，难免恐惧。尽管不同的用人单位、不同的主考人员会提出不同的问题，但是，一般说来，大致会提哪些方面的问题仍是有一定规律可循的。通常情况下，主考人员所提问题基本上与求职者所应聘的职位及其素质有关。这些问题表面看来是随意提的，但实际上却大多围绕着求职者的受教育情况、工作背景、个人优点、兴趣、特长、工作能力、社交能力以及思维、反应、对生活的认识与看法等进行的。例如，“请简要谈谈你的情况”“你为什么会选择这一专业”“你应试的动机是什么”“你有什么特长”“你的人际关系如何”“你的优缺点是什么”“你对我们单位了解吗”等。由此可见，求职者是可以有针对性地做好面试问答基本内容的准备的，这种准备越充分，就越能及时、有效并充满信心地进行回答。

二、求职面试的语言技巧

面试是求职者推销自己的良机，是展示自己的才华与人格魅力的时刻。在这个重要时刻，求职者无论容貌如何端庄、举止多么有礼、服饰怎样合乎标准，如果没有优雅的谈吐，则评价便会大大降低。主考人员从求职者的语言中，不仅可以看出其修养、道德，也可以看出其基本素质和业务水平，并由此决定是否录用。因此，求职者掌握面谈的语言技巧，对求职成功是大有益处的。

1. 自我介绍的语言技巧

这里所说的自我介绍，不同于社交场合中的对自己的姓名、年龄、工作单位等自然情况的介绍，而是指在面试中针对主考人员的考察提问所做的自我推销性的介绍。几乎所有的面试都有这个提问，只是问法略有不同罢了。常见的提问方法有："请介绍一下你自己""谈谈你的基本情况好吗""请谈谈你的主要优缺点"等，这些实际上都是需要做自我介绍的问题。主考人员之所以喜欢提这样的问题，是因为这个问题有助于他们比较全面地了解求职者的工作经历、经验、特长、成绩、优缺点和语言表达能力、自我评价能力、认识问题及分析问题的能力等。因为要在短短的几分钟内对自己做一个介绍，介绍什么、怎样介绍，这确实不是一件容易的事，需要求职者有较强的综合能力。

平时，人人都以为最了解自己，介绍自己还不是最容易的事吗？其实，面试中介绍自己却不是个简单的话题。许多人急于推销自己，却因介绍语言不妥而引起主考人员的反感。由于介绍不当致使应试失败，占面试不成功的60%以上。因此求职时，个人的学识、能力、资历和成绩固然重要，但将这些很好地组织起来，构成扎实而富有新意的介绍词却更为重要。要恰当地做好自我介绍，必须掌握以下技巧：

（1）介绍要有针对性，注意定位。

求职者自我介绍可说的内容很多，但究竟该介绍什么、哪些该做重点介绍，并不是随意的、盲目的，而是有一定的内在依据和技巧的。提高针对性总的原则是：要紧紧围绕所求的职业岗位对人才的条件要求和招聘单位的用人标准来介绍自己。

不同的职业岗位对求职者的性格、知识、能力等的要求是不同的。因此在介绍时，首先应了解所求的职业岗位对从业人员的条件要求，然后再有针对性地进行重点介绍。那些与此无关的特点、长处则没有必要多介绍。如果应聘教师，就应重点介绍职业道德、知识结构、语言表达能力、协调处理人际关系的能力；如果应聘推销员，就应重点介绍公关能力、口头表达能力、吃苦耐劳精神、过去的推销经验和业绩等。

此外，每个用人单位都有自己选择录用人才的基本评价标准。例如，大多数用人单位注重考察求职者专业是否对口、现拥有的专业知识和专业技术能力等，以便一经录用立即上岗，很快产生效益。而也有一些公司对求职者"专业不限"，注重有无发展潜力。如博思管理顾问有限公司的招聘人员说："再优秀的大学生也只能用其在大学期间学到的知识来回答顾客的每一个问题。本公司的新员工进公司后都要接受业务培训。如果你有潜能，无论你学什么专业都能在本公司文化的熏陶下成长为咨询业的人才。"汇丰银行上海分行的人事部经理也表示，银行招收高层管理人员，求职者的领导决策能力、组织能力、分析处理问题能力、交际能力等才是关键，至于是金融专业还是管理专业并不重要。因此，求职者在自我介绍时，必须针对性强才能说服对方，予以录用，否则，即使介绍时口若悬河、完整无疑，也会因不"对口"而被淘汰。

（2）处理好详略和虚实的关系。

主考人员一般对自我介绍的时间和内容不做明确规定，以便更真实地考察应试者组织材料的能力和语言表达能力。因此，求职者要简明扼要、突出重点地进行介绍，一般介绍应控制在5分钟以内，除非主考人员另有要求。否则会影响后面回答的时间，因为面试常常对总时间有规定，特别是集体面试。

要在短短的几分钟内详细介绍自己的所有情况是很困难的，这就需要事先拟好草稿。即使时间紧迫，只一两分钟就要讲完，也应拟好腹稿再讲。拟稿时应该对先介绍什么、后介绍什么、哪些重点介绍、哪些简略介绍、哪些不作介绍；介绍中强化什么、弱化什么，都要通盘考虑。否则，就会重点不突出、详略不分明。一般说来，对姓名、年龄、专业、学历、工作经历、毕业学校等可先做介绍，而且简要介绍，不必展开发挥；而对自己的专长、兴趣、能力、获奖等情况则应做详细介绍，因为这是自己的闪光点和优势，与求职成功与否有密切联系。为加深主考人员的印象和信任，还可以举出具体典型事例，甚至当场提供证书与实物来加以说明和验证。如果主考人员已看过自荐材料，那些已在材料中反映得很清楚的一般性内容可以不再重述，应重点介绍自己的特长、优势以及材料中未做介绍而主考单位又很看中的内容。如果事先未送自荐材料，此时可当场送上一份，请主考人员边看边听，以加深印象。

求职面试的自我介绍，切忌报流水账，平铺直叙，面面俱到，重点不突出。在“择优录用”的面试考核中，自己的优势应详讲、实讲，以突出自己属于“优者”，具备录用条件，而对不可回避的弱势方面，则应略讲、虚讲，以便扬长避短。

（3）分寸适度，留有余地。

在求职自我介绍时掌握适度的分寸，首先就是要恰如其分地评价自己，既不妄自尊大，也不妄自菲薄。

自我介绍本身就包括了对自己的优缺点的介绍以及对自身的评价。在介绍时要客观地介绍自己的优点，即自己的特长、能力、业绩和经验。当然，适当地抬高自己、用一点溢美之词是必要的，以充分表现自己的才能与自信，战胜竞争对手。但要避免过分炫耀，夸夸其谈，否则会给人以妄自尊大、华而不实的印象。另外，在介绍优点的同时，有时也需要适当地、婉转地介绍自己的缺点。因为“金无足赤，人无完人”，一个人不可能没有缺点，有时主动谈及自己的缺点，能使对方感到你是一个诚实可信的人。但介绍缺点也有技巧：一是不能多，以免冲淡优点或伤害自己；二是不能谈影响录用的缺点，因为尽管用人单位欣赏求职者诚实的态度，但他们总不会喜欢一个有较严重的工作能力缺陷的人；三是不能自我贬低，以示谦虚和恭敬，对方可能认为求职者是缺乏自信与竞争力，任何单位都想招聘有才干、有能力的人，过分谦虚，显示不出实力。

面试中的自我介绍还要注意留有余地。一般不宜用表示极端的词来夸耀自己的成绩和长处，不宜将自己说成事事皆能，以免使自己进退维谷。例如，求职者介绍说：“我非常熟悉这业务！”如果主考人员用为难的口气问：“这项业务的最新发展动向是什么？”或“那么请你谈谈对业务中出现的问题可以采用哪些措施？”社会情况往往是非常具体而复杂的，尤其是对涉世不深又缺乏实践工作经验的毕业生来说，更是难以把握，因而要尽量避免使主考人员为难自己。

2. 推销自己的语言技巧

有人说：“我既无在人前露一手的‘绝技’，又无让人刮目的优异成绩，凭什么去推销自己呢？”于是还未面试，就已先败下阵来。可是，在大学生群体中，能称上“出类拔萃”

的毕竟是少数，大多数的人成绩平平，亦无什么“绝技”在手。还有可能成绩档案出现过赤字，亮过黄牌，这时档案就成了最大的“隐私”。那么这时推销自己就更有必要，否则求职目标就有可能被档案“击毙”。因此必须设法将对方从档案一般或不好的印象中拉出来，引导其转向生活中的自己。面试中通过介绍语言，巧妙地把自己的真诚、热情、充满进取精神等档案无法反映的特点淋漓尽致而又得体地显露出来，令人感到你学习成绩虽不是名列前茅，但知识面较广、能力较强；或虽档案评语一般，但有蓬勃的朝气和工作热情等。这样成功的希望自然比听任对方通过档案主宰自己大得多。因为正是由于档案不能代表一切，用人单位才进行面试。面试中如果善于推销自己，录用天平便会向自己倾斜。

善于推销自己，在面试语言的运用中就要做到：进入面试地点，不可贸然而入，而应礼貌通报；进办公室后，正确称呼对方，得体地与对方打招呼，缩短双方的心理距离；面试中语言诚恳、热情；自我介绍与问答时敢于肯定自己的特长、优势和能力，巧妙地扬长避短；面试结束时不管有无录用希望，都应向对方衷心道谢，体现出良好的品德与修养。

面试中，还要注意说好一个“我”字。在向用人单位进行自我推销时，当然要说“我”，但要尽量减少“我”字的使用频率。因为老把“我”挂在嘴边，易使人反感，受人轻视，被认为是强迫性自我推销。所以，要经常注意把“我”字变成“你”字。如主考人员说：“谈谈你自己吧！”一位求职者巧妙地回答：“你想知道我个人的生活，还是与这份工作有关的问题？”“你想了解我的实践操作情况吗？”尽量把面试变成一场你与主考人员之间沟通的对话。沟通时切记自信不等于自负，如果说到“我”时语音加重，语气得意洋洋，喜欢用“最好”“很强”等表示极端的词来强调自己的优点，就会使主考人员感到此人孤芳自赏、自命不凡，这种狂傲之人即使有真才实学，也必将难于与他人合作共事。因此，只有在自我推销中表现出自信、自强、自立而又不自负的好形象，才会赢得用人单位的好评与认可。

3. 提出问题的语言技巧

在面试中，求职者绝不是一个被动的受审者，只能回答主考人员的提问。其实，求职者同样可以反客为主，向主考人员提问。这不仅是面试允许的，而且善于提问，只会对求职者有利。根据调查显示，90%的用人单位在面试时，希望求职者能提问，因为他们从提问中可以看出求职者的水平。因此，提出与求职有关的问题，有时主考人员反倒会因求职者主动显示对应聘工作的兴趣而加深对求职者的印象。

求职者要珍惜提问的机会，不仅要敢于提问，还要善于提问。求职者对应聘的有关职务能力要求或有关情况不太清楚，也可以通过提问进一步了解，从而决定自己是否应聘或更好地应聘。如“请问贵公司想请个什么样的人来担任此职务呢？”此不仅了解学历要求，还可以了解性格、能力等要求。再如，“这份工作是季节性的还是长久性的？在什么情况下，这工作要求加班或出差？”“假设你们聘用我，而我也接受，公司希望我的表现如何？”“公司打算为这个职务一个月付多少薪水？”“这次面试后到决定录用前还要进行面试吗？”“如被录用，什么时候可以上班？”等，这些提问都是用来了解对方情况的。另外，求职者也可通过提问引导对方对自己的优点、特长产生兴趣，如“你想知道我为什么会对这个职业这么热爱吗？”“不知公司对计算机和英语有什么要求？”“公司对文理兼科双学位的应聘者感兴趣吗？”等，这在求职问答中就可占有主动权，避开短处而突出表现自己的长处了。

但在求职中，不可一个接一个地提问，以免引起主考人员的不快，也不要提对自己不利的问题，如一见面就问“这个职务一个月薪水多少”等。要在面试中巧妙地进行有利于自己的提问，就应注意以下几个问题：

（1）所提问题要与求职有关。

一般说来，与求职有关的问题有：该单位该职务所需人员的知识结构、能力结构与素质要求等；该职业劳动性质、任务、岗位状况；该单位用人方式、内部分配制度、管理方式；该单位经济效益、社会效益、管理状况等。

（2）注意提问的时间。

要把不同的问题安排在面试谈话不同的阶段提出。有的问题可以在一开始就提出，有的可以在谈话过程中提出，有的则应在快结束时再提出。不要毫无目的地提问，更不可颠三倒四，反反复复提那么几个问题。在面试前，应将要提的问题列出来，多看几遍，想好在何时提问，以便谈话时保持头脑清醒，根据具体情况选择有利时机提问。特别是当谈话冷场时，可以借提问让谈话顺利地进行下去。

（3）注意提问的方式和语气。

有的问题，可以直截了当地提出来；而有些问题，则应委婉、含蓄地提出。如了解自己应聘职务后每月会有多少收入等问题，就不宜直接问：“我每月能拿多少钱？”而应婉转地说：“贵公司有什么奖惩规定？”“贵公司实行怎么样的分配制度？”等，因为这些清楚了，自己对照一下也就知道会有多少收入了。在询问时，一定要注意语气，要给人一种诚挚、受到尊重的感觉。例如，在不知能否被录用时，不可直接问：“你们什么时候可以给我录用消息？”而应问：“我过一周再来听消息，可以吗？”前一种问话是质问语气，会令人反感，后一种问话是商量语气，显示了对对方的尊重。

（4）不要提模棱两可、似是而非的问题。

凡提到与职业、事业有关的问题，一定要明确，特别是不能不懂装懂，提出一些幼稚可笑的问题。因为从提问中可以看出提问者的知识水平、思维方式、个人利益、价值观等，这都是事关能否录用的问题，所以绝不可信口开河，马马虎虎对待。

4. 解除困境的语言技巧

有些主考人员，经常喜欢向求职者提一些令人为难的问题。例如，有位求职者，在谈到不愿去原单位、希望换个工作时，主考人员便问：“你为何辞职？那儿的条件比这儿好多了，我们公司如果不如你原来的单位，那么你又会跳槽了？”他本意或许是要求职者对工作的性质、范围、职责及工作能力作一些说明，但却把问话变成了难题。求职者答：“我绝不再跳槽了！”这看来是直接回答了问题，但却上了圈套。因为这是一个包含推理的问话，没有任何理由来说服人，单纯地表决心是不能赢得主考人员信任的。因此，在面试遇到困境时，要学会走出困境。其技巧有以下几种：

（1）改变刁难人的问话模式。

刁难人的问话常有一定的模式，如“这么说，你就……”“假如……你是不是……”“不是……就是……”等，对于这类难于回答的问题，首先要打破其问话的前提，或者对前提加以更正，如果前提条件不存在了或变了，难堪的问题也就不用回答了。另外，还得明白其问话的真正用意。主考人员很可能希望求职者就此问题谈点别的什么。如果不明用意，可以说：“我猜想，你的意思是……”趁机把问题限制一下。

（2）让结论寓于答话之中。

求职者说希望换个工作，主考人员以此推断他可能不安心工作，于是提出“跳槽”问题。如果求职者说“我不跳槽”，那就无法解释为何要换工作；如果说“我会跳槽”，则印证了主考人员的推论。遇到这类两难推理的难题，最好不要贸然回答，应避开主考人员的话题，回到自己的话题，强调期望换工作是为了就近照顾年老体弱的父母，或与所学专业不对口等，暗示这是客观原因，而非主观原因，从而巧妙地改变面试人员问话的意图。

（3）诚实坦率，不必掩饰。

对面试中实在不会的问题，就应坦诚回答“不会”或“不清楚”，既不要支支吾吾，也不要不懂装懂，否则主考人员进一步追问，情况会更糟。只要坦然地作出回答，反而能给人留下诚实、坦率的好印象，可以变不利为有利。

例如，有位大学生学习成绩较差，却被某企业录用了。他在上大学之前父亲病逝，上大学不久，母亲也去世了。他是长子，需要抚养弟妹，于是白天上课，晚上打工，所以成绩越来越差。直到妹妹高中毕业后有了工作，家庭窘迫状况才有所改善，但他的学习成绩却未能赶上去。当主考人员问：“你的学习成绩不太好吧？”他便将家庭与自己的情况坦率地向主考人员讲述，主考人员对他的遭遇表示同情，并且认为他有过深刻的生活经历，经得起磨难，于是他得到了一份向往已久的工作。

（4）对面试中的小过失不必惴惴不安。

无论求职者在面试前做了多少准备，也无论其口才多么好，在面试中都可能会出现一些失误。如果事前无思想准备，又急于求成，就会心慌意乱，陷入尴尬局面。

其实，对于小的失误，可以一笑了之，主考人员并不会因为无关紧要的小过失而不录用求职者，而求职者如果因此而影响自己的情绪，患得患失，面试就很难成功。所以，出现小失误时，做好“主考人员要借此考察我的心理承受能力及解决问题的办法”的思想准备，不气愤也不气馁，保持稳定的情绪，就能从容地应付和走出难堪的局面。

5. 求职面试的语言策略

在求职面试中，条件最好的候选人并不一定总能得到所求的职位，只有在面试中表现最佳者才能成为幸运儿。面试中最难的还不是有准备的自我介绍，而是捉摸不定的灵活应答，尤其是当出现一此意料不到的令人为难的提问时，求职者便感到为难了。求职是一门艺术，面对主考场面就像一个看不见硝烟的“战场”，求职面试语言也离不开策略与技巧，只有巧妙应答，才能出奇制胜。常用的求职面试的语言策略有以下几种：

（1）具体实例法。

为了向主考人员展示一个与众不同的形象，进而获得求职成功，求职者必须记住：在突出自己的优势时，不要用单调、乏味、难以给人留下印象的概括叙述法，而要用生动、形象的具体实例法来展示自己的特长，如自己具有的素质、技能，以及如何处理人际关系、解决问题的能力等。通过事实、相关的细节、具体做法陈述等，让自己从一个平常的陌生人变成一个个性突出、富有情趣、充满活力的人，一个招聘人员很容易从众多毫无特色的求职者中记住的人。

例如，回答这样一个典型的问题：“你最主要的长处是什么？”运用具体实例法回答这一问题就显得更真实、更有趣、更富有魅力。这就如同商品推销术一样，只说商品如何好还不行，还要具体地说出商品的优越性及特性等，否则，再好的商品也难以打动顾客。

运用“具体实例法”要具体问题具体对待，并不是所有问题都适宜。例如，在回答“你最不喜欢什么样的人”时，就可以采用抽象概述：“我不喜欢那些口是心非、损人利己的人；那些斤斤计较、只谈论自己的人。”这样回答提纲挈领、简洁有力，若不合时宜地套用“例子”来说，则未免画蛇添足，既浪费了宝贵的面试时间，又因事事具体而使重点不突出了。

在介绍自己的主要优点时用具体实例法来充分描述以加强感染力，在介绍与所求职务有关但关系不大的次要优点时用概述方法使语言简洁明了，就可使整个面试语言“说法”有异，相得益彰。

（2）扬长避短法。

例如，在某公司应聘部门经理的面试中，主考人员问：“你不认为自己做这项工作年轻了些吗？”求职者答：“下个月我就 23 周岁了。尽管我没有相关的工作经历，但我却有整整两年的领导学生会的工作经验。大二时，我被选为校学生会主席，之后又连任一年。你们可以想象，要管理 3000 多名学生，并非易事，没有一定的管理才能和领导方法，是无法胜任的。所以我认为，年龄固然能说明一定的问题，但个人的素质和能力更为重要。因为这正是一个部门经理所不可缺少的。”这是一种典型的扬长避短式的回答。求职者极力宣扬自己的长处，并将长处同应聘工作性质有机地结合起来，意在变不利为有利。

（3）审时度势法。

审时度势法就是要根据不同情况灵活地作答。一是要掌握好回答问题的时间，做到心中有数，有的放矢。在有限的面谈时间里，要得体、有效地“展现”自己，不要漫无边际或反复陈述，过多地拖延时间。二是要读懂对方。从一个眼神、一个下意识的动作、一句看似随意的问话中，破译对方的心理与真正用意，从而迅速而准确地调整自己的对策。必要时，“投其所好”或是“见好就收”，都不失为一种应急之策。

例如，有位双学位的女生到一家著名的通讯公司应聘，面试中主考人员突然问：“你在家是独女吗？”她立即意识到主考人员是想诱问出她可能存在的“娇气”，于是她回答：“我有三个哥哥。正是在这种环境中，我养成了一种男孩的性格：豁达、开朗、坚忍。”主考们立刻流露出欣赏的目光。

（4）故作糊涂法。

在面试中，主考人员提出了一个意料之外的问题。由于问题来得突然，往往使求职者措手不及，陷入尴尬。尤其是用英语提出，并要求职者用英语回答，而求职者的英语并不出色，因此而说得结结巴巴，词不达意。原本“胜利在望”，现在却面临着“功亏一篑”了。在这种情况下，采用故作糊涂法可以缓解紧张情绪和调整思路。就是用一些没有实际意义的词、短语或句子来连接上下文，以继续回答。例如，“噢”“好”“我认为”“这个问题很有意思”“这个问题本身就极富挑战性”等；或用“我想，你的意思……”“总而言之，就是说……”的句式，在拖长音节时中断自己所说的话，并仔细观察主考人员的反应。在大多数情况下，主考人员会走上“文章完成法”的路子，将半截话接下去，这样就可以赢得思考的时间，以便较好地回答问题。

（5）虚实并用法。

现代面试如用兵打仗，无论是主考人员还是求职者，都讲究“谋略”。往往采用“虚中有实，实中有虚，虚虚实实”的方式，以达到出其不意的制胜效果。求职者在面试中适度而有效地运用“虚”与“实”，常常会起到强化自身求职“资格”和取悦、攻克对方的作用。

例如，当问到“你的工作动力是什么”时，一位求职者便采用了以“虚”带“实”的回答：“我的动力主要来自以下 3 个方面：首先是工作本身，即我对该工作是否感兴趣，是否能发挥自己的特长，是否能胜任，是否能学到新知识与新技能，以及能否得到进一步的自我发展；其次是自我价值的承认，即我能否得到别人的信任和尊重，能否有晋升的机会；再次是结果，即我是否能得到较高的工资和待遇。”

面试是求职应聘中的一个重要环节。而在面试中招聘者最希望看到的是一个“真实”而“全面”的“你”。显然，“诚实是最好的策略”。所以在面试中，应“实”为主，“虚”为辅，虚实都要运用得当，实要实得主旨鲜明突出，虚要虚得合理得体，否则便会弄巧成拙。

（6）适度激将法。

面试是求职者与主考人员智慧与实力的较量，在这个较量过程中，灵活运用适度激将法，无疑会为自己谋职成功添上有力的砝码。

例如，求职者对“请谈谈你想要的月薪好吗”这一类关键性问题时，就可以采用适度激将法，适度“刺激”对方，给对方造成一定的“压力”，从而达到个人预期的目的。如回答“我知道贵公司是一家赢利较多的大公司，那么一定会善待一名优秀的秘书，所以我想，我能得到的最低月薪大概不会少于 1500 元吧！”

运用适度激将法时应注意：一定要适度，掌握好“火候”，针对对方的特点及其客观条件；同时语言一定要委婉，不能太直太白。只有这样，才能达到妙用的理想效果。

模块小结

（1）求职面试是谋取理想职位的“通行证”，要想面试成功，就要做到：首先，做好求职面试前的思想准备和决策，即确定理想、正确认识自我；其次，还要了解招聘单位进行面试的目的，以及面试的几种基本方式。面试的基本方式有：一次性面试与分阶段面试；常规面试和情景面试等。

（2）求职面试必须做好充分的准备，“知己知彼”，才能百战百胜。准备主要有以下 5 个方面：第一，了解现代企事业单位的用人观；第二，弄清用人单位的具体情况；第三，克服面试中的消极心理；第四，做好面试内容的准备；第五，注意面试时的服饰、神态等问题。

求职面试以谈话为主，要让主考人员在短暂的时间内认识并欣赏求职者并非易事，这就要靠求职者巧妙的语言表达技巧了。要在竞争中取胜，面试语言必须做到：第一，简明扼要；第二，真诚朴实；第三，突出个性；第四，速度恰当。

（3）面试是求职者推销自己的良机，但能否被录用还得看求职者是否善于运用以下技巧，即自我介绍的语言技巧、推销自己的语言技巧、提出问题的语言技巧、解除困境的语言技巧。运用得当，就会化险为夷，展现出一个与众不同的光辉形象。

（4）面试现场是一个看不见硝烟的战场，求职面试语言艺术也离不开谋略与技巧，只有巧妙应答，才能出奇制胜。常用的策略技巧有：具体实例法、扬长避短法、审时度势法、故作糊涂法、虚实并用法和适度激将法等。

技能实训

一、分析题

1．请分析以下两则对话中求职者失败的原因。

例 1：

招聘者：从你的简历得知，你的英语已过了六级水平，真不简单。

求职者：您过奖了。其实我周围很多同学都达到了这个水平，我也是一般而已。我还有很多不足，例如，我的电脑水平老是跟不上，很多同学都过了二级，我还是停留在初级水平上；还有一些专业课也掌握得很不好，让我头痛得很。有时，我也觉得自己很没用。

招聘者：哦，原来你对自己很没有信心。

例 2：

招聘者：据我了解，你干推销似乎挺会赚钱的，对吗？

求职者：是的，我干推销颇有一些赚钱的新招。因为我读的是名牌大学营销专业，又曾在知名企业的推销部门兼职，所以对于赚钱，我还是挺有把握的。

招聘者：噢，原来你是名牌大学的高才生。不过，我们单位较小、层次较低，目前暂时不要名牌大学的毕业生，很抱歉。

2．阅读下面的材料并回答问题。

吴先生是某外企公司的中国区工程部的经理，每月的电话费公司予以报销。但是和其他企业所不同的是：吴先生必须在每个月打出的电话清单中勾出私人电话，因为这部分电话费必须由自己掏钱。公司有这样的规定，如果在电话费上被人查出“以公谋私”，就会立刻被炒鱿鱼。公司几十万元年薪都付了，为什么还在乎这点钱？是否公司太吝啬了？如果不是，那是为什么？

二、实训题

1．将班上同学分为几个小组，由同学扮演招聘面试的主考人员、应聘人员，进行模拟面试，然后让参与的同学、旁观的同学和老师分别进行评论。

2．请身边的人出几道面试问题，并一一作答。

3．准备一份面试某职位的自我介绍，然后在镜子前进行仿真练习。

4．模拟面试，请回答主考人员的以下问题：

（1）你介绍一下自己的基本情况好吗？

（2）请问你为什么要来我们公司求职？你了解本公司的情况吗？

（3）你认为你在大学中学到了什么？

（4）你认为凭你所学的知识最适合在我们公司的哪个部门工作？

（5）你现在对你自己最满意的是什么？

（6）你最专长的是什么？你打算如何发展你的事业？

（7）你有没有应聘过其他公司？那个公司怎么样？你没被聘用吗？还是那个公司不适合你，你跳槽了？

（8）如果本公司不用你，你怎么办？

（9）你知道我们这次要招收本科及以上学历，且有至少两年工作经验的人吗？你为什么也前来应聘？你有什么过人之处吗？说说你的想法。

（10）我看你的能力比较强，如果你应聘部门主管这个岗位，更能发挥你的潜能，我们公司现正准备招聘这个职位的人，我看你比较合适，你想不想考虑一下？

（11）有人说："一个篱笆三个桩，一个好汉三个帮"，也有人说："一个和尚挑水喝，两个和尚抬水喝，三个和尚没水喝。"你怎么看？

（12）你对公司有哪些要求？比如报酬、工作时间、工作环境等，请你提出来吧。

（13）你应聘的目的是什么？你为什么会选择这一专业？

（14）你的工作动力是什么？你打算如何工作？

（15）你的资料上写着你在大学期间当过学生会主席，请你讲讲你是如何挑选你手下的各位部长的？

（16）你的人生信条是什么？你有什么座右铭？

（17）你认为你对我们公司会有什么价值呢？

（18）你为什么要在从前的公司辞职？据我们了解，你以前所在公司的效益不错，比我们公司好，你为什么要跳槽呢？

（19）你最好的优点是什么？最大的缺点是什么？打算如何改正？能谈谈你的失败经历吗？

（20）如果本公司聘用你，你准备干多久？

（21）你想你会怎样做好你所应聘的这个岗位的工作呢？

（22）如果你是主管，你的员工向你抱怨工作压力大、待遇低而你又无能为力，你该怎样安抚他们？

（23）你最不喜欢什么样的人？为什么？

（24）你知道我们公司想招聘什么样的人吗？如果你是公司的老板，你会招聘什么样的人才？

（25）你喜欢什么样的上司？

（26）秘书工作是很辛苦的，你读的又不是这个专业，你为什么要选择这个岗位应聘呢？

（27）如果你的上司做了错误的指示，你该怎样做？

参考文献

[1] 周彬林编著．实用口才艺术．大连：东北财经大学出版社，2002．
[2] 胡卫红著．口才学．呼和浩特：内蒙古文化出版社，2002．
[3] 曹美菊编著．口才 逻辑 语言．长沙：湖南师范大学出版社，2000．
[4] 三缄编著．演讲口才．北京：海潮出版社，2003．
[5] 红胜编著．论辩口才．北京：海潮出版社，2003．
[6] 柯南主编．青年演讲现用现查．北京：中国青年出版社，1999．
[7] 和弦主编．名人演讲在清华．北京：大众文艺出版社，2003．
[8] 张波．口才训练教程．北京：机械工业出版社，2003．
[9] 郭千水．实用口语训练教程．北京：清华大学出版社，2004．
[10] 艾跃进．大学生实用口才学．天津：南开大学出版社，2004．
[11] 曹文彬．现代礼仪．北京：中国商业出版社，2001．
[12] 赵颖梅．现代人完全礼仪手册．海口：海南出版社，2002．
[13] 刘文广，张晓明．商务谈判．北京：高等教育出版社，2001．
[14] 严平．对外经济贸易业务知识大全（下册）．太原：山西人民出版社，2004．
[15] 黎运仪．公关语言学．广州：广州暨大出版社，1996．
[16] 朱蓓．演讲与口才教程．广州：广东高等教育出版社，1997．
[17] 姜小欣，张士光．谈判语言．北京：经济科学出版社，1995．
[18] 鲁道夫·F·维德伯著．讲话的艺术．北京：中信出版社，2003．
[19] 商谋子编．说话 演讲 好口才．北京：中国盲文出版社，2004．
[20] 刘德强著．现代演讲学．上海；上海社会科学院出版社，1996．
[21] 战晓书著．演讲制胜．长春：北方妇女儿童出版社，2000．
[22] 刘广起编著．辩论与演讲技巧．天津：天津大学出版社，1994．
[23] 张锐，朱家珏著．说话训练．呼和浩特；内蒙古人民出版社，1987．
[24] 林语堂著．怎样说话与演讲．北京：文化艺术出版社，2004．
[25] 费欧文著．牛津口才．北京：中国城市出版社，1997．
[26] 王黎云主编．演讲与口才．杭州：浙江大学出版社，2004．
[27] 明山编著．机智演讲术．北京：华龄出版社，1997．
[28] 戴尔·卡耐基著．语言的突破．呼和浩特；内蒙古科学技术出版社，2003．
[29] 林素韵，胡敏编著．朗诵·主持·演讲．长沙：湖南师大出版社，1998．
[30] 仲金留，魏裕铭编．名人演讲辞精萃．桂林：漓江出版社，1987．
[31] 李燕杰著．李燕杰报告集．上海：上海人民出版社，1982．
[32] 邵守义主编．演讲与口才（杂志）．2004 上半月．

[33] 李桂荣．现代推销学．广州：中山大学出版社，2000．
[34]（日）多湖辉．说服高手．罗文，罗萃译．北京：中国青年出版社，2002．
[35] 林朝龙，林凌妹．推销工作一日通．广州：广东经济出版社，2005．
[36] 胡晓伟，甄颂东，胡继源编译．国际市场行销 30 计．北京：中国经济出版社，1992．
[37] 黄孝山．推销理论与技巧．北京：中国经济出版社，1996．
[38] 金丽．营销艺术，西安：陕西旅游出版社，2001．
[39] 梦士，天叶，燕人．第一流的营销艺术．天津：中国物价出版社，1996．
[40] 肖沛雄．交际、推销、谈判语言艺术 200 题．广州：中山大学出版社，1993．